LA *MUJER* ENFERMA

ICONO DE LA MODERNIDAD

LÆTA FAMA / 2

DIRECCIÓN

Rafael García Mahíques
Universitat de València

Sergi Doménech García
Universitat de València

Mª Elvira Mocholí Martínez
Universitat de València

COMITÉ CIENTÍFICO

Reyes Escalera Pérez
Historia del arte - Universidad de Málaga

José Julio García Arranz
Historia del arte - Universidad de Extremadura

Rafael Zafra Molina
Filología románica - Universidad de Navarra

John Cull
Literatura española - University of Virginia

Hilaire Kallendorf
Literatura comparada - Texas A&M University

Filipa Araújo
Literatura comparada - Universidade de Coimbra

Víctor Mínguez
Historia del arte - Universitat Jaume I

Jaime Cuadriello
Historia del arte - UNAM México

María Teresa Méndez Baiges
Historia del arte- Universidad de Málaga

Nieves Pena Sueiro
Filología románica - Universidade da Coruña

Jesús Ureña Bracero
Filología griega - Universidad de Extremadura

LA *MUJER* ENFERMA
ICONO DE LA MODERNIDAD

Raquel Baixauli Romero

UNIVERSITAT DE VALÈNCIA

El desarrollo del presente libro ha sido posible gracias al «Subprograma Atracció de Talent – Contractes Postdoctorals de la Universitat de València», del que es beneficiaria la autora.

Corrección: David Lluch
Maquetación: Letras y Píxeles, S. L.
Diseño de cubierta: Celso Hernández de la Figuera

Imagen de cubierta: Imagen de cubierta: Sebastià Junyent, *Clorosi*, c. 1889

ISBN: 978-84-1118-584-4 (papel)
ISBN: 978-84-1118-585-1 (ePub)
ISBN: 978-84-1118-586-8 (PDF)

Depósito legal: V-1393-2025

Índice

En memoria de mis abuelas, Fina y Leo

Varias son las personas que están detrás de este libro y lo han hecho posible. Vaya por delante mi agradecimiento a todas ellas.

A Àngels Martí Bonafé, por darme las dos cosas necesarias para que algo salga bien: confianza y libertad; a Rafael García Mahíques, por regalarme el título. A los miembros del grupo de investigación *APES. Estudis de Cultura Visual*, en especial a Sergi Doménech García por su implicación en este libro.

Quiero agradecer a los miembros del tribunal de mi tesis doctoral, por sus indicaciones y su punto de vista humilde e interdisciplinar: Maite Méndez Baiges, Nieves Alberola Crespo y Anacleto Ferrer Mas. Gracias también a Reyes Escalera Pérez, Víctor Mínguez Cornelles y Luis Vives-Ferrándiz Sánchez por sus apreciaciones, y a Rebeca Pardo Sainz por su buen hacer y por permitirme continuar investigando bajo nuevos puntos de vista.

A Esther González Gea, compañera y amiga, por enseñarme a querer mis errores y hacer de la vida una comedia. Este libro tiene mucho de ti.

Y, sobre todo, gracias a mi familia, en especial a mi madre, Maribel, y a mi padre, Vicente, por dármelo todo desde la nada; a mi hermano, Alberto; a Momo y Leo, que me han acompañado en la ardua travesía de escribir; y a mi pareja, por las palabras de aliento y ser mi abrazo seguro.

Cada vez me gusta más la habitación pese al papel pintado. O tal vez sea precisamente por el papel.

Charlotte Perkins Gilman, *El papel pintado amarillo*, 1892

La historia del arte narra siempre una historia. La pregunta es: ¿cómo contarla? ¿Cómo influye la manera de contar la historia en mi forma de mirar e interpretar el cuadro?

Siri Hustvedt, *La mujer que mira a los hombres que miran a las mujeres*, 2016

PRÓLOGO

La experiencia de observar una imagen artística del siglo XIX puede significar un viaje al pasado donde algunos espacios, objetos, personajes, gestos e indumentaria se ofrecen en un contexto que hemos estudiado y creemos conocer. Sin embargo, esta experiencia se convierte en una revelación cuando nuestra percepción viene introducida por la lectura de un texto como el que tenemos en las manos.

El presente estudio, que lleva por título *La mujer enferma. Icono de la modernidad*, que nos ofrece la doctora Raquel Baixauli, recoge parte de los resultados de su tesis doctoral: *Género y enfermedad en la visualidad artística del fin de siglo español (1889-1921)*, presentada en el Departament d'Història de l'Art de la Universitat de València. La colección *Laeta Fama*, dedicada a estudios de carácter científico sobre la imagen, acoge este texto original, que toma la visualidad artística del fin de siglo español como objeto de estudio y marco geográfico-temporal del análisis, para fundamentar la relación que se establece entre el género y lo patológico. La investigación toma dos construcciones pictóricas como límites cronológicos. Como inicio del análisis, la obra del artista español Luis Jiménez Aranda (1845-1928), *Una sala de hospital durante la visita del médico en jefe*, presentada en la Exposición Universal de París de 1889, que nos dispone visualmente ante el reconocimiento médico de una mujer enferma examinada por un grupo de médicos. El recorrido por la serie de obras interpretadas se cierra con la pintura *Lirio entre lirios*, de Cecilio Pla (1869-1934), de 1921. En este caso, el título del cuadro no incluye ninguna referencia al ámbito médico y de la enfermedad, pero se vincula con el imaginario significante de las flores y su relación con la enfermedad de las mujeres, propios del momento. Ambas imágenes disponen el umbral y término temporales, respectivamente, de la investigación, ampliando la noción «fin de siglo» a un universo mucho más amplio de lo que habitualmente se suele entender como tal, abarcando así tres décadas.

La aportación fundamental del trabajo de Raquel Baixauli es la mirada culturalista que deja de lado la concepción formalista del arte. La interpretación de las obras seleccionadas no se rige por las cuestiones de estilo, según lo definiera el historiador del arte Meyer Schapiro. La investigación parte de un punto de vista integrador que combina un análisis histórico-cultural, en donde dichas cuestiones formales se obvian ciñéndose a los códigos ya establecidos, para poner la atención en lo que comunican las cualidades expresivas orientadas a unos significados, los cuales constituyen la base de su interpretación con clave histórico-cultural. Para ello se vale de un aparato documental y bibliográfico que proviene de la Historia del arte, la Teoría de la imagen, los Estudios de género, la Historia de la ciencia, la Historia de la medicina, la Estética y la Literatura. Las imágenes son tratadas, según ya lo avanzara Aby Warburg a comienzos del siglo XX, y cuyo concepto nunca decae, como documentos visuales, aparte de ser tenidos como objetos con otra clase de intereses.

La hipótesis de partida es tan sencilla como reveladora y a la vez, paradójica: la «modernidad» artística en el ámbito español hizo de la enfermedad un argumento visual que permitió ensalzar e introducir la noción de progreso y adjudicar roles diferenciados a cada uno de los géneros. Sin embargo, la idea de lo patológico y su disposición visual también introducía la percepción de que el progreso comenzaba a fracasar en el periodo finisecular occidental. En dicho contexto, la enfermedad fue uno de los síntomas culturales —en un sentido panofskiano— de la decadencia, que se materializó en la visualidad artística y en la literatura.

El análisis, estudio e interpretación de las obras seleccionadas llevan a la autora, según sus palabras, a demostrar cómo la condición de lo patológico se asoció a la idea de lo femenino en la visualidad artística del fin de siglo español. La conciencia burguesa de la segunda mitad del siglo XIX adjudicó al concepto «mujer» diversas dolencias, que se recogieron, entre otros, en los mismos títulos dados por sus creadores a las obras estudiadas. La metodología y el tratamiento interdisciplinar aplicado al estudio de las imágenes han permitido a Raquel Baixauli definir una serie de tipologías iconográficas convencionales —tanto a nivel icónico como ideológico— en un marco general, que establecen la mujer enferma como paradigma del pensamiento liberal. El trabajo minucioso y concienzudo de las fuentes documentales y los estudios bibliográficos permiten a la autora identificar el mecanismo por el que la enfermedad llega a impregnar el sistema social e ideológico de la clase media, estableciendo relaciones con los conceptos de espacio social de progreso y decadencia propios del fin de siglo.

Este trabajo logra trasladar cómo la construcción visual de la enfermedad se vincula al modo de entender el género en esta parte de la modernidad, y enuncia premisas sobre la creación de los individuos modernos. Por medio de un enfoque interdisciplinar, la autora ha conseguido situar en primer plano la visualidad y la interroga de forma magistral y comprometida. A ello se suma una escritura fluida y un lenguaje cuidado que renueva los estudios de la imagen y sobre la imagen.

En septiembre de 2021 visitamos la sala que el Museo del Prado dedica a la pintura del siglo XIX, acompañados de una joven investigadora, cuando la redacción de su tesis estaba en su fase final. Entrar, metafóricamente hablando, en la sala del hospital que pintó Luis Jiménez Aranda para la Exposición Universal de París de 1889, acompañados de la mirada de Raquel Baixauli, nos permitió identificar los mecanismos y recursos visuales que la cultura de final del siglo XIX utilizó en la construcción del género. Este volumen es su aportación más sincera, su visión fundamentada de la cultura finisecular española para entender la asociación de lo patológico a lo femenino.

Rafael GARCÍA MAHÍQUES
María Ángeles MARTÍ BONAFÉ
València, febrer 2025

INTRODUCCIÓN

> … resulta de verdad extraño que la enfermedad no haya ocupado su lugar, con el amor, las batallas y los celos, entre los principales temas de la literatura.
>
> Virginia WOOLF, *Estar enfermo*, 1926

En la historia de la cultura occidental, la consideración de la enfermedad como tema de representación se hace evidente con la llegada de la modernidad. Es a finales del siglo XIX cuando los distintos tratamientos que la centuria interpreta en torno a lo patológico desembocan en la visualidad, diferenciándose sus significados y tratamientos. En este trabajo nos aventuramos a desgranar cómo el ámbito de la representación hizo de la mujer enferma un icono de la modernidad. El punto de partida es la relación establecida entre el género y la enfermedad, para demostrar cómo en esa época la condición de lo patológico se asoció a la idea construida de lo femenino.

El análisis traslada las imágenes al primer plano de la investigación, y para demostrar la asociación de lo femenino a distintos estados patológicos, las obras que se integran hacen referencia a afecciones concretas, dolencias, periodos de convalecencia o estados afines. Las opciones consideradas remiten a atributos y cualidades artísticas que permiten identificar el sentido de lo patológico. En ocasiones, esta información se advierte de forma evidente en los elementos relativos a la localización de las obras, como los títulos o las descripciones formales previas; en otros casos, es a través de la localización de las obras en su contexto, valiéndonos de la consulta de fuentes documentales, cuando ha podido establecerse tal relación.

La versión oficial de la feminidad construida durante el siglo XIX colindaba con distintas afecciones y dolencias, pues la *mujer*, pensada en abstracto y determinada como categoría universal, unívoca y estable, se imaginó a partir de premisas como la debilidad, supuestamente natural a su fisiología. Mientras, de forma opuesta, lo masculino se alzaba como estandarte de salud, llevando aparejados otros conceptos propios del siglo sobre la razón, el positivismo y el cientificismo. Las imágenes gestadas al calor de la modernidad artística van a reflejar muchos de los cambios acontecidos en los ámbitos tecnológico, científico y social, vinculándose con el culto al progreso, y a manifestar esta disposición de los géneros en forma de escenas de la vida moderna.

Tras establecerse como uno de los argumentos predilectos de este tiempo, las representaciones de la enfermedad tomarán un nuevo rumbo ante la inminente llegada del fin de siglo. La creciente obsesión por categorizar, definir y limitar los cuerpos y sus modos de actuar, especialmente con relación a la sexualidad, hará que género y enfermedad se conviertan en ejes temáticos que actúen de forma conjunta en los últimos años del XIX. Lo patológico se carga, en este momento, de nuevos significados e interpretaciones relacionados con preocupaciones de carácter social y cultural y, a partir de recursos retóricos aplicados a la visualidad, se hará a las imágenes depositarias de múltiples preocupaciones sociales y culturales.

Lejos de actuar como entidades aisladas del resto de parcelas, las imágenes se erigieron partiendo de su relación con el resto de agentes sociales, al mismo tiempo que participaron de la creación, transmisión y consolidación de los discursos (Jordanova, 1989: 149).

Si se mira en perspectiva, los discursos decimonónicos ofrecen una visión ambigua de lo femenino, y la visualidad traduce estas contradicciones. El paradigma de representación responde a la generalizada misoginia de la centuria (Dijkstra, 1994; López Fernández, 2006: 35-46), y la construcción de la imagen de la mujer enferma se organiza partiendo de viejos binomios. Así, la extensible imagen cultural de la mujer frágil o del ideal burgués de esta, una figura caracterizada por su pureza, pasividad y totalmente asexual, se alza como contrapunto de la fatalidad de las nuevas mujeres, extenuadas por el ritmo de vida de la ferviente sociedad (Hinterhäuser, 1980: 92-116).

Mientras que el ideal de mujer se basaba en cualidades como la pasividad, la debilidad, la pureza, el cuidado y la superioridad moral, a medida que avanzó el siglo, lo femenino se entendió como un lugar fuertemente devaluado. Es en este punto donde lo patológico toma posición, en un momento en el que siguen primando las concepciones tradicionales respecto al papel de las mujeres, ahora contrapuestas a las novedades que ofrece la vida moderna. En este sentido, el discurso visual finisecular contribuyó a definir el género a partir de la premisa que estableció que la feminidad se considerase un estado patológico.

La vinculación entre la enfermedad y lo femenino genera una serie de tipologías visuales que se engloban dentro del mismo tema. El eterno femenino, que requería de las mujeres un comportamiento ejemplar como hijas, esposas y madres, generó un ideal físico que aludía a cuerpos frágiles y etéreos, aspectos que enlazaban muy bien con las cualidades y el semblante que la burguesía esperaba de ellas, con relación a la pureza y la virtud moral. Esta versión, que habla de cuerpos enfermizos y débiles, promovió un prototipo icónico que elevaba la convalecencia y la languidez al nivel de culto. En el fin de siglo, esta consideración de la mujer enferma transita la visualidad hasta alzarse como una categoría estética. Por otro lado, ante la emergencia de nuevas prácticas de ocio y modelos de comportamiento que beneficiaron a las mujeres al poner en jaque la organización establecida, las consideraciones culturales sobre lo desviado se centraron, casi exclusivamente, en la imagen de la mujer figurada a través de distintas tipologías (Tsuchiya, 2011: 15).

Sea como fuere, la constante presencia de modelos femeninos enmascarados de una feminidad enferma, generalmente cargados de un alto grado de erotismo, dice más de los miedos masculinos que de la subjetividad y los deseos femeninos (Cortés, 1997: 41). En última instancia, la mujer enferma pasó a convertirse en un icono de la modernidad, si se entiende como proyecto disciplinario con un nuevo régimen de representación en el que el rol de la visualidad no es baladí. Atendiendo a las incursiones feministas planteadas por Griselda Pollock, las imágenes resultantes, aunque opacadas por el realismo del medio, fueron prescriptivas para las mujeres (2015: 224-225). En su momento, como manifestaciones culturales, dotaron de significación y sentido al resto de agentes para incidir en el sentido ideológico. Hoy, desde las ventajas que ofrece la distancia y la contemporaneidad, más que remitirnos a cómo debieron ser consumidas, nos invitan a ahondar en las dosis de caducos mandatos para reforzar nuestro presente.

Virginia Woolf señaló en 1926 el recóndito papel de la enfermedad como tema, a pesar de los vestigios materiales y espirituales que ocasiona (2019: 31). Su consideración en la modernidad como asunto literario y argumento visual traslada cambios formales y semánticos sobre el modo de entender el género y la enfermedad. Las imágenes del fin de siglo evidencian cómo los significados en torno a lo patológico anidan en lo cultural y habitan en multitud de manifestaciones del momento con tendencia a resignificarse.

1

MODERNIDAD Y FIN DE SIGLO

El largo siglo XIX, que historiográficamente abarca desde 1789 hasta 1914, inaugura la vida moderna tal y como la conocemos. Entendida como fenómeno análogo a la idea de progreso que promovió el contexto positivista, la modernidad y su narrativa se caracterizan por la confianza en la ciencia y en lo tecnológico, el culto a la razón, el individualismo o la idea de la libertad. El alcance de las transformaciones producidas a lo largo de la centuria —sociales, culturales, científicas, económicas y tecnológicas— redefinió los modos de vida e interfirió en la forma de ver, entender y representar el mundo. Estas consecuencias traspasaron al ámbito de lo artístico en el tramo final del siglo (Pena López, 1993: 27). En palabras de María López Fernández, el fin de siglo

> es el momento en que se anuncia y se gesta toda la modernidad, con su complejo abanico de tendencias; es el momento en el que todo empieza a ocurrir, y en el que aún no ha sucedido nada; es el momento en el que los artistas, pero también la sociedad en general, intentan desprenderse de las formas y modelos del pasado para inventar formas y modelos nuevos, que permitan sentar las bases del futuro (2008: 13).

La historiografía artística, de forma habitual, ha vinculado la modernidad a estilos concretos. Sin embargo, si se entiende el fin de siglo como etiqueta metodológica, más allá de la demarcación temporal, las manifestaciones culturales deben analizarse sin incidir en el avance de un estilo artístico, sino enfatizando la hibridación, y, sin entrar en matices filosóficos, hablar de una estética fin de siglo, de una amalgama ambigua de lenguajes, movimientos, fórmulas, ideologías y significados (Călinescu, 1987). Las reflexiones finiseculares sobre la propia nomenclatura enunciaban esta complejidad propia del periodo, la concentración de distintas corrientes y movimientos en un mismo entramado cultural:

> *Fin de siecle* es, en realidad, una frase que nada precisa, mas sustituye con ventaja á las antiguas de *chic* [...], que [...] [venía] á ser refinada expresión de elegante superficialidad; *fin de siecle* es más literaria y filosófica; corresponde á una psicología modernísima que nada concreta, queriendo abarcarlo todo. Si hemos de analizar el sentido, despréndese de él que es la proximidad del fin de siglo la causa determinante de cuanto pasa (García Ladevese, 1890: 2).

Como proyecto cultural, los cambios alrededor del imaginario visual moderno no responden únicamente a cuestiones formales, sino a asuntos transversales a la propia noción de modernidad (Micale, 2004). En este sentido, la cultura visual del fin de siglo enhebra dos cuestiones muy presentes en las representaciones europeas: el proyecto disciplinario que supone la modernidad en sí y la idea del espectáculo ligada a las transformaciones en torno al proceso físico de la visión (Pozo García, 2013). Así, uno de los aspectos fundamentales de la relación entre la modernidad y el final del siglo XIX es la crisis de la mirada acontecida en esta centuria, en un momento en el que la individualización estaba a la orden del día (Clúa Ginés, 2005: 20).

Con la introducción de la modernidad artística en España, aparecieron nuevos temas de representación y muchos de los que ya existían se resignificaron, cambiando también su apariencia y su lenguaje. En las imágenes gestadas al calor de este hecho, el relato clásico de la modernidad se hace más que evidente y anuncia el devenir de las imágenes producidas en el fin de siglo sobre la mujer enferma. Disciplina, espectáculo, género y visualidad se aglutinan y reflejan distintas reacciones que van desde la creencia en el progreso al culto a la decadencia.

LA MODERNIDAD ARTÍSTICA EN ESPAÑA

El panorama artístico español finisecular se caracteriza por la convivencia de corrientes tradicionales con tendencias renovadoras, que son las que propiamente introducen cambios y rupturas en las representaciones (Vélez, 1999: 30-35). La modernidad no reemplazó los argumentos anclados en la tradición, o al menos no de forma drástica, sino que coexistieron de forma armónica durante el final del siglo XIX. Así, junto a temas novedosos, o bien representados bajo nuevas formulaciones, no es extraño encontrar otros de talante más tradicional. Géneros artísticos que gozaban de cierta hegemonía en el país gracias al respaldo de las instituciones se vieron relegados a un segundo plano al comenzar a practicarse otros géneros poco frecuentes en España. Tanto el ámbito artístico como el ambiente intelectual, literario y social de la España del fin de siglo, poco a poco se irían definiendo, como en el resto de Europa, por la multiplicidad, con la intención y voluntad de desarrollar una sensibilidad que quería ser diferente.

El cuadro de Segundo Cabello Izarra (documentado entre 1868 y 1901) titulado, precisamente, *Fin de siglo* (1899) [fig. 1], refleja el contraste entre la tradición y las nuevas perspectivas ofrecidas por expresiones artísticas rupturistas. De hecho, la pintura fue premiada con una medalla de tercera clase en la Exposición Nacional de Bellas Artes del mismo año, por lo que fue bien recibida por la crítica (Pantorba, 1948: 382).[1] En un intento metapictórico, distintos cuadros se insertan dentro del propio cuadro. Una figura masculina que viste ropa de trabajo parece haberse colado en el estudio de un artista, embelesado por el proceso de modernización de la pintura de finales del siglo XIX. La representación de un rostro femenino acompañado por flores con colores *fauves*, otro retrato de mujer similar a los semblantes tan repetidos por los prerrafaelitas ingleses y la figura de un venerable coronado por un nimbo dorado que recuerda el esplendor del arte religioso son reminiscencias de los movimientos pictóricos que estaban conviviendo en ciudades como París. El conservadurismo de la tradición artística, representado por el hombre trabajador que porta un cesto en su espalda, como una losa, contempla con curiosidad uno de los cuadros, generando una atmósfera de contrastes interesante. Para Vázquez, esta obra ejemplifica, bajo la fórmula de la parodia, la recepción de algunas corrientes artísticas que en el fin de siglo fueron tachadas de degeneradas, como el modernismo (2017: 79-99). Sea como fuere, esta imagen aúna la multiplicidad de lenguajes artísticos presentes en ese periodo, en un contexto acostumbrado a tradiciones distintas.

Estas formas novedosas responden, en última instancia, al ansia de experimentación. En el caso de España, la modernidad artística aterrizó desde el norte, de la mano de inquietos artistas, en su mayoría catalanes y vascos, que buscaron en las calles de París, Bruselas o Londres la investigación artística, entrando en contacto con corrientes internacionales como el simbolismo (Freixa y Reyero, 1995: 295; Kaplan, 2003: 74). Gracias a estas estancias de aquellos artistas que fueron pensionados o que pudieron permitirse trasladarse a las urbes europeas, «la pintura al final del siglo, sí nace y crece en donde antes no

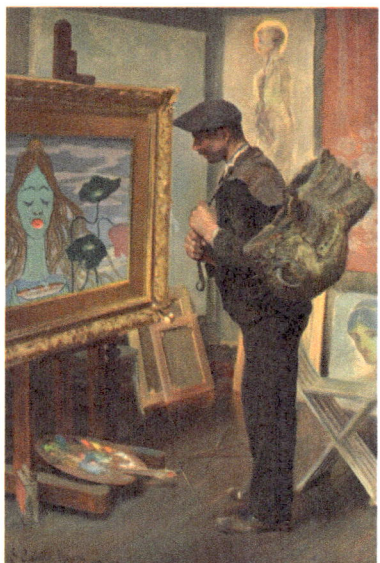

Fig. 1. Segundo Cabello Izarra, *Fin de siglo*, 1899.

1. Además de esta medalla de tercera clase, Vázquez documenta que Segundo Cabello Izarra, a pesar de ser considerado como un pintor de segunda fila, había sido galardonado anteriormente en la Exposición Nacional de Bellas Artes de 1897 con una mención honorífica a propósito de una obra distinta de la que apenas existe información (2017: 208).

existía ó apenas pelechaba, mengua y se extingue donde antes gozaba de más robusta existencia» (Alfonso, 1890: 107).

En la segunda mitad del siglo XIX, ciudades como París o Londres se erigieron como metrópolis urbanas, modernas y cosmopolitas, y acogieron la celebración de exposiciones universales, un tipo de evento que daba a conocer los proyectos de modernización de los respectivos países y otros representados en distintas secciones, así como los avances científicos y tecnológicos que se aplicaban en varios ámbitos.[2]

La primera de estas muestras, calificada como la *Great Exhibition*, celebrada en Londres en 1851, supuso un hito a la hora de mostrar el progreso y el alarde técnico, que se hizo manifiesto en el edificio diseñado y construido para albergarla, el *Crystal Palace*, en el que se aplicaron muchas de las novedades que había traído la modernidad. Tras esta primera exhibición universal, estos certámenes se convirtieron en autorrepresentaciones de la sociedad industrial, en eventos donde la nueva civilización se proyectaba globalmente mediante la exposición de distintas manifestaciones técnicas, científicas, económicas y culturales, recreando el ascenso de la burguesía europea y exhibiendo su ideología, haciendo alarde de los progresos técnicos (Plum, 1977: 11; Aznar Almazán, 1993: 79). A través de esta vía, estas ciudades se convertían en prototipos de la modernidad, dictando también las modas artísticas de cada momento (Gutiérrez Burón, 2007). Esta forma de entender el arte oficial en línea con el gusto de las clases medias convivía, además, con las fórmulas más vanguardistas.

París fue, con toda seguridad, una de las ciudades que mayor fascinación causó entre los pintores del resto de países, en parte alimentada por la multitud de obras literarias contemporáneas consagradas a esta metrópoli de las que todo el mundo hablaba gracias al eco en la prensa (Charle, 2011: 86). La capital francesa contaba con una gran tradición y fama para quienes tenían ambiciones en los ámbitos de la literatura y el arte, y era un crisol de novedades que acogía a provincianos y a extranjeros (Charle, 1998: 21-48). París se consideraba la quintaesencia de la vida moderna, una especie de decorado efímero de la actualidad en el que el público actuaba al mismo tiempo como espectador y como actor (Ferrer Álvarez, 2009: 165). El mito de estas urbes y la atracción por estas se empezaron a conformar y a expandir gracias a la acción de revistas de gran tirada como *La Ilustración Española y Americana*.

Pensionados por instituciones artísticas como las academias, algunos artistas salieron de España y aterrizaron en estos y otros importantes focos europeos que pronto se convirtieron en referentes de la modernidad artística. En el caso español, fue la ciudad de París la que se tomó como referente principal de las transformaciones asociadas a la modernidad artística, y las estancias en esta ciudad se contemplan como hechos singulares en las biografías de los artistas españoles (Reyero, 1993: 9).

La Exposición Universal de 1889 marcó un antes y un después en lo referente a la modernidad artística en España:

---

2. Londres albergó, en 1851, la primera Exposición Universal, y se volvió a celebrar allí en 1862; en París, se celebraron las de 1855, 1867, 1878, 1889 y 1900.

El punto á que ha llegado el arte es, por consecuencia, el que determina la última decena del 1800, y su representación en la gran síntesis de obras de la Naturaleza y del hombre, que se denomina Exposición Universal de 1889, ha sido su esfuerzo póstumo, el testamento, si cabe decirlo así, en el que ha hecho constar los caudales que lega al siglo venidero (Alfonso, 1890: 103).

Los comentarios en prensa al respecto de la presencia española en dicha exposición reflejan que el país no despuntó en secciones como la industrial o en el apartado dedicado al mercado, pero sí llamó la atención respecto a lo artístico (Fernández Bremón, 1889: 282). En el pabellón español no faltó espacio para el género pictórico mejor valorado en el país, la pintura de historia, que contaba con una tradición importante. En cierta manera, los cuadros con temática histórica se habían erigido como marca artística española al presentarse a distintos certámenes nacionales e internacionales de manera repetida, aunque en París se hubiese perdido el interés artístico por este género (Reyero, 1989; Ramos Domingo, 2012). El género de historia, a través de las formas academicistas, reunía de forma magistral el gusto por lo teatral, el dramatismo y el melodrama que tanto parecía gustar a la Academia española, a la par que ensalzaba distintos valores patrios. Según testimonios del momento, el gusto español parecía caracterizarse por la teatralidad, la tragedia, fascinado por aquellas escenas hirientes, sangrientas (Lafenestre, 1889: 170).

Desde la aparición de movimientos culturales como el romanticismo se inauguraron las bases de este género pictórico que calaría de forma significativa en el imaginario hispánico de todo el siglo XIX, hasta el punto de hablarse de una «epidemia historicista» (Gaya Nuño, 1955: 19). En el París de 1889 pudieron apreciarse cuadros de historia de pintores que conocían y habían cultivado el género, como *La leyenda del Rey Monje* (1880) —conocido como *La campana de Huesca*—, de José Casado del Alisal (1832-1886); *La conversión de Granada* (1882), de Francisco Pradilla (1848-1921); la *Conversión del duque de Gandía* (1884), de José Moreno Carbonero (1860-1942); el *Fusilamiento de Torrijos y sus compañeros en las playas de Málaga* (1888), de Antonio Gisbert (1834-1901), pintura que despertó especialmente el interés del público francés (Gouzien, 1889: 106); *La Conversión de Recaredo* (1888), de Antonio Muñoz Degrain (1840-1924); el cuadro *Entrada del rey Carlos V al monasterio de Yuste* (1889), de Antonio Casanova y Estorach (1847-1896); la *Expulsión de los judíos de España (año 1492)* (1889), de Emilio Sala (1850-1910), o *La silla de Felipe II* (1889), de Luis Álvarez Catalá (1836-1901).

La sección española también expuso algunos cuadros de géneros tradicionalmente considerados menores pero que gozaban del respaldo de las clases medias y altas de la época, así como de los marchantes, que buscaban cuadros de pequeño formato cuya venta fuera más asequible. Los retratos de la burguesía española personificaban la elegancia a la moda del momento gracias a los pinceles de autores como Raimundo de Madrazo (1841-1920) o Francesc Masriera (1842-1902); también hubo espacio para escenas costumbristas o para los paisajes de Joaquín Agrasot (1836-1919) o de los catalanes Josep Masriera (1841-1912), Eliseo Meifrén (1859-1940) o un joven Santiago Rusiñol (1861-1931), y, por supuesto, naturalezas muertas, entre cuyas autoras figuraron pintoras como Fernanda Francés Arribas (1862-1939) que, junto a María Luisa de la Riva (1865-1926), Antonia de Bañuelos Thorndike (1856-1926) y Annie Ayrton de los Ríos (c. 1850-c. 1920), constituían la presencia femenina en dicha exposición (Lomba Serrano, 2019: 68-74) —eso sí, para enfatizar su condición de mujeres y ser diferenciadas de sus compañeros, en el catálogo general oficial de la exposición (1889) se las distingue con la apostilla *mademoiselle* o *madame*, en el caso de la última—.

Hasta aquí, nada fuera de lo normal, pues el panorama artístico mostrado en el certamen reflejaba bien la realidad española. Sin embargo, el asombro se produjo, de forma generalizada, tras la noticia de que el jurado internacional de Bellas Artes había concedido la medalla de honor a Luis Jiménez Aranda (1845-1928). Este pintor, que frecuentó en el ámbito hispano la pintura de historia y costumbrista, viajó a París, donde fue premiado en alguna ocasión, abogando por un lenguaje más renovado en el tratamiento de temas que respondían a los adelantos de la vida moderna.[3] El cuadro premiado en la Exposición Universal de 1889 representaba una escena de hospital.

Carlos Reyero ha estudiado la participación española en la Exposición Universal de 1889 y su valoración en las críticas francesa y española (1993; 1999). A grandes rasgos, los organizadores de la sección debieron quedar sorprendidos por la mención honorífica otorgada a Jiménez Aranda, esperando que esta recayera en obras con temas históricos, que exaltaban los valores nacionales. Frente a los elogios generalizados de Francia hacia la obra de este, una parte de la crítica nacional, la más conservadora, no vio justa tal mención (Lafuente, 1889), especialmente teniendo en cuenta la presencia de otros pintores españoles en la muestra que tan bien reflejaban las hazañas de la nación a través del género histórico, como Pradilla, Sala, Aranda, Moreno Carbonero o Muñoz Degrain (Comas y Blanco, 1893: 30).

Por otro lado, también hubo autores que respaldaron la introducción de la modernidad en el campo de lo artístico de la mano de las obras que presentaban escenarios y temáticas novedosos, entendiéndose que lo moderno de los nuevos lenguajes y tendencias en pintura eran nuevos elementos para definir la integración o exclusión de España en Europa (Viera de Miguel, 2011: 543). Según relata el escritor Eusebio

---

3. Como afirma Carlos Reyero, a pesar del desconocimiento de este pintor en su país de origen, Luis Jiménez Aranda era un pintor conocido en la capital francesa, acostumbrado a la pintura de casacón. En el Salón de 1887 expuso la obra *Una campesina de Picardía*, en la que desarrolla un argumento de carácter social que le valió la obtención de una medalla de tercera clase. Asimismo, en el Salón de 1889 seguirá en esta línea con las obras *Primera palabra de amor* y *El abono* (1993: 253-254; 1999). Además, recibió una medalla de honor en la Exposición Universal celebrada en Múnich en 1883, según indica el catálogo de la Exposición Internacional de Bellas Artes de 1892 (1892: 95). Mireia Ferrer Álvarez afirma que Luis Jiménez Aranda fue «un artista perteneciente a una escuela tradicional como la sevillana, que había estado vinculado totalmente a la práctica de la pintura de género. Su apuesta por los presupuestos modernos es un ejemplo de la adaptación del artista al ritmo cambiante de su tiempo» (2007: 299-300).

Blasco, el pintor francés Jean-Louis-Ernest Meissonier (1815-1891), al pasar por la sala de pintura española acompañado del jurado y detenerse ante la obra de Luis Jiménez Aranda exclamó: «El único cuadro moderno de esta sección es este, y en mi opinión, el único que, por consiguiente, merece la distinción más alta» (1889). Hubo, a partir de entonces, cierto sector que respaldó el argumento de Meissonier y alabó la obra de Jiménez Aranda por su temática y por cómo se había reflejado al introducir distintas novedades técnicas y formales. Las siguientes líneas escritas en 1890 resumen muy bien la reacción generalizada de parte de la crítica española ante el galardón de Jiménez Aranda:

> Gran ruido hizo en algunos de los principales centros artísticos de España la noticia de haber otorgado el jurado internacional de París el premio de honor á este cuadro del artista Luis Jimenez, quien de un salto llegó al pináculo de la fama, dejando el jurado sin distincion igual á otros lienzos originales de autores de renombre y cuyos asuntos eran de mayor importancia, de mayor significacion y de realizacion mas dificil, sin disputa, que la reproduccion de una sencilla escena naturalista (Miquel i Badia, 1890: 53-54).

Para Emilia Pardo Bazán, la decisión del jurado de premiar una obra con tantos matices afrancesados no era casual, sino que simulaba un ataque sutil pero directo hacia España:

> Pero en cuanto á que la moderna escuela francesa de pintura aventaje á la nuestra en absoluto, hállanse divididas las opiniones, aunque en general se reconoce á los franceses más ciencia y maestría que á los nuestros. Los partidarios del diseño afirman que ningún español sabe dibujar, y que en cambio los franceses dibujan muchísimo: añaden que sus cuadros están compuestos con habilidad, pensados y reflexionados largo trecho. Estas cualidades no negaré yo que merezcan estimación, ni diré que no convenga á los españoles moderarse y estudiar los métodos modernos. Sólo indicaré que no me convencen del todo, del todo, [sic] esos maestros de maestros que á cada rato improvisa Francia por vanidad nacional (Pardo Bazán, 1889: 220).

Sea como fuere, con sus partidarios y detractores, el cuadro de Jiménez Aranda marcó un antes y un después en la modernización de la pintura española. A partir de entonces, la visualidad adoptó temas que ya existían, emplazando a los personajes en nuevos lugares y espacios, mostrando nuevas tecnologías, nuevo instrumental y un significado distinto. La enfermedad, tradicionalmente vinculada a otros pretextos, cambió de argumentos y de finalidad para su representación.

LA ENFERMEDAD COMO TEMA DE REPRESENTACIÓN MODERNO

A grandes rasgos, las imágenes anteriores sobre la enfermedad en la tradición occidental respondían a cuestiones de poder, a fines moralizantes o habían estado ligadas a asuntos teológicos. Con la modernidad se incorporaron nuevos significados en torno a lo patológico que dejaron a un lado lo endémico y el peso religioso para dar paso a otras preocupaciones sociales. La enfermedad como tema moderno concretado en categorías iconográficas diversas se convirtió en un argumento para reflejar los avances sociales y tecnológicos que favorecieron el culto al progreso.

La obra *Una sala de hospital durante la visita del médico en jefe* [fig. 2], de Luis Jiménez Aranda, obtuvo la medalla de honor en la Exposición Universal de París de 1889. Poco después, como era habitual, fue presentada en la Exposición Nacional de Bellas Artes de 1892 y, en esta ocasión, tampoco pasó desapercibida ante el jurado de dicha muestra, siendo galardonada con una medalla de primera clase.[4] Además, un año antes había obtenido el diploma de honor en la muestra internacional celebrada en Berlín.

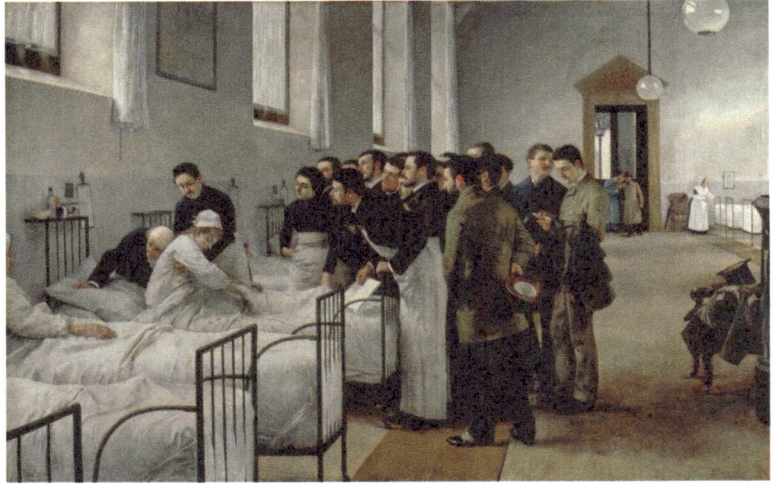

Fig. 2. Luis Jiménez Aranda, *Una sala de hospital durante la visita del médico en jefe*, 1889.

4.   Las Exposiciones Nacionales de Bellas Artes se gestaron en 1853 por Real Decreto con el objetivo de presentar al público el arte español, así como para fomentar su desarrollo. La primera de ellas se celebró en 1856, a la que siguieron diecisiete durante el siglo XIX y dieciséis en las primeras décadas del XX. Cada año de celebración, ciertas obras eran seleccionadas para ser expuestas, algunas de las cuales recibían menciones y galardones según el reconocimiento artístico. La medalla de primera clase tenía el valor de tres mil reales; la de segunda clase, mil quinientos reales; la de tercera, seiscientos cuarenta. Del mismo modo, la mención honorífica o medalla de honor estaba valorada en diez mil reales, siendo este el mérito más sobresaliente al que se podía aspirar (Pantorba, 1948: 6-7; Caparrós Masegosa, 2014: 6-45).

En esta ocasión, el cuadro tampoco escapó a la crítica, y el argumento más evidente fue la marcada influencia formal de la pintura francesa, tan en boga en los focos artísticos del momento. Ya en 1889, coetáneos a Jiménez Aranda habían afirmado sin pudor que el cuadro era muy parisino (Lafenestre, 1889: 171). En efecto, no es extraño encontrar similitudes formales, así como en cuanto al contenido, con otros cuadros franceses coetáneos como el de Jean Geoffroy (1853-1924) *Le Jour de la visite à l'hôpital* (1889), expuesto en el Salón de ese mismo año, celebrado en el Palais des Champs Elysées de París. Al compararla con las obras defendidas por la crítica hispana, que fundamentalmente desarrollaban temas históricos, se logra entender que la obra resultante no encajase con el gusto al que estaban acostumbrados la crítica y el público español:

> El cuadro de Luis Jiménez no encaja, fuerza es confesarlo, en los gustos y aficiones de nuestro público en general, y por eso la recompensa otorgada parecía doblemente injusta, tanto más, cuanto que quedaban postergados nombres gloriosos, reputaciones hechas, personalidades puestas ya fuera de la diaria discusión, por el mérito incontrastable de sus anteriores producciones (Comas y Blanco, 1893: 30).

A pesar de ello, el cuadro *Una sala de hospital durante la visita del médico en jefe* fue reproducido en distintas revistas ilustradas de tirada nacional[5] y reconocido por algunos de sus compatriotas como una escena típica de la vida moderna:

> Ese cuadro, página de naturalismo verdadero, auténtico, arrancado á la vida cruel del hospital, que atrae y conmueve, dándonos la sensación intensa de la realidad, sencilla y realmente traducida. […] En Roma estuvo Luis Jiménez hasta 1877, en que marchó á París, donde aún reside, y hace tres años cambió de género, y empezó á pintar escenas de la vida moderna (Martínez de Velasco, 1889: 354).

La obra de Jiménez Aranda refleja una intención diferente a las representaciones de la enfermedad anteriores a la era industrial. Este cambio de propósito va ligado, en este caso, a la influencia de corrientes como el naturalismo o el realismo, que presentaban una marcada intención de compromiso social. Nacido, en su origen, como movimiento literario, el naturalismo se acabó convirtiendo en todo un movimiento cultural con ramificaciones entre las que el arte jugó un papel esencial. En el ámbito de la visualidad, el naturalismo defendía la observación al natural y abogaba por la representación de temas contemporáneos con el fin de denunciar algunas de las injusticias y desigualdades sociales (Barón, 1995; Pérez Rojas y Alcaide, 2015: 34). En las últimas décadas del siglo XIX se asiste en España a la aceptación progresiva de este estilo en los ambientes oficiales, aunque no por ello dejaron de generarse debates candentes en torno al tema (Pardo Bazán, 1891; Pattison, 1965).

---

5.   Entre ellas, cabe destacar la reproducción en el número 427 de *La Ilustración Artística*, con fecha del 3 de marzo de 1890.

El cuadro de Jiménez Aranda presenta, en esta línea, una gran sala de hospital que recuerda a las naves de las iglesias, con distintas camas e iluminada por las lámparas opal que cuelgan del techo y las altas ventanas de los laterales. La modernidad se hace evidente por la presencia de los médicos que visitan la sala, vestidos a la última moda, y entre los que se distingue el que parece el historial clínico de la paciente. El encuadre de la imagen, totalmente sacado de la óptica fotográfica, acompaña esta modernidad. De hecho, en su aspecto formal, la imagen rompe la diagonal que rige la composición, dejando ver a medias la presencia de una anciana enferma recostada en su cama, para focalizar así la escena principal.

El hospital como escenario se convierte en un recurso para representar una escena propia de la vida moderna, pues la emergencia de estos espacios responde al proceso de industrialización, que llevó aparejado un aumento demográfico en las ciudades, así como otros cambios urbanísticos. Más que por los adelantos tecnológicos, la imagen en sí se vuelve moderna al tener impregnadas ideas subyacentes que remiten a categorías sociales construidas como la clase social o el género.

En primer lugar, el hospital representado no debe ser comparado con el actual, sino que ha de imaginarse como una especie de hospicio destinado a los pobres, en el que miseria y enfermedad iban de la mano. Para la burguesía europea de principios del siglo XIX, el hospital no dejaba de entenderse como un lugar contra natura, como un «jardín desordenado donde se entrecruzan las especies, [se] altera la naturaleza propia de la enfermedad y la hace más difícilmente legible», en palabras de Foucault (1999: 36). La mentalidad burguesa del XIX entendió que el hogar donde se habitaba era el lugar donde se debía morir, y que los dispensarios estaban destinados a los individuos de clases inferiores. Estos espacios se comprendían, entonces, como lugares impuros, centros repudiados y destinados a las clases más desfavorecidas.

Esta realidad propició que aquellos autores preocupados por las injusticias sociales utilizaran el medio artístico como denuncia, a través de escenas hospitalarias y de la enfermedad como tema de representación. Para uno de los contemporáneos de Jiménez Aranda,

> desde que Luís Jiménez retrató la sala de un hospital, donde la figura más interesante no está ni moribunda ni muerta, pero sí enferma de gravedad, el hospital y la operación quirúrgica es el tema obligado de una gran parte de los cuadros expuestos en el palacio de Bellas Artes (Comas y Blanco, 1893: 42).

En la misma línea, en 1897, se mencionaba la asiduidad de otros pintores tras Jiménez Aranda a la hora de representar un hospital bajo la óptica de la modernidad, hasta tal punto que se llegó a hablar de una «orden hospitalaria» dentro del arte:

> Hace ya varias Exposiciones que ingresaron solemnemente en una orden de pintores desconocidos hasta entonces, á lo menos en nuestros modernos tiempos, varios distinguidos artistas. Era esta orden a la que pudiéramos llamar *hospitalaria*. ¡Qué profusión de hospitales admiramos o rechazamos desde que Luis Jimenez

obtuvo merecido premio por su Consulta en París! Vimos hospitales de todo género y calidad, desde las clínicas á la francesa, blanquísimas, barridas y hasta perfumadas, en que atildados doctores persiguen el curso de una operación á *la moda*, hasta el hospital en donde los doblemente infelices por sus infortunios y por su pobreza esperan la muerte o la continuacion de la miseria (Soriano, 1897: 1).

Influenciado por el éxito que Luis Jiménez Aranda tuvo a raíz de la presentación de su obra, en 1892 Enrique Paternina (1866-1917), que estaba pensionado en Roma, pinta *La visita de la madre al hospital* [fig. 3], obra que le valió una segunda medalla en la Exposición Nacional de Bellas Artes de ese mismo año y que fue muy bien acogida por la crítica de forma unánime (Dóniga Martínez, 2013: 162). El sentimentalismo y el melodrama de la obra traspasan incluso al juicio crítico sobre esta:

> Una pobre mujer que no sintió los egoísmos del amor al desprenderse de su hija enferma, para llevarla á un hospital de niños donde pudiera encontrar, no sólo la asistencia facultativa de un renombrado especialista y los medicamentos que ella pobre y sin recursos no hubiera podido procurarse, sino los amorosos cuidados de esos ángeles humanos que se llaman Hermanas de la Caridad, está sentada cerca de la cama de su hija ya convaleciente, sintiendo esa alegría infinita que un padre experimenta cuando pasadas las horas de mortal angustia, ve recobrar poco á poco la anhelada salud al hijo del alma. No lejos de este grupo y á los pies de la cama, contemplan de pie, la sentidísima escena, una Hermana de la Caridad encargada del cuidado de la niña, y una hermana de la enferma, que en compañía de su madre fué también al hospital para llevar á su hermanita unas cuantas golosinas (Comas y Blanco, 1893: 99).

En efecto, aunque la pintura se desarrolle en un hospital, en este caso no aparece la figura del médico, sino que toma su relevo la caridad, que en este caso no se personifica en ninguna de las familiares presentes en la escena, sino en la monja ladeada que porta una toca blanca alada, atributo que permite identificarla como una Hermana de la Caridad.

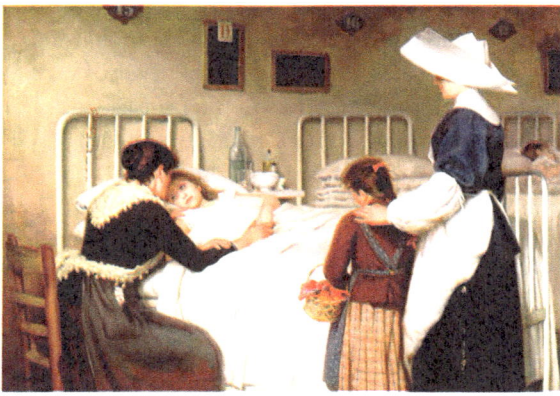

Fig. 3. Enrique Paternina, *La visita de la madre al hospital*, 1892.

La obra de José Soriano Fort (1873-1937) *¡Desgraciada!* (1896) [fig. 4], galardona-da, en esta ocasión, con una medalla de segunda clase en la Exposición Nacional de 1897, retrata con mayor énfasis los infortunios y penurias de familiares que acababan muriendo en hospitales. Tanto en la obra de Jiménez Aranda como en la de Soriano Fort, nada queda de la idea de salvación, sino que en este caso se pone en cuestión el depósito de la esperanza en la ciencia y se denuncian las miserias de las clases trabaja-doras. Esta noción, en el caso de la obra *¡Desgraciada!*, se refuerza con la numeración de las camas, que servía para identificar a las personas yacentes, y la uniformización del espacio. En la escena recreada, solo la presencia de la familia llorando, así como una especie de amuleto que cuelga sobre la cama en el que se lee «VyP», parece otorgar identidad a la moribunda.

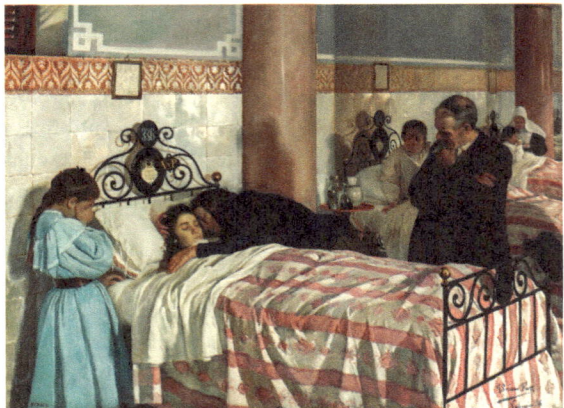

Fig. 4. José Soriano Fort, *¡Desgraciada!*, 1896.

La obra de Jiménez Aranda fue la primera que, en España, contribuyó a incorporar los adelantos de la modernidad y de la medicina en la representación de la enfermedad. No obstante, las manifestaciones visuales generadas desde entonces, y ya *in situ* en el ámbito nacional, se adaptaron a la realidad del país. Por ello, aunque existan obras que sitúen la escena en localizaciones como un hospital, en España triunfaron las escenas cuya localización mostraba la realidad nacional. Salvo la obra de José Soriano Fort y la de Enrique Paternina, no siempre apareció el hospital como parámetro espacial de la representación, sino que también tuvieron importancia espacios privados como las alcobas. Los cuadros nacidos al calor del naturalismo español responden, en este senti-do, a la denuncia de la miseria de las clases bajas, encarnada a través de la enfermedad. Obras internacionales como *La miseria* (1886), del pintor venezolano Cristóbal Rojas (1858-1890), que fue presentada en el Salón de la Sociedad de Artistas Franceses de 1886 así como en la Exposición Universal de 1893, y con gran difusión en la prensa, *Miseria humana* (1890) de Leo van Anken (1857-1904), o *Al costat del llit de mort de la mare* (c. 1890-1892), de Théodor Hummel (1864-1939), adquirida por el Museu

Nacional d'Art de Catalunya (MNAC) tras ser expuesta en la Segona Exposició General de Belles Arts de Barcelona (1894), estaban en la línea del tipo de representaciones naturalistas o de realismo social que triunfaron en España.

El otro factor que convierte a estas imágenes en representaciones de la vida moderna, además del hospital, es el rol adoptado por los representados, que se polariza en el ideal femenino y masculino vigente en la Europa del momento. Durante el siglo XIX, especialmente en su segunda mitad, se fueron diferenciando esferas sociales en distintos campos, entre ellos el de las ciencias; asimismo, a finales de siglo se establecieron roles y valores asociados a perfiles profesionales distintos (Trasforini, 2009: 65).

Volviendo a la obra de Luis Jiménez Aranda [fig. 2], el papel de los representados está claramente marcado y ofrece desigualdades y diferencias. En este caso, toda la atención recae en el médico como uno de los personajes protagonistas de la obra. El médico jefe examina a la enferma por la espalda, mientras un grupo de estudiantes de medicina, entre los que se encuentra una única mujer, prestan atención.[6] Lo patológico, aunque en este caso se presente una afección desconocida, se personifica a través de un perfil concreto femenino, mientras que lo racional, acertado, científico y aparentemente salubre tiene forma laica y se presenta en masculino.

A decir verdad, la ciencia no desplazó por completo a la religión en cuanto a cuestiones de medicina, pero sí la dejó en un segundo plano. En la representación de la sala de hospital de Jiménez Aranda, se reserva en el fondo del plano espacio para una monja que asiste la cama de algún enfermo. Como desarrolló Casado Mejía, hasta que el Antiguo Régimen no empezó a desvanecerse, la salud y la enfermedad como

---

6. Durante el siglo XIX, especialmente a partir de la segunda mitad, fue común debatir en ámbitos académicos acerca de las capacidades de las mujeres y su validez o invalidez respecto a según qué profesiones y actividades. Emilia Pardo Bazán, en respuesta a un discurso pronunciado por el marqués de Busto, defiende el derecho de las mujeres a estudiar medicina e ingresar en sus distintas profesiones y/o especialidades (1892: 71-84). No obstante, desde que las mujeres accedieron a ciertas profesiones liberales, estas no lo hicieron con total libertad, sino que hubo segregaciones para que no se perturbara el orden del sistema sexo-género que estaba establecido. Así, fue habitual el uso de argumentos considerados científicos para focalizar a las mujeres en determinadas especialidades que se aproximaban a las actividades domésticas o se identificaban con capacidades tradicionalmente atribuidas a lo femenino, como la pediatría o la obstetricia (Ortiz, 1999). En esta línea, Scanlon resalta que en los debates llevados a cabo en el ámbito español acerca de las capacidades de la mujer para la disciplina médica, se hacía hincapié en cualidades como la ternura, y se las consideraba más adecuadas para tratar, por ejemplo, las enfermedades de los niños (1986: 72). Poco a poco, con la aparición de otras especialidades, como la oftalmología, se normalizó su presencia justificada por la delicadeza que estas nuevas ramas requerían (Casado Mejía, 2018: 149). El movimiento feminista perseveró para la admisión de las mujeres en la profesión médica, y para ello defendió que muchos varones no conocían de forma adecuada el cuerpo femenino y que la presencia de una doctora evitaría el pudor de muchas mujeres (Evans, 1980: 54). La existencia de este debate, llevado al ámbito visual, explica la notable ausencia de representaciones de mujeres médico ejerciendo su profesión. Entre las contadas excepciones, se tiene conocimiento del cuadro presentado en el Salón de París de 1889, pintado por el argentino Eduardo Sívori (1847-1918), *Femmes médécins*, y conocido gracias a una fotografía (Malosetti Costa, 2001: 221).

experiencias sociales se explicaron en términos religiosos, hasta que en el siglo XIX pareció primar lo científico. Esto hizo que poco a poco se profesionalizara el campo de la medicina y, aunque la salud y los cuidados tradicionalmente habían estado en manos de las mujeres, el modelo de trabajo se masculinizó. Como consecuencia, la praxis de la salud y la enfermedad se jerarquizó tanto social como sexualmente, de modo que los médicos ocuparon un rango social superior a otros estratos con el respaldo de instituciones oficiales (2018: 145).

Siguiendo la mentalidad burguesa, mientras que los hospitales se entendían como lugares obscenos donde la gente pobre se resignaba a morir para luego ser carne de disección y de experimentación, se creía que las alcobas personales eran el lugar idóneo para experimentar la buena muerte, aunque solo las clases acomodadas de la sociedad podían permitirse las visitas médicas en sus respectivos hogares.[7] En estos espacios había un lugar reservado para la figura del médico, quien se encargaba de la salud familiar y de la vigilancia social, siempre alerta ante comportamientos que pusieran en jaque la estabilidad. La relación establecida entre la familia burguesa y el rol que en ella ejercía el médico es muy significativa, pues el doctor se convertía en un íntimo, un miembro más de la familia, alguien respetable porque se entendía que contribuía a formalizar ese orden del cuerpo social y a vigilar determinadas conductas que podían deslegitimizar su estructura, poniendo especial énfasis en las enfermedades propias de las mujeres, en quienes recaía, en última instancia, la reputación de las familias (Corbin, 1991: 296-297).

El prestigio del que gozaba esta profesión liberal se reflejó en cierto tipo de representaciones visuales que proliferaron en el ámbito europeo y, por extensión, también en España, aunque su imagen se desdobló en otras tipologías que tratarán de desarrollarse a continuación. A diferencia de la tradición visual anterior, que explotó la curación mediada a través de milagros varios por la gestualidad, la bendición o el contacto físico (Morente Parra, 2016: 57-84), la figura del médico encarna, en estas manifestaciones artísticas, la esperanza del siglo en la ciencia y en los valores del positivismo y del cientificismo. Su actuación, en suma, en algunas ocasiones parece ser la de mensajero o anunciador de la muerte, y de alguna forma se le instaba a interpretar este papel (Ariès, 1983: 466).

Esta acción de notificar el momento de expiración aparece bien captada en la escena que pinta un joven Picasso (1881-1973), aunque en este caso no parte de la captación de un espacio burgués, sino más bien al contrario. El periodo de aprendizaje de este

---

7. La buena muerte es un concepto cuya tradición se remonta al mundo medieval, que concibe un modo ideal de morir, cargado de ideas que tienen que ver con la religiosidad. Esta idea entiende el acto de la muerte en paz en la cama, estando el finado rodeado de familiares y habiendo dictado las últimas voluntades antes de fenecer. Esta forma de entender la muerte no daba cabida al dolor, al menos en las representaciones producidas durante este lapso de tiempo. Las personas aspiraban a transitar suavemente hacia la vida eterna sin sufrimiento, alejándose paulatinamente del cuerpo para poder alcanzar a Dios (Ariès, 2007: 40-43; Héran, 2002: 25-101).

pintor, primero con su padre en su tierra natal y más tarde en Madrid junto a pintores como Muñoz Degrain, no hizo sino que la pintura de corte social calara en su experiencia artística y se reflejase en sus obras finiseculares, como es el caso de *Ciencia y caridad* (1897) (Barón y Díez, 2007: 97). La agonía de una mujer doliente es contemplada por un médico a la espera de su muerte, o precisamente por ello, mientras una monja de la Caridad sostiene a un niño en brazos. A pesar del conservadurismo, esta obra recibió, precisamente por la actualidad del tema, reconocimientos como la mención honorífica en la Exposición Nacional de Bellas Artes del año 1897 (Rojas, 1981: 57).

La figura impasible del médico tiene mucho que ver con la construcción de la masculinidad en el siglo XIX, que integraba ideas en relación con el autocontrol, la serenidad y la grandeza (Mosse, 1996: 94).[8] Para Reyero, el estoicismo y la entereza intelectual del personaje masculino de *Ciencia y caridad* hacen referencia a la impasibilidad, un rasgo asociado a la condición de virilidad (1996: 122). A pesar de no desarrollarse en un hospital, esta escena muestra matices típicos de la vida moderna, pues la figura del médico se convierte en un emblema de la modernidad, habitando el espacio público y generando un establecido juego de roles.

En este caso, además de la presencia del médico vestido a la moda del momento, otro de los síntomas de actualidad presentes en el cuadro es la individualización conseguida en la alcoba del hogar. A diferencia de la mayor parte de pinturas anteriores, que mostraban a las enfermas tumbadas en camas anónimas, la alcoba se convierte en un espacio seráfico donde se disputa la batalla por la vida, ahora sí, siendo imprescindible una exhausta medicalización del lugar (Perrot, 2011: 339-340). Más allá de lo formal, se plantea que la obra fue premiada en la Exposición Nacional de Bellas Artes de ese año por el tema escogido, hecho que le valió su adquisición por parte del Estado (Gutiérrez Burón, 1987: 430).

A pesar de que la visión hegemónica sobre la figura del médico plasmaba los valores del progreso y la fe en la ciencia, el positivismo y la razón, en el ámbito español hubo también cierto sector que lo veía como hombre escéptico y materialista por definición (Galán García, 1993: 193), y su figura estaba cerca del dandismo o el donjuanismo. Esta es la descripción que sobre el médico se publicó en *Los españoles pintados por sí mismos*, una obra que recopila estampas y tipos costumbristas del siglo XIX:

> Este siglo de indiferencia, difícil y variable en sus pensamientos, dicen quiere ver y saber; el exámen ha reemplazado la fé. [...] El Médico viste ahora como la sociedad con mas colorines que un pavo real, con todos los atavíos de un *fashionable*, y no se distingue de los que le acompañan, sino por llevar la palabra para responder á

---

8. Estudios recientes como el de Mary Hunter exploran la importancia que la cultura visual tuvo en el ámbito médico a finales del siglo XIX (2017). A partir de distintas colecciones, retratos de científicos importantes del momento y otras fuentes novedosas para el discurso histórico-artístico, la autora analiza el impacto social de las representaciones y ofrece una interesante interpretación sobre el papel que la visualidad desempeñó en la construcción de las identidades en relación con la comprensión de la profesión médica y sus prácticas.

una consulta de *amistad*. Debe poner mas cuidado en saludar y dar el tratamiento (al que le tenga) que en el arte de recetar. Ser fino, elegante, y admirador del bello sexo, filósofo con las recelosas mamás. No faltar á los bailes y sociedades con el *botiquin* bien provisto, porque allí hay muchos… soponcios que curar. Ser soltero por si… alguna viuda quísiera tomar estado (Calvo y Martín, 1843: 369).

Sin embargo, en general, durante el siglo XIX el médico fue visto como un sabio padre con funciones para tomar partido por la disciplina social y moral (Bornay, 1990: 59). La visualidad, de nuevo, no fue ajena a este hecho, y pinturas como *El niño enfermo* (1886), del venezolano Arturo Michelena (1863-1898), o *The Doctor* (1891), de Luke Fildes (1843-1927), reúnen todos los rasgos mencionados. Parece que, en este caso, la labor de la salvación ha pasado a sus manos, pero cambiando las curaciones milagrosas por el progreso científico, basado en el análisis de datos diagnósticos. Como ha estudiado Nerea Aresti, las imágenes contribuyeron a que los médicos se considerasen héroes, y algunas de sus representaciones están cercanas a la tipología del héroe mártir, equiparándose con los propios sacerdotes (2001: 78-79). Existe la constancia de que el español José Jiménez Aranda (1837-1903), hermano de Luis Jiménez Aranda, en sus últimos años en París, captó una escena similar que no se conserva en la actualidad (Gestoso y Pérez, 1903: 364). Además, esta representación no debe considerarse exclusiva de la pintura, sino que fue ampliamente difundida a través de otros soportes como las monedas o las medallas. En este sentido, puede hacerse mención a una medalla de 1905, conservada en el MNAC, que representa la visita de un médico a una niña enferma. En ella, una vez más, los valores burgueses se ven reflejados en los personajes y el espacio representado, de modo que el doctor personificaría la esperanza en la ciencia, mientras que la madre encarnaría el deber sobre la higiene, tanto física como moral, al que tanta atención prestó la clase media de la segunda mitad del siglo XIX.

La atención hacia los deberes maternales también tuvo su reflejo en el ámbito de lo visual y, en paralelo a las imágenes que fomentaron la imagen racional del médico, existe otra tipología que presentaba la enfermedad en clave distinta. Como se ha visto en las figuras anteriores, quienes se encuentran aquejados son niños, de modo que la finalidad de estas remite al *instinto maternal* e incide en uno de los valores que la sociedad más apreciaba de las mujeres, su dedicación a los cuidados.[9] Este tipo de

---

9. Como han apuntado distintas autoras, el instinto maternal no es sino la construcción y consolidación de un mito. La base de la que se parte es el determinismo biológico, que trae consigo connotaciones a nivel *político*, en el sentido con que el feminismo utiliza este término. La medicina fue una de las disciplinas principales que se encargó de modelar estos argumentos. En palabras de Lozano Estivalis: «Junto a la progresión del discurso filosófico masculino, a partir de 1760 abundan las publicaciones que exigen a las madres hacerse cargo personalmente de la alimentación y el cuidado de sus hijos, con lo que se contribuye a la creación de un mito todavía vigente: el instinto maternal, el amor espontáneo de la madre hacia su hijo» (2007: 191). Escribir sobre el instinto maternal desde la actualidad hace necesario remitir a las palabras de Adrienne Rich: «La maternidad institucionalizada exige de las mujeres "instinto" maternal en vez de inteligencia, generosidad en lugar de autorreali-

imágenes ayudaron a consolidar valores asociados durante el siglo XIX a lo femenino, como el amor, la entrega o la paciencia, rasgos muy destacados en distintos manuales de conducta y otros textos normativos (Gómez-Ferrer Morant, 2011: 23-24).

Cabe tener en cuenta que en la España del siglo XIX la familia se entendía como una unidad que reflejaba muchos valores de procedencia religiosa arraigados en la mentalidad de dicha sociedad (Burguera, 2012: 169). Ellas aparecen, normalmente, acompañando y sirviendo al enfermo. En cuanto a este tipo de representaciones, en las que la madre juega un papel clave tanto a nivel compositivo como significativo, sobresale en el caso hispánico *El niño enfermo* [fig. 5], de José Ramón Zaragoza (1874-1949), que obtuvo la segunda medalla en la sección de pintura de la Exposición Nacional de Bellas Artes de 1901 celebrada en honor a Sorolla (1863-1923).[10]

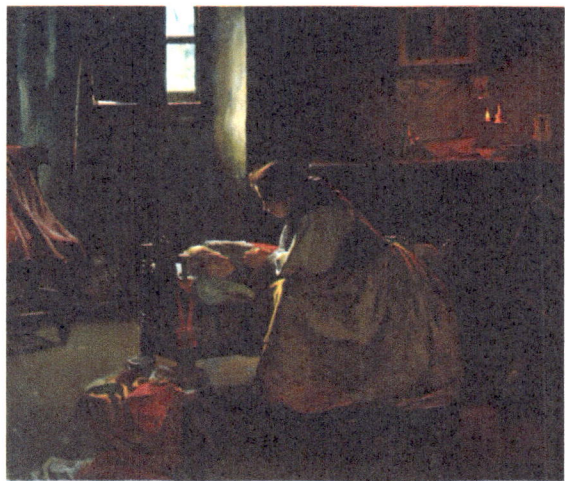

Fig. 5. José Ramón Zaragoza, *El niño enfermo*, 1901.

En ocasiones, la mujer también debía desempeñar su función de cuidadora con sus mayores. La obra *Comfort of Old Age*, del inglés Georges Elgar Hicks (1824-1914), que forma parte del tríptico *Woman's Mission* (1862), expuesto en la Royal Academy

---

zación, y atención a las necesidades ajenas en lugar de a las propias» (1996: 85). Para acercarse más profundamente al tema, desde un punto de vista histórico y filosófico, véase Badinter, 1984.

10.   Esta obra, que escenifica a la perfección la tipología visual del niño enfermo acompañado de la madre para enfatizar el rol de cuidadora, y cuya reproducción ha sido cedida por el Museo de Bellas Artes de Asturias (Depósito del Ayuntamiento de Oviedo), presenta similitudes formales y de contenido con otras imágenes occidentales de la segunda mitad del siglo XIX que abordaron la preocupación por la muerte infantil. Por mencionar algunas, destacan las obras que Frank Holl (1845-1888) pintó en 1877 bajo el título de *Hush!* y *Hushed*, y que actualmente forman parte de la colección de la Tate Modern, así como el óleo *Convalescent*, de Johannes Weiland (1856-1909), que en 1904 adquirió la Leeds Art Gallery.

de 1863, refleja muy bien lo que se esperaba de las mujeres de la sociedad victoriana. Estos valores victorianos se adaptaban muy bien al contexto español. Para ser respetada, una mujer debía ser, primero, buena madre, luego buena esposa y, por supuesto, buena hija, atenta al cuidado, rezumando atención, servidumbre, dulzura y humildad (Cuesta, 2002: 64-67).[11] Así, en la nueva sociedad, el cuidado de los seres queridos y su representación vendrían a sustituir el aura de santidad de las imágenes producidas con anterioridad (Díez, 2003: 224).

En el caso español, puede destacarse *La nieta del marinero* [fig. 6], de Luis Bertodano (documentado en Madrid entre 1895 y 1908), premiada con una medalla de segunda clase en la Exposición Nacional de 1895, que presenta al patriarca de una familia humilde siendo atendido por dos mujeres en sus cuidados, una de ellas una niña de muy corta edad (Justo Fernández, 2009: 232-233).

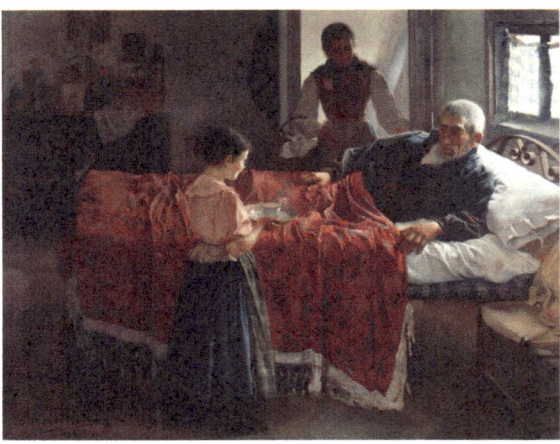

Fig. 6. Luis Bertodano, *La nieta del marinero*, 1895.

MUJERES EN OBSERVACIÓN

En la Europa finisecular, en paralelo al discurso visual que presentaba y legitimaba al médico como alguien respetable e implacable y vinculaba los cuidados a lo femenino, proliferaron también una serie de manifestaciones en las que se enfatizó la idea de lo patológico vinculado a la mujer y que cuentan con una tradición cultural propia.

La obsesión por delimitar las fronteras de lo femenino y por controlar la sexualidad de las mujeres no es algo nuevo del siglo XIX, aunque sea a partir de entonces

---

11. Durante el siglo XIX germinó esta tipología visual que presenta a jóvenes mujeres cuidando o simplemente acompañando de manera abnegada a sus padres o sus mayores, como *The Artist's Father on his Sickbed* (1888), de Lovis Corinth (1858-1925), o *Girl and sick father* (s. f.), del fotógrafo Lewis Wickes Hine (1874-1940).

cuando se establezca una nueva conciencia sobre los cuerpos y se teorice sobre la diferenciación sexual. Existe toda una tradición anterior centrada en postergar a las mujeres, con estrategias varias como las relativas a la patologización de su ser. Desde la antigüedad clásica se dedicó una atención diferenciada a las enfermedades de las mujeres. La sociedad medieval centró gran parte de la atención médica en resolver sus preocupaciones en torno a cuestiones sobre la esterilidad femenina, reduciendo a la mujer a su capacidad o incapacidad reproductiva (Thomasset, 2000: 98-104). Sin embargo, el tema de la mujer enferma no logró consolidarse de forma autónoma en la visualidad de esos momentos.

Pese a cobrar protagonismo con la introducción de la modernidad artística, existe un precedente anterior al siglo XIX que creemos necesario destacar a propósito de una serie de imágenes similares desarrolladas en la Holanda de los siglos XVI y XVII. Gerrit Dou (1613-1675), Jan Steen (1627-1679) y otros autores retrataron un tipo de escenas hasta crear una tipología muy repetida en su tiempo: una joven mujer, con semblante mortecino y decadente, es captada lánguidamente siendo atendida por un doctor ante la atenta mirada del que parece ser su marido y otros familiares.[12] La historiadora del arte Svetlana Alpers, en su libro sobre pintura holandesa *El arte de describir. El arte holandés en el siglo XVI* (1987), plantea y desarrolla cuestiones acerca de la especificidad de ciertas manifestaciones culturales como la pintura en el contexto en que fueron creadas. A partir de la aportación de Alpers, que toma las imágenes como elementos culturales, desde la misma disciplina, autoras como Ferrer Álvarez han apuntado que este conjunto de pinturas refleja la identidad de clase y son un producto inamovible del contexto donde se fraguaron, pues fue en Holanda donde se sentaron las bases del liberalismo y se asistió a la llegada del proyecto capitalista y de la sociedad burguesa (2016: 43). Aunque quizá, en este caso, hablar de capitalismo puede resultar un tanto anacrónico, no es descabellado pensar que existen estrategias patológicas ligadas a este sistema. En su ensayo sobre *La enfermedad y sus metáforas*, Susan Sontag recrea las equivalencias simbólicas existentes entre el imaginario creado alrededor de las patologías que más abundaron en los siglos XIX y XX, la tuberculosis y el cáncer respectivamente, y las exigencias del sistema capitalista. Así, los efectos atribuidos a cada una vendrían a enlazar con las consecuencias negativas de los individuos insertos en este sistema (1996: 65).

---

12.   Entre las pinturas que pueden encuadrarse dentro de esta tipología, que generalmente representan la visita del doctor atendiendo a una dama de clase alta, y que han llegado hasta día de hoy, destacan las del siglo XVII: las distintas *The Doctor's Visit*, Jan Steen –la conservada en la Aspley House de Londres (1658-1662), la del Hermitage de San Petersburgo (1660), la de la colección del Muzeul National Brukenthal en Sibu, Rumanía (c. 1660), la del Museo Boijmans Van Beuningen de Rotterdam (c. 1665), la de la galería de pinturas del Mauritshuis (c. 1665-1668)–, y, en la misma línea, *The Doctor's Visit*, de Frans van Mieris (1667). También, aunque más tardías, *The Lovesick Maiden* (c. 1660), de Jan Steen; *La mujer hidrópica*, de Gerrit Dou (1663); *The anemic lady*, de Samuel van Hoogstraten (c. 1660-1670); y, ya en el siglo XVIII, *The Doctor's Visit*, de Elisabeth Geertruida Wassenbergh (c. 1750).

Si se atiende al modo de presentar a los personajes en estas pinturas holandesas, la acción que está llevando a cabo el médico es una uroscopia, esto es, la realización de un examen visual de la orina de la supuesta enferma, pues tal como afirman especialistas en el tema, a partir del análisis de la orina podían diagnosticarse enfermedades relativas a la reproducción y sexualidad de la mujer (Arís, 2002: 70). La exégesis que tradicionalmente ha primado sobre estas imágenes ha sido la de vincularlas a afecciones inventadas que ligaban con los efectos de una pasión amorosa desmedida (Sigerist, 1946: 238).

Siguiendo esta extendida interpretación, el trasfondo de estas obras comparte con las imágenes del xix el empeño en establecer una definición normativa sobre lo que suponía ser mujer. Así pues, mientras lo masculino encarnaba la razón y el cientificismo, lo femenino se definió en términos patológicos. Recordemos que, a lo largo de esta centuria, el género y la enfermedad actuaron de forma conjunta, de modo que la presencia de este tipo de imágenes, en las que el médico observa a una mujer, además de aludir a su condición de inferioridad y debilidad, servía para recordar que estaban siendo vigiladas.

Aun cuando las distintas enfermedades que proliferaron como consecuencia del ritmo de la modernidad afectaron sobre todo al proletariado, fundamentalmente por las condiciones de vida y de trabajo y por la alimentación, la visualidad artística generó un tipo de discurso diferente, en la línea de lo que dictaba el irrefutable saber clínico. En el proyecto disciplinario que supone la modernidad, la mirada médica prestó atención a la distinta percepción entre clases sociales y, mientras que las clases bajas se presentaban como una masa enferma frente a la salubridad de la burguesía, el individualismo de esta clase hizo que auspiciaran imágenes artísticas en las que las mujeres burguesas aparecían como las principales afectadas por el ritmo de la vida moderna. Lo cierto es que el discurso médico creado en torno a esta creencia generó modos de comportamiento asociados directamente a un tipo de feminidad (Ehrenreich y English, 1988: 50).

A efectos discursivos y siguiendo la visualidad finisecular, las damas de clase media fueron la auténtica obsesión del saber médico, definidas como enfermas por excelencia y valoradas como objetos para la reflexión científica. En las imágenes creadas, el médico aparece como observador, pareciendo escrutar en el interior de las mujeres el origen del supuesto mal que las aqueja [fig. 7]. Su representación continúa con la consideración de su figura como guardadora de la moral burguesa y el orden social, siempre atentos y prevenidos ante cualquier estímulo que afectase al sector femenino y pusiese en peligro su superioridad moral (Huertas García-Alejo, 1987: 41; Fernández Pérez, 2002: 247). Más allá de los posibles males físicos, el practicante aparece como una especie de confesor de muchas de las preocupaciones de la vida privada, idea que también aparece reflejada en las novelas del realismo español protagonizadas por estas figuras (Labanyi, 2000: 245). Por su parte, en estas escenas de examen, las mujeres representadas suelen adoptar actitudes cercanas a la debilidad y al erotismo, y se muestran pudorosas ante la exploración [figs. 8, 9 y 10].

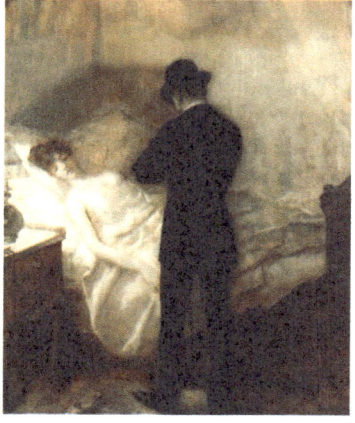

Fig. 7. Henri Gervex, *La visite du médecin*, s. f.

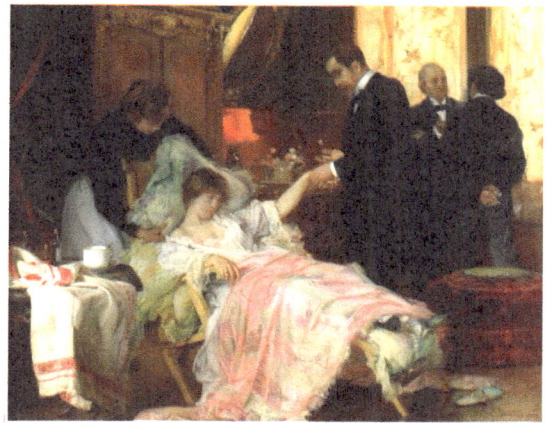

Fig. 8. Hubert-Denis Etcheverry, *Une consultatior*, 1900.

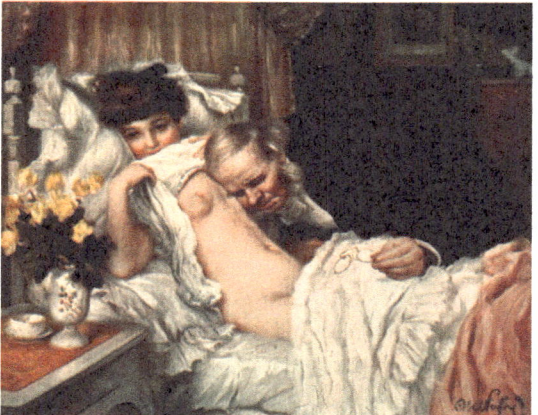

Fig. 9. Jules-Abel Faivre, *The Examination*, c. 1898.

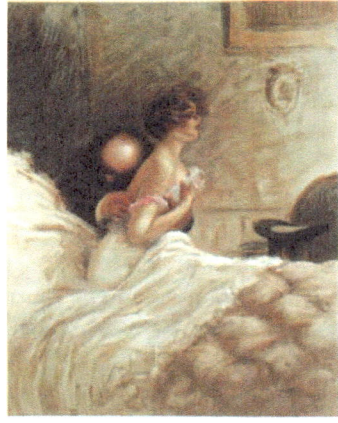

Fig. 10. Albert Guillaume. *El doctor*, 1903.

Desde la actualidad, en estas obras vemos cómo las mujeres fueron sometidas a una constante observación, siendo el primer paso la prevención de las actitudes y los fenómenos que irrumpían con la vida moderna. En el nuevo panorama, la ociosidad o la apatía, la lectura de determinadas novelas y la asiduidad a ciertas prácticas de ocio constituyeron un grave peligro para el orden social (Novella, 2010: 65), y por ello se inventaron múltiples enfermedades y dolencias para mantenerlas en el punto de mira.

En relación con la idea de la observación de los cuerpos, las pinturas que representaban los momentos previos a la realización de una autopsia gozaron de cierta popularidad en el fin de siglo. Aunque no se trate de obras que representen propiamente el concepto de enfermedad, enlazan con la conceptualización del espectáculo y la idea de lo disciplinario en el imaginario de la cultura finisecular europea. En general, existen dos tipologías de este género, aquellas que presentan al doctor frente al cuerpo femenino muerto y las que presentan a un grupo de médicos atendiendo el cadáver expuesto.[13]

En realidad, la autopsia como técnica de observación y conocimiento con finalidades prácticas, o al servicio del conocimiento, contaba con una larga tradición. El interés por distinguir los cuerpos masculino y femenino, y la dotación de un armazón teórico que justificase la diferenciación sexual a partir del desarrollo de disciplinas modernas como la anatomía, hicieron que se centrase la atención sobre el interior del cuerpo femenino, que tradicionalmente se ha estudiado en comparación con el del hombre. El interior del cuerpo femenino suscitaba muchos enigmas desde la Edad Media, tal como reflejan las imágenes de tratados médicos que buscan explorarlo (Pouchelle, 1983: 307-309). Sin embargo, más allá de la observación que había existido desde siglos antes, con la modernidad se introducen factores ideológicos que determinan la forma en que se conciben las diferencias anatómicas entre hombres y mujeres (Lozano Estivalis, 2007: 172). Así, se crean enfermedades que simbolizan la feminidad, y las supuestas debilidad y fragilidad natural de las mujeres se atribuyen a órganos como el útero.

Es sabido que con el siglo XIX nacen algunas de las ramas o disciplinas cuyas prácticas establecen las bases de la práctica clínica moderna. En el caso de las autopsias, el cuerpo muerto actúa como matriz a partir de la cual generar conocimiento, de modo que el resto físico se emplea en el marco del sistema institucional médico (Baudrillard, 1980: 133). En este sentido, el cuerpo muerto pasó a ser, a partir de la modernidad, tan importante como el cuerpo vivo. Sin embargo, a la hora de analizar estas representaciones, es necesario tener en cuenta que la elección del cadáver representado, así como la identidad que se le otorga, está cargada de connotaciones simbólicas, incluso ideológicas, que responden a propósitos culturales marcados. Así, el hecho científico se desarrolla en paralelo a un imaginario que se mueve entre la fantasía y el idealismo romántico adaptado al fin de siglo, generándose una serie de figuraciones culturales en torno al género y la ciencia (Pozo García, 2016: 80-81). Entre estas metáforas recurrentes, la observación a través de la mirada médica sobre los cuerpos sexuados y sexualizados y, más concretamente, sobre el cuerpo femenino muerto por parte de un conocedor figurado en masculino, se articula estableciendo una relación jerárquica

---

13. Este tema gozó de cierta fama en el panorama finisecular europeo, especialmente en aquellos países con un alto grado de industrialización. En general, las representaciones siguen los parámetros de presentar a una joven mujer muerta a punto de ser diseccionada, y en ocasiones se incluyen elementos con carga sexual como la cabellera femenina o el torso desnudo, en línea con el erotismo finisecular. Entre las autoras que han investigado sobre la relación entre el deseo y el cuerpo muerto femenino se encuentran Jordanova, 1989; Bronfen, 1992; Schwartz, 1999: 45-88; Pedraza, 2004: 333-363; Ferrer Álvarez, 2009: 163-187; Ferrer Álvarez, 2015: 185-196; Pozo García, 2016: 73-92; González Gea, 2021: 65-67.

y disciplinaria (Tirado Serrano y Doménech Argemí, 2007: 97). Por un lado, estas imágenes de la muerte actuaban como modelos de conocimiento y, por otro, constituían una serie de significados simbólicos y síntomas culturales en relación con los órganos específicos, contribuyendo a generar una feminidad específica (Jordanova, 1989: 57-58). En la misma línea, Mónica Bolufer entiende que el saber médico del siglo XIX servía como instrumento de distintos intereses y, aunque se tildase de neutro y objetivo, existía un conjunto de asuntos y argumentos que generaban un discurso ideológico sobre los cuerpos (1999: 545).

Las imágenes de cuerpos muertos son constantes en el fin de siglo e inherentemente llevan incorporadas las ideas hegemónicas en torno a las diferencias de género. En el caso de las pinturas que representan los momentos previos a una disección, la puesta en escena es bastante similar en los ejemplos que se mencionan a continuación. En estas obras, la figura masculina que encarna el conocimiento y la racionalidad se enfrenta al cuerpo muerto de una mujer, altamente sexualizado. De manera muy visual, y también simbólica, los cuerpos femeninos son territorios que están siendo explorados y pronto pasarán a ser conquistados (Lupton, 2003: 145-146).

Entre los ejemplos conservados, en 1864, el pintor alemán Johann Heinrich Hasselhorst (1825-1904) compone una escena de este tipo en la que adquiere protagonismo el cuerpo muerto de una joven, directamente iluminado, sobre el que simbólicamente se sitúa, de pie, la figura del anatomista alemán Johann Christian Gustav Lucae. Atentamente, observa el quehacer de uno de sus discípulos, que ya ha profanado el cadáver con un corte inicial que deja entrever lo que hay bajo la piel.

Lo peculiar de esta obra, que es un dibujo preparatorio de un lienzo muy similar del mismo año, es su relación con el contexto, pues el protagonista al que presenta, el anatomista Lucae, sobresalió en su momento por las investigaciones centradas en establecer las medidas ideales de los cuerpos femeninos. En obras como *Zur Anatomie der schönen weiblichen Form*, una especie de compendio sobre las formas ideales de cuerpos de mujeres al servicio de artistas, también de 1864, incluyó litografías basadas en cuerpos femeninos previamente diseccionados.

La misma actitud atenta y pensativa es la que adopta el anatomista representado por Gabriel von Max (1840-1915) en 1869, que en este caso está a punto de diseccionar el cuerpo muerto de una adolescente. En esta ocasión, aparecen algunos elementos que recuerdan el sentido de la fugacidad de la *vanitas* barroca, como la polilla cercana al cadáver tendido o el cráneo que forma parte de una especie de bodegón en segundo plano. Estos elementos aparecen, además, complementados con otros que refuerzan el cientificismo, como el libro abierto, el microscopio o el cráneo de un animal. No obstante, más allá de estos añadidos, en la obra prima la ideología subyacente que concentró la medicina decimonónica en torno al género. Los cuerpos femeninos muertos sobre mesas de disección son representados, de este modo, como objetos de exhibición, hechos para el deleite, pues no muestran ningún signo evidente de repudio, sino más bien de deseo, al estar hipersexualizados.

Esta temática fue poco a poco extendiéndose, hasta llegar a ser un tema habitual expuesto en los muros de certámenes oficiales como los salones de París. Un ejemplo de ello es la pintura de 1895 de Philipp Heyl (1864-1929) que representa a un médico en pose contemplativa, bisturí en mano, con un cuerpo femenino yacente a la espera de su intervención, obra que además fue reproducida ese mismo año en el semanario francés *L'Illustration* (Ferrer Álvarez, 2007: 428) [fig. 11].

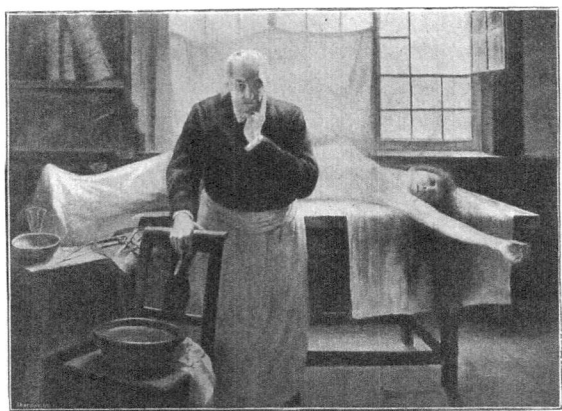

Fig. 11. Philipp Heyl, *Avant la dissection. L'Illustration. Journal Universelle*, 27 de abril de 1895.

La nueva exégesis representacional de la mesa de disecciones estaba impregnada de cuestiones de género que marcan claramente los roles que se establecieron en el imaginario. La prensa española también participó de la difusión de este discurso, y en números como el del 28 de diciembre de 1891 de *La Ilustración Artística*, a propósito de la Exposición Internacional celebrada en Berlín, se reprodujo un cuadro de Adolf Hering (1863-1932), premiado en dicha muestra, que presenta a una madre rota llorando ante el cadáver de su hija, situada con el torso desnudo en la mesa de la morgue, mientras que una figura masculina se contiene y aparece al margen (Charnon-Deutsch, 2000: 240) [fig. 12]. En el apartado dedicado a comentar los grabados de la misma publicación, el asunto representado se destaca como uno de los que han desplazado a los grandes temas históricos y se califica como uno de los temas de la vida moderna:

> Los artistas de todos los países abandonan paulatinamente la representación de asuntos y hechos de otras épocas, difíciles de interpretar, inspirándose en todo cuanto les rodea, vive y se agita. Los nuevos conceptos del arte exigen del pintor profundo estudio psicológico de la sociedad moderna, para poder representarla en el lienzo y facilitar interesantes antecedentes para la historia de nuestra época, puesto que hoy como ayer persigue la humanidad determinados ideales y las pasiones y las virtudes agítanse violentas en el magín del hombre. Por eso los pintores de la

escuela moderna buscan las fuentes de su inspiración en esos dramas íntimos que de continuo nos conmueven y que sintetizan nuestro modo de ser (1891: 826).

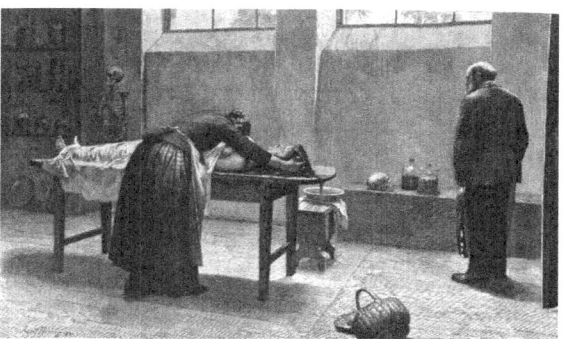

Fig. 12. Adolf Hering, *Horrible hallazgo*. *La Ilustración Artística*, 28 de diciembre de 1891.

En el género pictórico, y siguiendo en el ámbito español, destacan dos pinturas de gran formato que representan el tema de la mujer muerta sin librarse de las convenciones sobre los roles de género. Cabe tener en cuenta que, durante la edad contemporánea, el gusto por la muerte era tal que espacios como la morgue fueron concebidos por la sociedad europea del momento como lugares teatralizados (Jordanova, 1989: 138; Ferrer Álvarez, 2009: 163-187; Ferrer Álvarez, 2015: 185-196). Así, en 1890, el pintor valenciano Enrique Simonet Lombardo (1866-1927) escoge el tema de la autopsia como ejercicio de desnudo para justificar su estancia en Roma [fig. 13]. Debe tenerse en cuenta que, estando pensionado en esta ciudad, solicita permiso para visitar la Exposición Universal de París y es autorizado el 14 de septiembre de 1889, con lo que conocía las novedades temáticas que se estaban fraguando en el ámbito occidental (Sauret Guerrero, 2010: 123). El cuadro, aunque recuerde por su tamaño a los que trataban temas históricos, introduce un punto de vista novedoso, casi sacado del encuadre fotográfico, y presenta un tema muy alejado de aquellos dedicados a ensalzar los valores patrios. La obra representa a un médico, vestido de calle, sujetando y examinando el corazón del cuerpo femenino al que está realizando la autopsia.

En la misma línea, en 1899 Fernando Cabrera Cantó (1866-1937) pinta *Mors in vita*, una obra que se ha venido relacionando con la muerte de su esposa, fallecida poco después de contraer matrimonio. Sea como fuere, la escena muestra una morgue con un cadáver femenino que contrasta con la vida que parece haber en el exterior [fig. 14]. La obra, de la que hay una versión anterior de en torno al año 1897, se presentó a la Exposición Nacional de Bellas Artes del año 1899 sin obtener ninguna mención y se expuso en el pabellón de la sección española de la Exposición Universal de 1900 de París, obteniendo una medalla de tercera clase (Espí i Valdés, 1970: 27), y posteriormente en la Exposición Regional Valenciana de 1909.

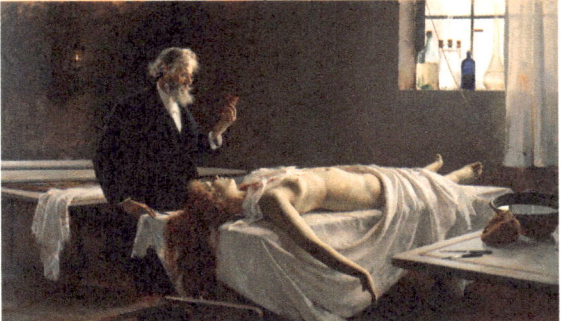

Fig. 13. Enrique Simonet Lombardo, *Una autopsia*, 1890.

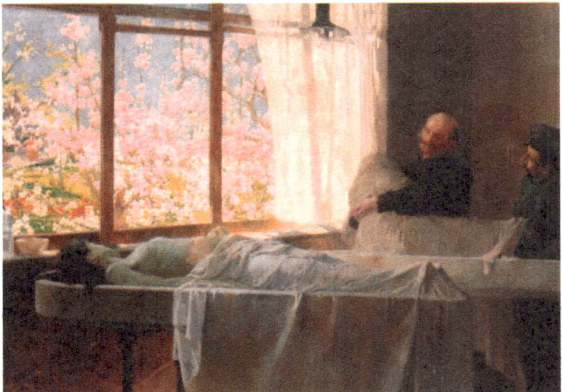

Fig. 14. Fernando Cabrera Cantó, *Mors in vita*, 1899.

En una línea similar, aunque no se trate estrictamente de escenas en mesas de disecciones, sino de operaciones, también hubo imágenes que reproducían los mismos roles asociados a las profesiones y a los géneros. Ejemplo de ello es la obra del francés Henri Gervex (1852-1929), presentada en el Salón parisino de 1887. Asimismo, el lienzo que en 1907 el pintor y también médico Georges Chicotot (1865-1921) realiza con el fin de documentar uno de los primeros ensayos radiológicos para tratar el cáncer, que se había llevado a cabo el mismo año en el hospital de Broca en París. En este último caso, más allá de la importancia de los avances médicos, conviene fijarse en los roles adoptados por los representados, así como en la apariencia. El pintor y radiólogo, en un intento por reafirmarse, se representa con sus útiles de trabajo, pero vestido según la moda burguesa, incluso opta por conservar el sombrero de copa aun estando ocupado en la mesa de trabajo. La paciente, por su parte, está tumbada en la mesa impasible, con el pecho desnudo, hecho que se enfatiza por la presencia del corsé y el vestido situados sobre un taburete, recreando en la mente de quien observa la obra el momento previo a la acción.

De forma generalizada, existe una estrecha relación entre la modernidad y la imagen. En este cruce entre arte y medicina, cabe apuntar que en todas estas manifestaciones culturales también está implícita la mirada del espectáculo. Isabel Clúa Ginés va un paso más allá al afirmar de forma rotunda que «la modernidad es pura imagen», en el sentido en que la cultura visual es uno de los ejes centrales de esta etapa, una forma de experimentación clave para comprender las representaciones sobre el género. Su hipótesis parte de la emergencia de la modernidad como fenómeno vinculado a la mirada, más allá de cualquier etiqueta o límite cronológico, y que actúa como juego, incluso como tema (2005: 19). En este contexto, el discurso imaginario tiene una función clave en este proyecto ceremonial, al querer hacer visible lo patológico.

Autores como Jonathan Crary han analizado el papel de distintos entretenimientos en la sociedad occidental del siglo XIX y plantea hasta qué punto los individuos se definieron a partir de la atención. Entre los casos que menciona, desarrolla las posibilidades de la hipnosis más allá del ámbito clínico, tomando como justificación la parte de identidad espectacular que poseía (2013: 223-231). Esta técnica fue una de las más experimentadas en diagnósticos como la histeria, una enfermedad considerada como nerviosa con gran renombre durante el siglo XIX y de la que se impartieron lecciones clínicas que quedaron impregnadas en el imaginario hasta el fin de siglo.[14] Georges Didi-Huberman recopiló diversas ideas sobre las estrategias de teatralización de la histeria como fenómeno vinculado a la modernidad y a los problemas de la imagen, tomando como caso de estudio el corpus fotográfico creado en el hospital de La Salpêtrière de París. Así, acaba concluyendo que la histeria fue un dolor gestado al calor de las exigencias espectaculares y del imaginario (2007).[15]

La representación de la histeria femenina fue una constante en el trabajo de renombrados médicos del siglo XIX. Entre sus obsesiones se encontraba la de hallar una causa orgánica a este diagnóstico, que se centró en los órganos reproductivos del cuerpo femenino, recogiendo toda una tradición anterior en torno a la matriz (Ehrenreich y English, 1988: 60). Pero, sin duda, si hay un nombre vinculado a este trastorno es el de Jean-Martin Charcot, quien apuntó que los síntomas de esta tenían

14. En el ámbito de la visualidad española del fin de siglo no se han encontrado manifestaciones en torno a la histeria; sin embargo, tal como desarrolla Jagoe, la discusión en torno a este trastorno fue constante a lo largo de la época que nos ocupa (1998*b*: 339-348).

15. Desde este mismo punto de vista parte el estudio de Asti Hustvedt, quien desarrolla en clave psicológica las experiencias y consecuencias de las histéricas por ser exhibidas como diagnosticadas, dando lugar a lo que ella llama las musas médicas (2011). Durante el siglo XIX, la histeria se dotó de nuevos significados a través de las transformaciones y adaptaciones a las convenciones vigentes. A este respecto, Emilce Dio Bleichmar propone distintas dimensiones a la hora de acercarnos a la histeria desde cualquier disciplina, haciendo hincapié en la relación establecida entre ella y el género femenino (1991). La distancia histórica que en la actualidad supone este fenómeno, analizado desde un punto de vista feminista, ha hecho posible que paulatinamente se considere un hecho histórico cargado de cuestiones relacionadas con la ideología y la clase social, con cargas simbólicas que interfirieron en la concepción de la subjetividad, el deseo y la identidad corporal (Bordo, 1993: 50).

un origen psicológico y no fisiológico. Para estudiar *científicamente* los efectos de la histeria, Charcot recreó los ataques y por ello es común encontrar imágenes de las fases del ataque histérico (Showalter, 1987: 148-149). En 1887, el pintor francés André Brouillet (1857-1914) representó una escena imaginada de cómo debieron de ser estas lecciones en La Salpêtrière. En esta composición, un grupo de neurólogos asiste atento a la explicación y el simulacro de Charcot, que sostiene a una de sus musas médicas en trance hipnótico, ayudado de una asistente, y en frente aparece una reproducción de una de las fases del ataque. La obra haría referencia a la práctica común de apremiar a las internas a emular, a través de un acto performativo, las fases de la histeria (Labanyi, 2000: 413).

Este patrón de roles y mirada espectacular se reproduce en pinturas de la visualidad artística occidental del fin de siglo que muestran lecciones clínicas o anatómicas, como las del estadounidense Thomas Eakins (1844-1916). Realizada para ser presentada en la Exposición Universal de Filadelfia de 1876, Eakins partió de la idea del retrato de uno de los doctores más importantes activos en esta ciudad, el cirujano Samuel David Gross, quien en la imagen encarna una masculinidad inmutable. En contraposición a este aspecto racional, una mujer que aparece en segundo plano, posiblemente familiar del paciente que está siendo operado, muestra con su gesto desmedido cómo la sensibilidad se vinculaba a lo femenino en la cultura decimonónica (Reyero, 1996: 122).

Del mismo autor es una obra de 1889, presentada en la Exposición Universal de 1893 celebrada en Chicago, la conocida como Exposición Mundial Colombina, que presenta al cirujano David Hayes Agnew en los momentos iniciales a la realización de una mastectomía. Al igual que ocurre con la imagen anterior, la representación del cirujano actúa como una imagen estereotipada de la virilidad, cuyo rol parece ser el de luchar con un cuerpo inerte que está siendo intervenido físicamente (Pera, 2003: 239).

En todas estas imágenes, que remiten a las clásicas lecciones de anatomía, una tipología que no es novedosa en el ámbito artístico, llama la atención cómo la propia disposición del anfiteatro médico dirige la mirada, que se fija sobre el cuerpo pasivo y desnudo, que usualmente suele ser representado en clave femenina, en contraposición a la racionalidad y el empirismo científico que encarna la figura del médico.

El culmen de este tipo de exhibición serían los museos anatómicos, que gozaron de gran popularidad en el siglo XIX. El caso español contó con varios, pero quizás los más conocidos fueron el Museo de Antropología de Madrid, fundado por el anatomista Pedro González Velasco en 1875, en su propia vivienda, a partir de su colección personal (Pozo García, 2016: 75; Reyero, 2017: 288), y el Museo Roca en Barcelona. Si bien el primero de los mencionados enlaza con la tradición de los museos anatómicos utilizados como lugares pedagógicos de la medicina, el segundo bebe directamente de la cultura visual decimonónica y de la idea del espectáculo, pues su fundador, Francesc Roca, no tenía nada que ver con el ámbito científico, sino que era ilusionista. En un cartel de 1910 que anunciaba la itinerancia de parte de su colección, la escena principal muestra a un anatomista exhibiendo el corazón de una bella muerta [fig. 15].

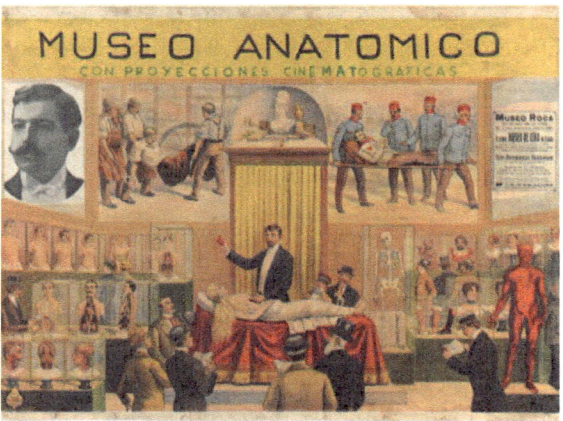

Fig. 15. Adolph Friedländer, Cartel del Museo Roca, 1910.

La escena sigue la estela de observación del cuerpo femenino a partir, en este caso, de un modelo anatómico. Con un marcado desarrollo en los siglos XVIII y XIX, aunque existen ejemplos anteriores, las Venus anatómicas eran objetos prácticos, pues normalmente se destinaban a museos anatómicos o facultades de medicina con fines académicos, de ahí que reprodujesen las distintas partes del cuerpo con intencionada exactitud y pudiesen desmontarse (Sánchez Ortiz, Del Moral y Ballestriero, 2013; Roda Onofri, 2017: 79-84). Sin embargo, a menudo se representaban fuertemente sexualizadas, siguiendo poses eróticas, con complementos que adornaban la ideal desnudez y en sus rostros pueden adivinarse gestos relativos al placer, configurándose como objetos más allá de la practicidad, si no en relación con la complacencia y el erotismo. Así, no debe olvidarse que eran eso, Venus, figuras que gozaban de una tradición visual anterior que iba más allá de la nomenclatura y del esquema compositivo adoptado.

Para Georges Didi-Huberman, las Venus anatómicas eternizan la vieja tradición del desnudo femenino, un desnudo que en este caso deja mucho trabajo a la sugestión, a la imaginación, incluso a la acción mediada por la imagen:

> La escala natural, la postura, la «calidez» intrínseca de la cera, su admirable modelado, la textura de la piel, el «vivo» colorido (que viene del «adentro», ya que la cera se tiñe en la masa, e invoca por tanto una fantasmagoría de animación) la extraña familiaridad de la seda, de las perlas, del diván de terciopelo, de los cabellos, del vello púbico… Todo esto convierte innegablemente a la *Venus de los médicos* en una efigie que *se desea tocar*. ¿Qué más se le puede pedir a una imagen de Venus? (2005: 126).

Piénsese, por ejemplo, en la conservada en el Museu d'Història de la Medicina de Catalunya, datada a mediados del siglo XIX, un modelo anatómico que representa a una mujer embarazada. En tal caso, el carácter pedagógico y la finalidad de servir como vehículo para conocer el proceso de gestación emulando sucesivas disecciones parecen eclipsados por la pose que adopta, así como por el peinado y algunos elementos como el collar de perlas.

En síntesis, la introducción de la modernidad artística en España con obras como *Una sala de hospital durante la visita del médico en jefe*, de Jiménez Aranda, abrió posibilidades distintas para representar lo patológico y para que la enfermedad se convirtiese en un tema que dejaba a un lado los preceptos de la tradición para reflejar la forma de vida actualizada.

Más allá del triunfo de un estilo artístico en concreto, en las obras generadas en este contexto heterogéneo se recogen los principales planteamientos que conllevaba el progreso: un escenario preciso y unos roles de género que ya habían calado en la sociedad y que contribuían a establecer la conciencia moderna. A partir de la recepción y difusión de la obra de Jiménez Aranda, fueron varios los pintores que en el ámbito español se animaron a representar escenas similares.

En paralelo a las obras creadas en este marco, en la cultura visual finisecular proliferaron las imágenes de mujeres enfermas y se feminizaron visualmente distintas patologías consideradas sociales, en un momento en el que el concepto de la enfermedad no era independiente del de moralidad (Lesmes, 2018: 81-82). La reestructuración de saberes durante el ochocientos relaciona, entre otros aspectos, la moderna noción de la enfermedad con la comprensión de la diferencia sexual (Pozo García, 2013: 31). En este sentido, la fórmula para asociar lo femenino a lo patológico se sustentó en una serie de metáforas basadas en el binarismo.

Todo ello no hubiese sido posible sin las implicaciones de la modernidad, que en su esencia se ve atravesada por ejes como la disciplina o la mirada especular. La relación entre el fin de siglo y la modernidad como proyecto cultural da lugar a una narrativa construida sobre metáforas de la masculinidad y la feminidad (Felski, 1995): durante este periodo histórico y cultural se crearon identidades incompletas, con carencias fraguadas intencionalmente, pues los discursos institucionales se basaron en estructuras jerárquicas y fórmulas excluyentes sustentadas en la relación binómica hombre-mujer, dejando al margen un sinfín de posibilidades intermedias que, o bien no tuvieron representación, o bien se trataron de forma marginal.

CONSIDERACIONES CULTURALES SOBRE LA *MUJER* ENFERMA

Los discursos de género gestados a lo largo del siglo XIX miraban a un mismo objetivo: servir de reguladores del orden social. Bajo esta finalidad, operaron en conjunción para establecer una definición normativa de lo que suponía ser mujer, concretada a partir de un conjunto de manifestaciones culturales —imágenes, textos literarios y no literarios, prensa, manuales de conducta, etc.— provenientes de distintos ámbitos como la educación, la legislación, la medicina, la religión o la producción artística.

En España, como ha demostrado Mary Nash, durante esta centuria el discurso de género tomó forma principalmente como discurso de la domesticidad (1995: 195-198). Esta consideración comprendía que el hombre debía estar en el lado visible y privilegiado del poder, relacionándose con la acción y la vida pública, mientras que la mujer era un ser frágil por naturaleza, regido por los sentimientos, y se asociaba a un estilo de vida pasivo y contemplativo, por ello su misión estaba en el ámbito familiar (Scanlon, 1986: 162). Siguiendo a la historiadora norteamericana Mary Jo Maynes, el discurso de la domesticidad estuvo motivado por tres cambios sociales; estos son, el cambio económico, que escindió las cuestiones morales del interés mercantil, los avances tecnológicos, hecho que diferenció socialmente los espacios de trabajo del hogar, y las permutas del panorama político que sucedieron en el ámbito occidental (2003: 306).

A pesar de la existencia de otros modelos de feminidad que se alejaban de lo hegemónico (Mínguez Blasco, 2018: 30), la versión oficial decimonónica definió un modelo normativo a partir de la domesticidad, la pureza moral y la asexualidad, entre otras atribuciones. La medicina fue la encargada de establecer los límites entre lo que se consideraba normal o desviado, actuando en conjunción con otras disciplinas nacidas a finales del XIX o muy en boga en este momento, como la criminología, la antropología o la psiquiatría. En tal sentido, la forma en la que el fin de siglo veía la enfermedad estuvo determinada, por tanto, por estas demarcaciones disciplinarias, creándose un caldo de cultivo apto para calar en el discurso social y llegar muy lejos gracias a la acción de las manifestaciones culturales (Gilman, 1988: 63).

El discurso médico de la España del siglo XIX fue el encargado de vincular la idea de feminidad con lo patológico. Como bien analizó Catherine Jagoe, «en el siglo XIX la salud tiene un género, el masculino. El varón es la pauta del cuerpo sano, desde la cual se mide al sexo femenino. [...] Todo indica que la mujer normal, tal y como se la construía, es una figura liminal cuya fisiología linda con la enfermedad» (1998b: 307).

Construido a partir del ensamblaje de ideas de varias disciplinas o enfoques, como el higienismo, la psiquiatría o la ginecología, el discurso médico debe comprenderse como un compendio formado por conferencias, libros, revistas, ensayos, manuales, ilustraciones y material fotográfico, entre otros medios (Rodríguez Pastor, 2002: 130). El resultado final es la conceptualización de todas las mujeres en una a partir de la idea de lo femenino asociado a la naturaleza enferma. Según manifiesta Sinués:

> El destino de la mujer es, en verdad, tan desgraciado, que la tristeza que acompaña á su nacimiento no deja de ser fundada y hasta excusable: débil é inofensiva en su niñez, está amenazada de enfermedades sin cuento, excediendo la fragilidad de su organismo á la de todo sér humano: en su adolescencia está tambien rodeada de un sinnúmero de males físicos, y, segun la naturaleza de cada una, de algunos morales de difícil ó imposible curación… (1881: 29-30).

Sin embargo, la versión que sobre la mujer ofreció el discurso médico brinda un panorama distinto al relato de la domesticidad, al presentarla como un ser que roza lo peligroso, capaz de alterar el orden social establecido y que responde a la reactivación del eterno debate sobre el papel de las mujeres, sus capacidades y la cuestión femenina (Sánchez, 2008: 69).

La representación de la mujer dedica una parcela importante para figurar a través de lo patológico cuestiones que, vistas de forma conjunta, presentan una paradoja. Por un lado, parte de las representaciones finiseculares trasladan cómo lo biológico se entendió como destino, de modo que muchos de los mitos y misterios forjados alrededor del cuerpo de las mujeres contribuyeron a forjar la idea del eterno femenino; por otro, se crearon discursos visuales que respondían a la mitificación y romantización de determinadas afecciones, así como imágenes en las que a través de la feminización se alude a enfermedades concretas cuyo germen se creía en lo social. Para ello, tanto los textos considerados entonces científicos como el campo de la visualidad se nutrieron de una serie de metáforas basada en la diferencia sexual que sirvieron para fundamentar la asociación de lo femenino con lo patológico (Pozo García, 2013: 31).

CUERPOS SEXUADOS AL SERVICIO DE LA MEDICINA MODERNA

Antes de desarrollarse la medicina moderna, el modelo para distinguir los cuerpos masculino y femenino respaldado por la tradición cultural occidental fue el modelo unisexual, paradigma que generó todo un discurso que defendía que la mujer tenía los mismos órganos reproductivos que el hombre, pero hacia adentro (Laqueur, 1994: 22; Schiebinger, 2004: 239). Sin embargo, esta concepción estaba envuelta de matices, pues se concebía que hombres y mujeres tenían naturalezas distintas (Kniebiehler y Fouquet, 1983: 20-21). Este planteamiento, que responde a los fundamentos de la clásica teoría de los humores, se asentó en el pensamiento europeo desde la antigüedad mediterránea y fue el que predominó hasta entrado el siglo XVIII. En los años sucesivos, la teoría humoral dio paso de forma progresiva a otras explicaciones en las que entraba lo moral, y los autores optaron por acuñar nuevos conceptos (Starobinski, 2016: 66).

Según esta teoría, el cuerpo humano se componía de cuatro humores que correspondían a las cuatro sustancias básicas que, se creía, formaban el cuerpo, y la salud de este se alcanzaba a través del equilibrio de estos cuatro fluidos. Además, estos se relacionaban con los elementos que integraban el cosmos, y cada uno tenía unas cualidades que lo diferenciaban: «la sangre (como el aire) era caliente y húmeda; la flema (como el agua), fría y húmeda; la bilis amarilla (como el fuego), seca y caliente, y la bilis negra o humor melancólico (como la tierra), fría y seca». La salud óptima se encontraba en el equilibrio entre estos elementos. Sin embargo, existía una relación jerárquica entre sí, pues se consideraba que «las cosas calientes y secas eran superiores a las frías y húmedas» (Schiebinger, 2004: 236-237).[1] De este modo, el calor fue una de las características estables para explicar y distinguir la naturaleza de hombres y mujeres.

Uno de los rasgos que caracterizan este pensamiento es que el cuerpo del hombre actuó como modelo hegemónico, puesto que era el único que se consideraba que había alcanzado la madurez plena, y a partir de él se concebía el cuerpo de la mujer. Esto es, primaba la visión unitaria del cuerpo humano basada en la superioridad del cuerpo masculino. Como bien resumen Capel Martínez y Ortega, hasta el siglo XVIII

---

1. Inaugurada en el ámbito médico para explicar de forma racional los desequilibrios del cuerpo humano y asociada a nombres como los del médico griego Hipócrates o más tarde el de Galeno, dicha teoría fue adaptada posteriormente por otras disciplinas como la filosofía, de la mano de autores como Aristóteles. Esta concepción que relaciona la salud con el equilibrio no es, en verdad, totalmente original de la época clásica, puesto que, como han estudiado autores como Jesús M. de Miguel, muchas de las tradiciones médicas consideradas «primitivas» se basaban en interpretaciones semejantes (1980: 24). Con la irrupción del cristianismo, la herencia de la teoría humoral se combinó con mitos de esta religión, como el de la creación. A la visión científica o médica clásica se le sumó ahora el poder de un Dios creador, todopoderoso y con capacidad de juzgar en un primer momento, entrando en juego la noción de la impureza. Concretamente, durante la Edad Media se produce una adaptación de la teoría hipocrática y galénica sobre los temperamentos a la nueva mentalidad (Thomasset, 2000: 79-81). La introducción de la modernidad, aunque cambió las bases del contexto científico, arrastró cierta herencia de la teoría humoral en cuanto al tratamiento de la categoría *mujer* como algo unívoco (Ortiz y Moreno, 1995).

el modelo fisiológico para entender los cuerpos fue el masculino y, así, el cuerpo femenino se convirtió en el eterno desconocido (1994: 286). Bajo este trazado se apuntaron creencias sobre la imperfección de los cuerpos femeninos respecto a los masculinos, así como valores de inferioridad ligados al discurso médico sobre la pasividad de las mujeres y su papel en la procreación (Lozano Estivalis, 2007: 158-159).

No será hasta el siglo XVIII cuando se empiece a teorizar y a argumentar científicamente sobre la diferencia sexual, biológica y anatómica entre los cuerpos. Esta nueva forma de entender los cuerpos de forma sexuada estuvo, en gran medida, auspiciada por las nuevas prácticas científicas que abogaban por la observación, el empirismo y la demostración. Como consecuencia, el tiempo del ochocientos se caracterizó por ser un tiempo en el que todo, de manera positiva, podía enunciarse y responderse. Según Foucault,

> por primera vez, la medicina no estaba ya constituida por un conjunto de tradiciones, de observaciones, de recetas heterogéneas, sino por un *corpus* de conocimientos que suponía una misma mirada fija en las cosas, una misma cuadrícula del campo perceptivo, un mismo análisis del hecho patológico según el espacio visible del cuerpo, un mismo sistema de transcripción de lo que se percibe en lo que se dice (2001: 54).

Sin embargo, antes del proyecto ilustrado hubo acercamientos similares hacia los cuerpos. Como ha estudiado Celia Amorós, durante el Renacimiento aparecieron una serie de escritos que pusieron el foco en las diferencias anatómicas entre los órganos reproductivos femeninos y masculinos, contribuyendo a una especie de renacimiento ginecológico que sirvió para revisitar el imaginario de los cuerpos (1997: 54). Cabe tener en cuenta que durante los siglos XVI y XVII se produce una revolución científica que transforma gran parte del conocimiento occidental. Desde aproximadamente 1590, la disección empezó a utilizarse como medio de estudio anatómico, con su consecuente extensión y perfeccionamiento, aunque ello no significa que con anterioridad a la Edad Moderna no existiese de forma aislada o con otros fines.[2] Así, en este momento empiezan a compararse las diferencias anatómicas entre los genitales, y es entonces cuando aparecen las primeras nomenclaturas para designar las distintas partes del aparato reproductor femenino, que hasta entonces se consideraba igual que

---

2. Autores como Galeno consideraron el cuerpo de la mujer como un misterio, puesto que no tuvieron fácil acceso a su interior. Como ha estudiado Rousselle, durante la antigüedad no era común practicar disecciones humanas con fines anatómicos, al menos no de forma generalizada, de modo que se llegaba a determinadas conclusiones partiendo de la observación de disecciones animales. En la inspección de los cuerpos de primates, vieron en las hembras un aparato genital interior similar al que el macho tenía en su exterior, y esta idea se extrapoló al cuerpo humano, equiparándose los ovarios con los testículos (1989: 40-42).

el del hombre pero invertido y, por ende, imperfecto y atrofiado.[3] Con esta práctica se empezó a pensar que las mujeres, en sus interiores, no tenían penes sin desarrollar, sino un órgano propio que, además, permitía a nivel institucional cimentar un discurso del que emanaron potentes argumentos para instar a la supuesta tarea principal de las mujeres. Surge, entonces, el discurso ideal sobre la maternidad (Schiebinger, 2004: 276-277; Lozano Estivalis, 2007: 171).

Por tanto, el siglo XVIII incorpora en su proyecto ilustrado la idea de la diferencia complementaria. Sin embargo, pese a que históricamente se contrapongan las mentalidades a la hora de definir las diferencias entre los cuerpos, como apunta Bolufer, el desplazamiento de la inferioridad femenina a la diferenciación biológica no se produce de forma exclusiva, sino que hay espacio para la convivencia de pensamientos que provienen de distintas tradiciones (1999: 545). De hecho, ambos paradigmas coexistieron en la mentalidad occidental a partir de ese momento, puesto que muchos aspectos ideológicos acerca de la inferioridad femenina no se eliminaron de raíz y persistieron bajo nuevas lecturas.

La medicina y sus instructores argumentaron científicamente que la mujer era un ser frágil por naturaleza dada su condición biológica, y en el interior de los cuerpos de las mujeres se encontró el modo de justificarlo (Showalter, 1992: 129-131). A partir de entonces, la matriz se convirtió en el centro de su cuerpo, en una circunscripción donde se hallaron muchas de las explicaciones y los argumentos para explicar dolores varios, así como el funcionamiento del cuerpo femenino y también determinados comportamientos.

Una vez establecidas las diferencias respecto a los órganos reproductores de cada sexo, desde el ámbito científico se empezaron a apuntar también los contrastes que había entre estructuras comunes a ambos cuerpos, como el esqueleto, más concretamente el cráneo, o el sistema nervioso, otorgando así fundamentos materiales a los discursos de género (Laqueur, 1994: 258-259). En la literatura médica decimonónica, es común encontrar comparaciones entre hombres y mujeres que enfatizan las diferencias, deteniéndose en la capacidad de sus huesos, en la piel, en su temperamento, en el sistema nervioso y en las capacidades de cada uno. A grandes rasgos, estos textos califican a la mujer de forma genérica, sin tener en cuenta las singularidades de cada una, y la describen como pequeña, con una estructura ósea más frágil y fina que la del hombre, con un cerebro de menor tamaño y menos desarrollado, pero más sensible y afectiva; por su parte, el hombre es descrito como un ser fuerte, física y mentalmente, con capacidad para el juicio de la razón y la creatividad dado el mayor tamaño cerebral (Jagoe, 1998*b*: 311). Es más, hubo autores cuyas investigaciones trascendieron lo

---

3. El lenguaje y sus usos muestran a la perfección la forma de entender la diferencia sexual en cada momento. Como desarrolla Laqueur, «durante dos milenios el ovario, órgano que a principios del siglo XIX se convirtió en sinécdoque de la mujer, careció de nombre propio. Galeno se refiere a él con la misma palabra que utiliza para los testículos masculinos, *orcheis*, siendo el contexto lo que aclara de qué sexo se está hablando» (1994: 22).

estrictamente anatómico para pasar a debatir sobre la menor potencia y cantidad de algunos compontes vitales como la sangre (Scanlon, 1986: 167).

A finales del siglo XIX se incorpora una novedad debido a los rápidos avances producidos en el ámbito científico. Desde este campo se argumentó que las cuestiones relativas a la diferencia no podían demostrarse únicamente por aquello evidente físicamente, sino que era necesario atender a los elementos microscópicos que formaban los cuerpos (Laqueur, 1994: 24). A partir de entonces, la atención va a recaer en la función orgánica gracias al descubrimiento de las hormonas, hecho que se utilizó para explicar muchas actitudes relacionadas estrictamente con lo femenino, como la idea de la pasividad (Ruiz Somavilla y Jiménez Lucena, 1994: 115). En líneas generales, estas comparaciones alimentaron la clasificación de los sexos dentro de las relaciones jerárquicas establecidas en la nueva sociedad (Schiebinger, 2004: 304). Además, con el respaldo del supuesto cientificismo, estos argumentos se utilizaron para justificar las diferencias entre edades y entre razas consideradas inferiores.[4]

Durante la modernidad, la atención antes puesta casi de forma exclusiva en la inferioridad de la mujer se desplaza progresivamente hacia la diferencia. Este nuevo paradigma servirá para justificar, de forma *natural*, las diferencias sociales establecidas a partir de entonces entre hombres y mujeres. La idea de la diferencia sexual es, así, una estructura que se entiende en el contexto de la modernidad y crea todo un sistema de percepción y acción, siguiendo a Pierre Bourdieu, que llega hasta la actualidad, que dicta lo normativo y que parece regir la disposición social, los hábitos, el sistema de pensamiento y percepción, las creencias, incluso establece divisiones en el ámbito del trabajo (2000: 21-24).

En esta línea, para Thomas Laqueur, «el sexo tal como lo conocemos fue inventado en el siglo XVIII» (1994: 257), momento en que se empieza a teorizar de forma sistemática, pragmática y positivista, sobre la diferencia sexual. A partir de entonces se empiezan a dibujar las naturalezas propias de cada género tomando como base el sexo biológico, de modo que «el sexo pasó a ocupar el lugar del género como categoría primera de diferenciación entre hombres y mujeres y se convirtió en el dato biológico que llevaba a distinguir lo natural de lo social» (Sánchez, 2003: 59). Dicho en otras palabras, a partir de la modernidad el género se construyó sobre una base sexual o, más bien, sobre la base de la diferenciación sexual, de manera que la nueva forma de entender los cuerpos nació como consecuencia del moderno sistema sexo/género.

---

4. A partir de la segunda mitad del siglo XIX se estableció una clasificación jerárquica de las razas a partir de argumentos varios, entre ellos las diferencias anatómicas, dando con ello una justificación *científica* al machismo y al racismo. Además, dichas variables fueron tenidas en cuenta para otorgar validez a la superioridad de los adultos frente a los niños. En los textos médicos decimonónicos es común encontrar comparaciones de mujeres o de personas consideradas de razas inferiores con niños (Gould, 1997: 126-127).

ESTADOS PATOLÓGICOS: MENSTRUACIÓN, MAL DE AMORES Y OTROS TRASTORNOS FEMENINOS

La diferenciación sexual centró el protagonismo en las divergencias biológicas y anatómicas entre hombres y mujeres, y a lo largo del siglo XIX se utilizó en pro de la construcción de identidades hegemónicas. El discurso médico, visto en clave de género, focalizó la atención en ciertos estados fisiológicos de la mujer y, muy especialmente, en las pasiones, entendidas como estados exagerados del instinto que ponían en jaque el anhelado orden social:

> Así como hay ciertas enfermedades epidémicas que se trasmiten de unos individuos á otros, así tambien determinados afectos nerviosos pueden presentarse en muchos sujetos á la vez, no de otro modo que si hubiese un verdadero contagio morboso (Pulido Fernández, 1874: 339).

La medicina decimonónica, preocupada de por sí en la debilidad natural de la mujer, se centró especialmente en los procesos y ciclos naturales que podían impactar en sus cuerpos. Por ello, la adolescente atrajo especialmente la atención de médicos y moralistas. El siglo XIX concibió la pubescencia en clave negativa, considerándola una fase necesaria en la vida de las damas que daba paso a otro estado físico y moral, pero antinatural, puesto que este trance que servía para distinguir a la joven de la mujer ponía en peligro la misma estabilidad social (Caron, 2001: 167). En concreto, la llegada de la menstruación evidenciaba cambios físicos y sociales en la vida de las mujeres y su aparición, según la mentalidad del XIX, indicaba que la mujer estaba lista para unirse en matrimonio y cumplir lo que el sistema esperaba de ella (Welter, 1985: 3).

Existe toda una tradición que asocia a la menstruación una serie de conjeturas, mitos y tabúes que la han resignificado. En este contexto, la regla ha sido vista como un problema, como la causa y/o consecuencia de múltiples enfermedades o como enfermedad en sí misma, como algo impuro, sucio, incluso capaz de corromper los cuerpos. Distintos acervos culturales, desde el ámbito de la medicina clásica hasta la tradición judeocristiana, han consolidado los saberes que resguardan esta concepción negativa de la menstruación. Los médicos más renombrados de la antigüedad mediterránea pensaban que la menstruación producía desequilibrios en el organismo de las mujeres y que el proceso se producía a causa de un exceso o plétora de sangre en sus cuerpos, de modo que su presencia servía para evacuarla y mantener así el equilibrio, muy en línea con la teoría humoral (Kniebiehler y Fouquet, 1983: 22; Martin, 2001: 31). A esta concepción, que entendía el cuerpo de las mujeres como defectuoso, se le sumaron, además, las connotaciones de abyección e impureza que promulgó la tradición judeocristiana (Lozano Estivalis, 2007: 165).

Durante el siglo XIX, a pesar de los avances y descubrimientos médicos, la menstruación siguió tratando de entenderse desde un lugar plagado de múltiples incógnitas: «El misterio de la menstruación estará siempre cubierto de un velo que solo podrá correrse imperfectamente, y la causa de su intermitencia regular será probablemente un secreto fisiolójico incomprensible» (Oms y Orriol Ferreras, 1840: 7).

La literatura médica de este periodo presenta ambivalencias a la hora de tratar la regla. Por un lado, se recurría frecuentemente a los antiguos mitos en torno a la sangre menstrual. Por otro, se consolidaron nuevas teorías reforzadas por una interpretación en clave psicológica. En definitiva, este proceso fisiológico fue utilizado como una potente metáfora médica que incidía en el control sobre los cuerpos de quienes lo tenían, al igual que otros como la menopausia o el parto.

En general, los especialistas del siglo XIX que se centraron en seguir escribiendo sobre enfermedades relativas al género femenino describieron la menstruación en términos patológicos. Durante la primera mitad de la centuria estuvo extendida la idea de que la menstruación acontecía por el exceso de nutrientes en el cuerpo de la mujer, teniendo consecuencias sobre la recomendación de ciertos alimentos.

La especial atención que se le prestó a la matriz a partir del nacimiento de los sexos como concepto devino en el establecimiento del origen de muchas enfermedades de las mujeres (Douglas Wood, 1984: 378). En este sentido, en su estudio sobre la invención de la histeria, Georges Didi-Huberman condensa en la expresión «el rojo misterio de lo femenino» (2007: 358) las elucidaciones sobre esta enfermedad nerviosa y su relación con el aparato genital femenino. La menstruación, vestida de distintos eufemismos que aludían a este proceso natural –la regla, la visita, las flores e incluso la enfermedad (Litvak, 1979: 175; Welter, 1985: 62)–, se utilizó, en el siglo XIX, como explicación para muchos de los mitos sobre los comportamientos de la mujer, así como a algunos de sus malestares físicos. Podemos afirmar, por tanto, que, en la mayoría de los casos, las enfermedades de las mujeres en esta centuria apelaron a un posible origen sexual (López Fernández, 2006: 25; López Fernández, 2008: 31). Así, al útero y a los cambios acontecidos con la menstruación se les atribuyeron distintos desórdenes psicológicos y neurosis, así como responsabilidades con relación a la sexualidad femenina como la falta o exceso de apetito sexual (Smith-Rosenberg, 1985: 190).

El ámbito de la visualidad contribuyó a secundar esta imagen de lo femenino propuesta desde el ámbito médico y generó una serie de imágenes que representaban a adolescentes en las que, en principio, no hay rastro aparente de sexualidad. El hecho de representarlas en este periodo vital alude a la aparición de la menstruación como proceso desestabilizador, al tiempo que fomenta estéticamente una apariencia que conecta con características típicamente femeninas como la debilidad.

En ocasiones, el prototipo visual de la joven enferma o conveleciente parece desafiar la propia organización de las clases sociales puesto que esta concepción de la pubertad y de determinados estados femeninos era común a toda la categoría *mujer*. En 1896, Maximino Peña (1863-1940), un pintor al que usualmente se vincula con la representación de temas de carácter costumbrista, pinta *La niña enferma* [fig. 16]. La composición presenta en primer plano dos figuras femeninas de edades distantes, una mujer mayor que aparece de espaldas y una niña enferma recostada sobre una especie de balancín, entre las que puede haber cierto parentesco o, al menos, un grado de afecto importante a juzgar por el gesto que las enlaza. La máquina de coser presente al fondo de la escena, que tiene un protagonismo igual al de las representadas a pesar de permanecer en un segundo plano, aludiría a su forma de ganarse la vida, incluida la niña. Aunque las mujeres burguesas fueron el objeto de representación más codiciado para fomentar el ideal de feminidad, en este caso la enfermedad toma partido para impulsar la idea del control sobre ellas, así como el énfasis en cuestiones como la pureza, pues mostrarlas con ciertas dolencias aludía a aspectos como el sacrificio y la resignación, y promovía una estética que otorgaba a las representadas un halo de virginidad, incluso de santidad. De un modo similar, en *Esperando consulta*, de Rafael García Guijo (1881–1969), las ropas raídas de las protagonistas hacen referencia a su posición social [fig. 17]. Además, en este caso, el espacio representado, que alude a algún lugar fuera de lo doméstico, como un consultorio médico, enlazaría con cuestiones en torno a la consideración insalubre de la clase social por parte de la mentalidad burguesa.

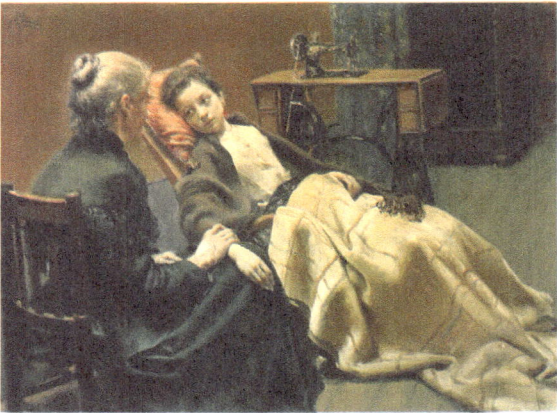

Fig. 16. Maximino Peña, *La niña enferma*, 1896.

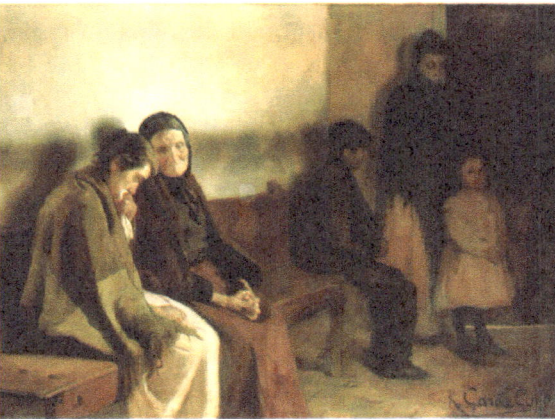

Fig. 17. Rafael García Guijo, *Esperando consulta*, 1901.

Los misterios sobre el cuerpo femenino fueron una constante en la mentalidad finisecular y las preocupaciones se depositaron en los cuerpos de las mujeres desde muy pequeñas. La visualidad artística, además de seguir las modas imperantes sobre los géneros en boga, así como de incidir en cuestiones sociales, reprodujo el discurso sobre esta concepción del cuerpo femenino y por ello centró su atención en figuras como la púber representada como convaleciente.

En el ámbito hispano, el espectro de movimientos culturales muy distantes de la intención de denuncia social se hace evidente en obras como *La convaleciente*, pintada en 1893 por Santiago Rusiñol [fig. 18]. Este cuadro, expuesto en la muestra colectiva que en 1894 se llevó a cabo en la Sala Parés de Barcelona, representa a dos chiquillas de Sitges, identificadas como las hermanas Carbonell (Laplana, 1995: 215; Gras Valero, 2009: 393).[5] A propósito de su exhibición en dicha exposición, el crítico de arte Raimon Casellas, consideró que esta obra era un ejercicio manufacturado por el pintor para explorar en su psicología y en los estados de ánimo de la mente humana, muy en la línea con lo que proponía el simbolismo:

> A parte [de] los fondos y el mobiliario, donde abundan fragmentos de realidad pintorescamente sorprendida lo que más nos interesa en aquella escena es sin duda el aire de plácido recogimiento que parece flotar sobre el espectáculo de la niñez devuelta á la existencia, después de las zozobras y las angustias de la enfermedad. La niña *convaleciente* muestra en su rostro, pálido, marchito, pero precozmente sereno, signos infalibles de la ciencia del dolor, mientras en la expresión de la amiga se vislumbra un no sé qué de curiosidad infantil, esforzándose por penetrar el misterioso prestigio de aquellos males, que han sublimado á la enferma, hasta circundarla en una aureola de glorificación. En la niña convaleciente véase al sér superior é interesante, que ya padeció en la vida; en la niña afectuosamente arrodillada á sus piés, adivínase el humilde é inconsciente reconocimiento de aquella dolorosa superioridad (1894: 4).

De algún modo, aunque no se haga referencia a enfermedades concretas sino a periodos de convalecencia, las palabras a propósito de la obra de Rusiñol permiten comprender este estado como algo vinculado con la superioridad moral. Esta idea ya había sido explotada por el polifacético artista y lo seguiría haciendo hasta años más tarde, en obras como *El pati blau*, un cuento publicado en 1897 dentro de la compilación de textos llamada *Fulls de la vida*, y que en 1903 tuvo su adaptación teatral (Reyero, 2005: 29-30). Así, en líneas generales, el cuadro de Rusiñol se ha interpretado

---

5.   Con anterioridad a la investigación de estos autores, Maria Àngela Cerdà aventuró en 1981 que *La convaleciente* era, en realidad, una obra que sirvió para inmortalizar un recuerdo de la infancia del propio Rusiñol. La niña enferma vendría a ser, así, una evocación, en realidad, de la imagen de la hija del que un día fue su maestro, Quim, cuya fragilidad la acabó llevando a la muerte (1981: 334-335). Por su parte, Doñate y Mendoza se decantan por afirmar que, a juzgar por las influencias formales, la obra estaría hecha en París y difícilmente se trataría de un retrato de estas hermanas (1997: 184).

como una escenificación de un estado del alma muy vinculado con el sentir finisecular (Laplana, 1995: 219).

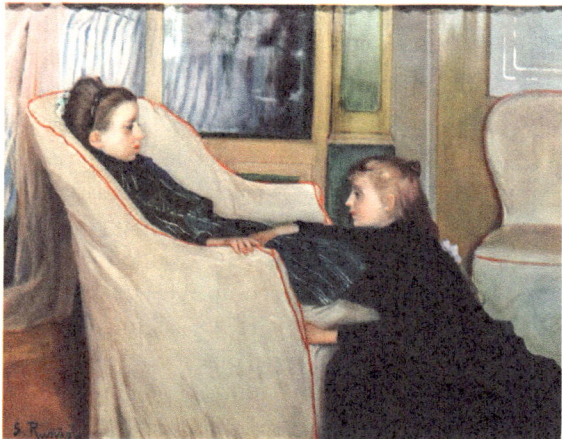

Fig. 18. Santiago Rusiñol, *La convaleciente*, 1893.

A diferencia de las obras anteriores, que remitían a la miseria del proletariado, en estas imágenes el estado de superioridad moral se vincula con la mentalidad de la clase media. En este sentido, cabe destacar, además, el papel de las acompañantes. Dada la corta edad de las protagonistas, en todas estas obras las enfermas son custodiadas por otras mujeres que reflejan el mismo ejemplo de moralidad y recato. La presencia de hombres, ni siquiera del médico, aquel que fue el verdadero protagonista en las escenas de hospital como síntoma de la vida moderna, no parece ser oportuna. Se trata, así, de escenas típicamente femeninas en las que ni la fortaleza, ni la racionalidad, ni tampoco el cientificismo médico, tienen cabida.

La representación de la enfermedad fue bastante común en el periodo de entresiglos occidental. Su comprensión a través de la literatura médica permite entender la percepción de lo patológico en relación con las identidades de género creadas desde el ámbito discursivo. Así, estas imágenes deben entenderse como parte de un contexto mayor en el que intervenían distintos agentes culturales e ideológicos que, vistos desde la actualidad, permiten concluir que en realidad no estarían enfermas o, en el caso contrario, que tal idea se utilizó como elemento para seguir definiendo la feminidad.

En el mismo año en que Rusiñol pinta *La convaleciente*, el pintor belga Gustave Léonard de Jonghe (1829-1893) compone una escena femenina en la que una de las protagonistas está en proceso de recuperación de alguna dolencia desconocida [fig. 19]. El aspecto de esta convaleciente remite a la estética tísica que enfatizaba el ideal de apariencia defendido por la clase media, mientras que la actitud cuidadora de su acompañante ensalzaría también con determinados preceptos morales que se esperaban del lado femenino.

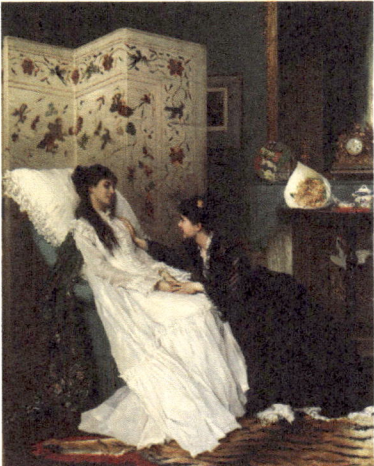

Fig. 19. Gustave Léonard de Jonghe, *Die Genesung*, 1893.

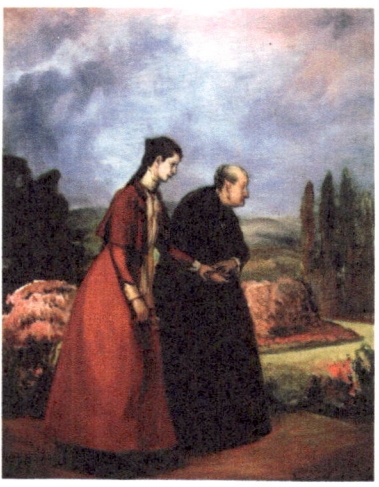

Fig. 20. Evaristo Valle, *La nieta enferma*, 1905.

Siguiendo en el ámbito español, en 1905, *La nieta enferma*, de Evaristo Valle (1873-1951), una obra en la que se ha querido ver el influjo formal de corrientes como el modernismo o el simbolismo, es presentada al público (Pena López, 1993: 373) [fig. 20]. Más allá de cuestiones de estilo, la tipología empleada remite al mismo papel de la mujer cimentado por la burguesía en la mentalidad del siglo XIX. En este caso, la enferma es, una vez más, una adolescente que lleva un vestido rojo, con apariencia mortecina, acompañada de una mujer mayor que viste de negro. De algún modo, la moralidad de la anciana, que reúne en su persona los preceptos morales de la tradición burguesa, guía a la joven que acaba de pasar la frontera de la adolescencia, enfatizándose la importancia de la pureza por su apariencia, vestido y actitud, así como por elementos como el ramillete de flores que se marchita en una de sus manos.

Los aspectos simbólicos del cuadro se refuerzan a través del lugar donde se sitúa la representación, un jardín, un elemento que en el fin de siglo adquirió autonomía hasta convertirse en un tema que comprendía fuertes connotaciones eróticas, dado el sentido que se dio a la naturaleza en este momento (Litvak, 1979: 9-82). El desplazamiento del parámetro espacial de los hospitales a lugares al aire libre fue algo común a la visualidad occidental, y en el caso europeo es fácil encontrar escenas similares [fig. 21].[6]

---

6. Desde la historiografía artística del ámbito hispano, la académica Estrella de Diego, en su estudio sobre la mujer y la pintura del siglo XIX español, dedica un pequeño comentario a las mujeres pintoras que, en la segunda mitad de la centuria, abordaron el tema de las niñas convalecientes, prestando especial atención al caso de la pintora finlandesa Helene Schjerfbeck (1862-1946) y aunando su experiencia personal con su producción artística (2009: 134). Por mencionar algunos ejemplos internacionales de esta tipología iconográfica que hemos reunido durante el proceso de esta investigación, señalamos la obra que en 1881 pintó Christian Krong (1852-1925) de una niña enferma, actualmente conservada en el Nasjonalmuseet de Oslo. En el mismo espacio se conserva la niña enferma de Edvard Munch (1863-1944) pintada entre 1885 y 1926. También, la imagen de una niña convaleciente absorta en la lectura del pintor inglés John Dalzell Kenworthy (1859-1954),

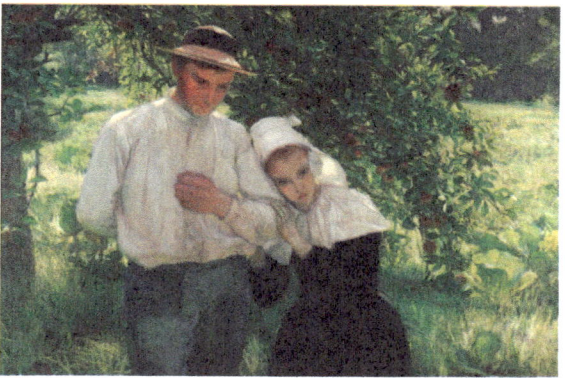

Fig. 21. Max Kurzweil, *Genesen*, 1896.

En síntesis, la enfermedad como tema, tras la introducción de la modernidad artística, se convirtió en el ámbito occidental en un argumento popular promovido por corrientes como el simbolismo, aunque estas representaciones se alejan mucho del corte naturalista de las nacidas directamente de la modernidad. Esto es porque, en estas obras, el tema de representación toma como punto de partida a la mujer, desplegado a través de distintas tipologías iconográficas, al contrario que las obras que remiten a la modernidad artística, que se centraban más en la representación de la enfermedad. En este caso, ya no parece pertinente ni necesaria la figura del médico ni el escenario hospitalario para plasmar la mentalidad del momento. Además de servir como trama o excusa para ahondar en cuestiones vinculadas con la psicología y la subjetividad, la representación de jóvenes enfermas se concretaba en una apariencia física que ligaba muy bien con el ideal estético y de comportamiento defendido por los discursos oficiales y que fue apuntándose durante todo el siglo xix. En ellas se volcaba la mentalidad burguesa que valoraba en las jóvenes de su clase la pureza, la virginidad, la moralidad, la piedad y la resignación.

---

obra que no presenta datación y que forma parte de la colección de The Beacon Museum. Y, aunque se esté aludiendo a obras realizadas en las últimas décadas del siglo xix, existen ejemplos anteriores que denotan la extensión de este tipo, como puede observarse en la niña convaleciente pintada por John Everett Millais (1829-1896) en 1875, actualmente en la Aberdeen Art Gallery & Museums. Sobre la tipología de la niña enferma en la visualidad occidental, los días 7 y 8 de noviembre del año 2019 se celebró en la Aarhus University de Dinamarca un congreso internacional bajo el título *Sick girls in European visual art, literature, medical science and popular culture in the 19th century*, que partía de la popularidad que tuvo este tema a finales de la centuria entre distintos artistas europeos, con especial énfasis en el ámbito nórdico. Bajo el pretexto de la representación de la niña enferma, se ahonda en las conexiones entre visualidad, literatura, ciencia médica y cultura popular para lograr una mayor comprensión de este fenómeno producido en un momento de grandes cambios sociales y descubrimientos científicos.

Entre las creencias en torno a la menstruación y otros procesos naturales que se arrastraron hasta finales de siglo, hubo una serie de doctrinas que gozaron de gran difusión en el ámbito occidental y que enlazaban con los mitos existentes alrededor de los órganos genitales femeninos y el sistema nervioso de las mujeres. Además, de forma extensible, durante toda la centuria se aceptó que cualquier alteración o desequilibrio que sucedía en el útero estaba acompañado de distintos desórdenes mentales o trastornos, como la cleptomanía (Moreno Segarra, 2016: 31). En este caso, vuelve a incidirse en el énfasis disciplinario de la medicina decimonónica. Desde un punto de vista histórico y clínico, la psiquiatrización que hizo el positivismo sobre el cuerpo de las mujeres respondería a cuestiones fisiológicas, pero también adquirirían mucho peso los argumentos en torno a la moralidad. Todo ello, trasladado a la visualidad artística del fin de siglo, tuvo su reflejo en una serie de imágenes que atribuían al aparato reproductor femenino ciertas influencias sobre comportamientos o trastornos nerviosos, así como dolencias inescrutables como el mal de amores.

La idea de enfermar de amor fue bastante recurrente en el siglo XIX, especialmente teniendo en cuenta la relación que podía establecerse con algunas de las características atribuidas a la feminidad, pues, entre otras cosas, el discurso médico entendía que la mujer era un ser propenso a las emociones y a las impresiones fuertes. En *Elementos de higiene privada*, el higienista Felipe Monlau recoge el trabajo de médicos que con anterioridad habían tratado de definir los efectos físicos y morales del mal de amores:

> El amor es la pasion mas difícil de ser caracterizada, porque es la que mas se identifica ó complica con la capacidad, con los caprichos, con las virtudes ó con los vicios del que la siente. [...] Las señales de un amor desenfrenado son, en lo físico, el enflaquecimiento, la palidez de los ojos, que se presentan cóncavos, hundidos debajo de los párpados y habitualmente fijos ó inquietos; un pulso que, hallándose ausente la persona amada, es desigual, pequeño, débil; pero que se vuelve tumultuoso y fuerte luego que la ve, oye su voz ó solamente la recuerda [...]. Obsérvase, en lo moral, una grande movilidad en el carácter, una aficion decidida á la soledad y á la meditacion... (1846: 394).

La visualidad artística no fue ajena a este hecho y mostró en varias ocasiones a mujeres dolientes a causa del amor, normalmente como consecuencia de una despedida involuntaria, de un rechazo o de un tiempo de espera. En las exposiciones nacionales de la segunda parte del siglo XIX todavía se presentaban cuadros con este argumento. Así, por ejemplo, se sabe que el pintor Enrique Moreno Rubí (1847-1882) presentó en la Exposición Nacional de Bellas Artes de 1871 la obra *La enferma del corazón*, título que coincidía con el de la novela de Gregorio Romero Larrañaga, publicada en 1846 (Ossorio y Bernard, 1883-1884: 469). Aunque la fortuna crítica de esta haya sido bastante escueta y no se conserve la obra, contamos con algunas descripciones del momento que permiten imaginar el contenido:

Del Sr. Moreno y Rubí es la Enferma del corazon, núm. 330, cuadro lleno de tristeza y de verdad tambien. La Enferma del corazon tiene bellezas artísticas notables y no escasas por cierto, y sin embargo, no son ellas lo mejor del lienzo. Aquella vida que se estingue, el dolor de la madre y la catástrofe que se ve inevitable y próxima están de tal manera presentadas que conmueven y enternecen al espectador, y no le dejarian ver los defectos del cuadro aunque los tuviera. Debe haber en él para su autor algunos de esos recuerdos que ulceran el corazon humano para siempre, y con los cuales no puede uno menos de simpatizar (*La Nación*, 1871: 3).

Los que hayan visitado nuestra última Exposicion nacional de Bellas Artes, celebrada en el local del Sr. Indo, de seguro recordarán un cuadro de medianas proporciones, que mantenía siempre un grupo de personas contemplándole con extraño interes. *La enferma del corazon* se titulaba y era el asunto de su composicion, pero con tanta verdad y talento presentado, que hería la imaginacion y afectaba el alma de cuantos le observaban. Era imposible fijar en él sin que una indescriptible pena surgiese á la vista de aquella reproduccion de una de esas escenas más dolientes de la familia. Sin embargo de lo vagaroso de mi recuerdo, tengo bien presente aquella jóven abatida por los insomnios y los sufrimientos, cuyo triste, bello y cianótico semblante aparecía caído entre almohadas, disfrutando sentada de un fugaz descanso, imposible de conciliar en el lecho… (Pulido Fernández, 1874: 84).

Existe una larga tradición literaria en la que el amor se experimenta como un sentimiento de dolor que, en última instancia, puede conducir a la locura. A lo largo del siglo XIX, los desórdenes nerviosos, independientemente de su causa intrínseca, eran atribuidos al sistema reproductor femenino (Gilbert y Gubar, 1998). Esta idea enlaza con un tipo de representaciones que no muestran enfermedades pandémicas, sino a damas convalecientes a causa del amor. El amor no correspondido les otorgaba a las postradas ese aire de lasitud y erotismo, y ello derivó en un tema atractivo para poetas, literatos y artistas, puesto que enlazaba a la perfección con la mentalidad de que toda mujer necesitaba a un hombre, y más en un momento en el que habían ganado protagonismo algunos aspectos sobre la emancipación de la mujer (Dijkstra, 1994: 68).

Esta relación entre la convalecencia y el amor se ejemplifica a través de obras como la de Vicente Palmaroli (1834-1896) [fig. 22], un pintor que

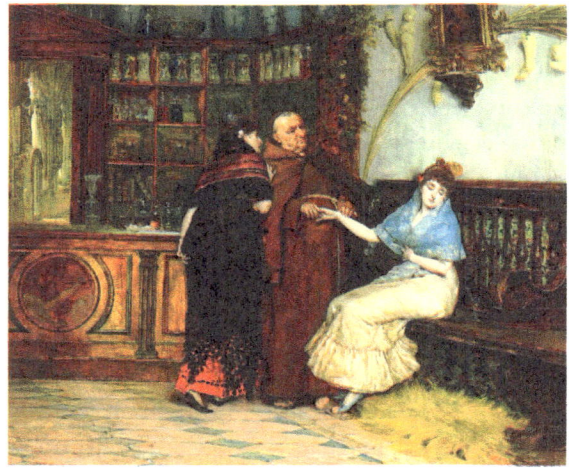

Fig. 22. Vicente Palmaroli, *Mal de amores*, 1878.

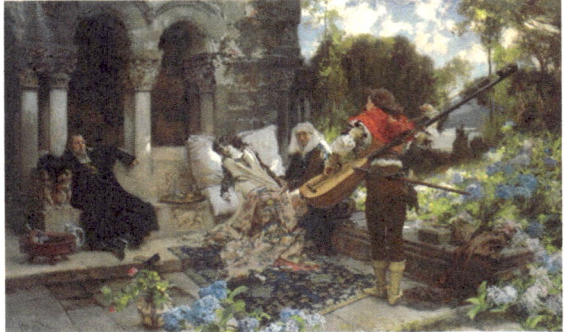

Fig. 23. Francisco Pradilla, *Mal de amores*, 1912.

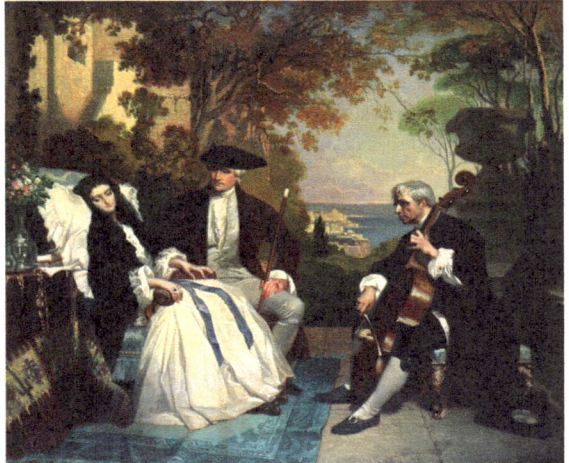

Fig. 24. Jean Jalabert, *La convaleciente*, s. f.

frecuentó los temas anecdóticos que refuerzan el sentimentalismo femenino, o la de Francisco Pradilla [fig. 23], conocido por sus grandes formatos de temas históricos. En ambos casos, las protagonistas son representadas en un momento de ensoñación, postradas, pálidas y frágiles, rodeadas y agobiadas ante la presencia frecuente de músicos u otros personajes. En cierto modo, estas imágenes avanzan una de las metáforas que se construyó en el siglo XIX alrededor de la tuberculosis, utilizada como pretexto para describir el amor y sus efectos (Sontag, 1996: 27).

La obra de Pradilla, además de transmitir cierto anacronismo, es especialmente significativa porque presenta similitudes con imágenes que abordan el tema de la enfermedad bajo tipologías distintas. Es el caso de la obra del pintor francés Jean Jalabert (1815-1900) *La convaleciente*, de la que apenas se sabe información ni año exacto de realización [fig. 24]. La imagen presenta a una dama convaleciente que, al igual que sucede en la obra de Pradilla, está reclinada sobre unos almohadones, hecho que enfatiza la lasitud del personaje, acompañada por dos figuras masculinas. En ambas obras, la mirada de uno de los personajes masculinos vigila a la enferma, mientras que otro hombre hace sonar música con un instrumento. A pesar de no conocer la fecha exacta de realización de la obra de Jalabert, existía toda una tradición en torno a la convalecencia de la mujer a causa de las pasiones que derivó visualmente en la consolidación de este tipo icónico.

Si bien apenas existe documentación sobre dichas obras, ambas parecen ambientadas en el pasado, lo cual enlazaría con aquello que Dijkstra desarrolló sobre las imágenes que plasmaban la locura a causa del amor. Este autor apunta que tradicionalmente se había necesitado de un argumento literario para representar este hecho; sin embargo, ante la inminente llegada del nuevo siglo, y a pesar de que puntualmente se mantuviesen determinadas conexiones literarias, el pretexto tomó autonomía gracias a la aparición de múltiples imágenes que, en clave de denuncia, representaron la locura de amor (1994: 48-49).

Siguiendo la tradición occidental que presenta el amor como una emoción que anula la capacidad de juicio hasta devenir en una forma de locura (Illouz, 2012: 37-38), Julio Romero de Torres (1874-1930) representa el *Mal de amores* encarnado en la imagen de una mujer joven [fig. 25]. Esta obra, deudora de un siglo que codificó la locura como un peligro real a nivel social, se ha venido interpretando en relación con la neurosis, consecuencia de un deseo reprimido (Reyero, 2005: 89).

Un aspecto significativo de la obra es el hecho de que, además de la protagonista que aparece en primer plano representando el mal de amores, en un segundo plano se ve a una niña y a una anciana. Más allá de la factible alusión a las distintas edades de la mujer, si se interpreta la imagen con relación a la comprensión finisecular en torno al género y la enfermedad, la obra agruparía muchos de los mitos y las creencias que sobre el cuerpo femenino se normalizaron gracias a los textos oficiales del momento y a la agencia de la producción cultural.

Teniendo en cuenta lo meramente formal, visualmente la imagen de Julio Romero de Torres bebe de la conformación del tipo de la nerviosa, descrito e ilustrado de la siguiente manera en el compendio costumbrista *Las españolas pintadas por los españoles*, que recoge distintos prototipos de mujeres de la sociedad contemporánea [fig. 26]:

> Espigadita, vivaracha y graciosa como una ardilla, tiene los ojos negros, la boca fresca, el cuello largo, y un cútis tan fino, tan finito, tan finísimo, que á través de la epidérmis se vislumbran claramente las azuladas venas de su sangre. Si mira, se come la gente con los ojos […]. Goza

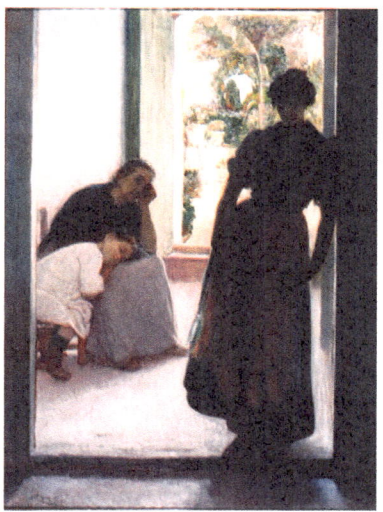

Fig. 25. Julio Romero de Torres, *Mal de amores*, c. 1905.

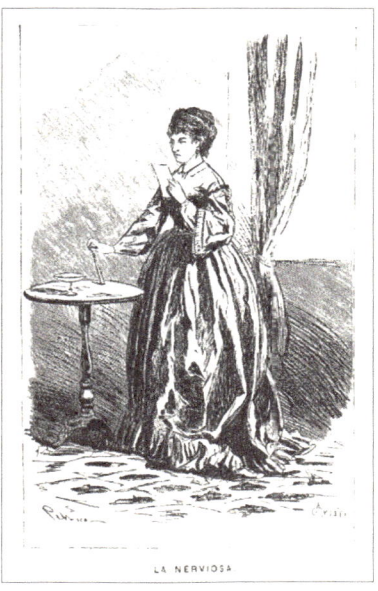

Fig. 26. «La nerviosa», *Las españolas pintadas por los españoles*, 1871.

de palideces intermitentes y de ojeras crónicas. […] Aquello no son nervios: son verdaderos alambres sin capa aisladora que van no por uno á sumergir la punta en pilas eléctricas de primera fuerza (Ximénez Crós, 1871: 13-14).

70

Para el médico Alfredo Opisso, una de las causas más comunes que llevaba a las mujeres a la enajenación mental eran los desengaños de amor, y la respuesta de las afectadas podía suponer un auténtico peligro social: «Un desengaño, un desprecio, una traición, la falta de correspondencia son causas de locura, mientras que raramente obrará como tal un amor feliz. Generalmente las víctimas son mujeres, y más las de treinta años que las de veinte. Si se trata de un caso de seducción, con abandono, el peligro es mayor aún» (1900: 110). En esta línea, la académica Elaine Showalter analizó la idea cultural formada en torno a la locura en el siglo XIX bajo una perspectiva de género, y las consecuencias sociales de la creación de esta imagen en torno al tratamiento de las mujeres (1987).[7] Así, la imagen de Julio Romero de Torres, al igual que las otras representaciones que señalan al género femenino como el principal afectado por el amor no correspondido, tratándose en términos patológicos, enlazaría con esta imagen cultural.

Más allá de esta concepción de la locura gestada a lo largo del ochocientos, en el caso español, parte de la visualidad finisecular reservó una parcela al tratamiento de la enajenación femenina con un marcado sesgo de denuncia social. Entre los ejemplos paradigmáticos que participaron en distintos certámenes y exhibiciones a nivel nacional en las últimas décadas del siglo XIX destaca la obra de José Jiménez Aranda [fig. 27], una escena presentada por el autor a la Exposición Nacional de Bellas Artes de 1895 y que muestra a una joven con rostro descompuesto que porta en sus brazos a un niño, ambos situados en un espacio en el que se evidencia la miseria. En la misma línea se sitúa la obra de Fernando Cabrera Cantó, presentada en la Exposición de 1894 de Bilbao [fig. 28]. Y, finalmente, para completar esta breve visión de la imagen cultural de la locura femenina en el fin de siglo español, cabe mencionar *La loca*, de Antoni Fabrés (1854-1938) [fig. 29], en la que se introduce el factor de la edad dentro de la tipología visual propuesta.

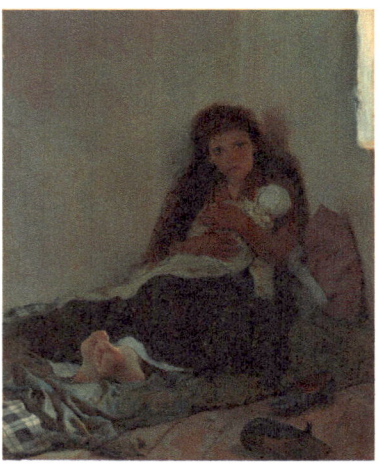

Fig. 27. José Jiménez Aranda, *¡Loca!*, 1894.

7. Sobre el cuestionamiento del enfoque propuesto por Showalter, véase la aportación de Joan Busfield (1994) y el conjunto de ensayos reunidos por Andrews y Digby (2004).

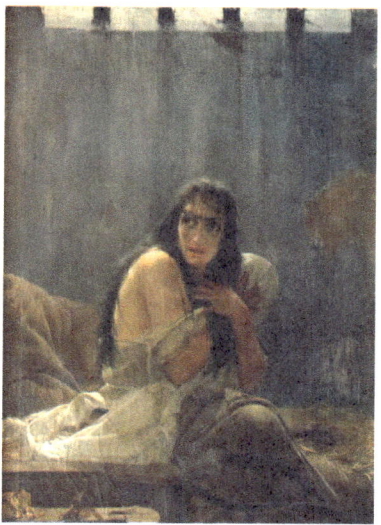

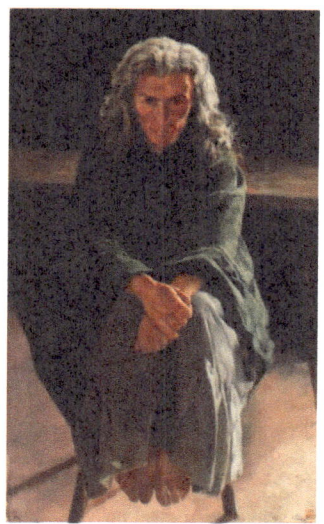

Fig. 28. Fernando Cabrera Cantó, *¡Loca!*, s. f.

Fig. 29. Antoni Fabrés, *La loca*, c. 1910.

En conclusión, a lo largo del siglo xix los discursos auspiciados desde distintas disciplinas se centraron en tratar de definir de forma unívoca y abstracta a la mujer, de manera que todas se conceptualizaron en una. Sin embargo, ahondando en los distintos relatos se advierte la existencia de grietas que, finalmente, se traducen también en lo visual. En paralelo a la construcción de una versión oficial de la feminidad que colindaba con lo patológico y que contribuyó a forjar el ideal, la narrativa de la medicina moderna se encargó de aseverar, rescatar y crear distintos mitos que recaían en los cuerpos de las mujeres. Distintos estados patológicos asociados a los órganos reproductivos femeninos y a las pasiones se representaron en obras del fin de siglo español, dando lugar a tipologías que continúan con tradiciones anteriores y perpetúan el viejo tropo de la mujer loca.

3

LA ENFERMEDAD COMO CATEGORÍA ESTÉTICA

La modernidad contribuyó a redefinir las relaciones entre los géneros y trajo consigo nuevas formas de ser y aparentar regladas por la burguesía. En este contexto, los ideales estéticos creados desde esta clase social a lo largo del siglo actuaron como distintivo de civilización, cultura y clase (Bornay, 1992: 63-64).

Para la mentalidad decimonónica, cultivar los aspectos de la feminidad, entendida como sentimiento romántico que recurre a múltiples estrategias de apariencia –el cuerpo, la piel, el pelo, el vestir, el maquillaje, la voz, incluso el modo de moverse, de sentir y de ambicionar (Brownmiller, 1984: 14-15)–, requería un equilibrio o punto medio para alcanzar el aspecto ideal, sin excederse en la envoltura para mantener el recato y preservar las virtudes espirituales que se les exigían a las mujeres. Siguiendo al novelista Eduardo Zamacois, para la mentalidad burguesa la mujer ideal era «de pureza columbina, de ingenio sutil y cuerpo codiciable» (1899: 100). Valores como la decencia y la virginidad se ensalzaron a lo largo de la centuria como estandartes que impregnaban el decoro de esta clase social, y estas eran las principales virtudes que se apreciaban de las jóvenes (Knibiehler y Fouquet, 1983: 138).

En las últimas décadas del siglo, la idea hegemónica sobre la feminidad construida durante toda la centuria surtió especial efecto y proliferaron imágenes que transmitían aquello que se valoraba durante el ochocientos sobre las mujeres (Douglas Wood, 1984: 386). Pese a tratarse de realidades históricas diferentes, la primacía de las concepciones tradicionales garantizó esta continuidad romántica, dando lugar a nuevas categorías estéticas. Así, la visualidad finisecular se preocupó por seguir enfatizando el ideal de belleza burgués que debía emitir esa pureza columbina a través de estrategias varias como la palidez, la debilidad y el aspecto enfermizo en general, signos que, en teoría, borraban cualquier rastro de sexualidad de sus cuerpos (Michie, 1989: 20; Rodríguez Pastor, 2004: 318).

Además de reflejar el contenido del discurso médico, parte de la visualidad de esta etapa se ocupó de modelar nuevas tipologías en las que las representadas parecían estar enfermas, sometidas a largos periodos de convalecencia o rodeadas de un aura de fragilidad y debilidad. Así, las imágenes actuaron de forma autónoma respecto al resto de agentes culturales hasta concretar que lo enfermizo se entendiese como síntoma de feminidad y virtud (Baixauli, 2021: 204-227).

Dentro de esa feminidad de apariencia enfermiza, Dijkstra diferencia claramente la tipología de la mujer postrada de la de la tísica sublime. Para este autor, era común que la mujer convaleciente fuese representada dormida, marchita, cansada, aburrida, acompañada de otras mujeres y, por supuesto, henchida de erotismo (1994: 70-73). Por otro lado, la tísica sublime sería una tipología desarrollada a raíz del culto a la invalidez, que generó prácticas como el énfasis estético en el aspecto tísico para fomentar la imagen de mujeres piadosas, virtuosas y, en definitiva, femeninas. En realidad, aunque vayan a tratarse de forma separada, estas dos tipologías comparten espacio visual en el fin de siglo español, y la línea que las separa es muy frágil. El *summum* de la feminidad decimonónica deviene en el fin de siglo en una serie de imágenes que parten de mirar a un mismo objetivo, que era asegurar y justificar que la feminidad figurada en la mujer ideal era una construcción asociada a lo patológico.

LA QUINTAESENCIA DE LA FEMINIDAD: CONSUNCIÓN, CONVALECENCIA Y CULTO A LA INVALIDEZ

En 1917, el valenciano Alfred Claros (1893-1965) retrató a su mujer, Elvira Ribes, enferma [fig. 30]. Unos años antes, José Mongrell (1870-1937) realiza un estudio de color en el que pinta a su mujer, Josefa López, postrada en la cama, tal como aparece anotado en la esquina superior derecha [fig. 31]. En realidad, tanto Claros como Mongrell cuentan en su producción con distintos retratos de su familia, hasta el punto de que a través de la consideración de estas obras algunos autores se han centrado en analizar los cambios en la posición y consideración social del pintor (Pérez Rojas y Alcaide, 2001: 71-72).

Dentro de esta tipología visual, creemos oportuno también incluir, a pesar de la escasa información sobre esta, la obra

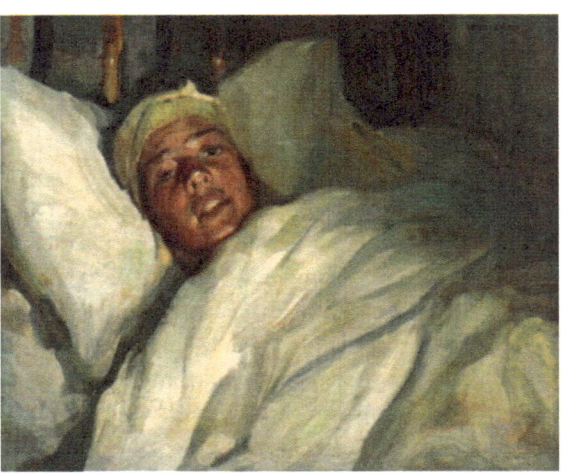

Fig. 30. Alfred Claros, *La enferma (retrato de Elvira Ribes)*, 1917.

que Gonzalo Bilbao (1860-1938) pintó bajo el título *Convalecencia* [fig. 32]. Lejos de
la tradicional consideración de la historiografía artística, que ha etiquetado al pintor
como costumbrista debido a los temas que trató en sus obras de mayor fortuna crítica,
en este caso presenta una imagen de una mujer convaleciente. A juzgar por las particularidades de los rasgos, la apariencia, el vestido y el espacio representado, podría ser
el retrato de una mujer en concreto, aunque se desconozca su identidad.

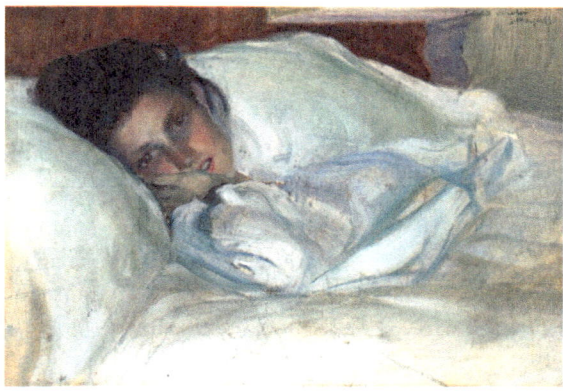

Fig. 31. José Mongrell, *Estudio de color (Retrato de su esposa, Josefa
López, en la cama)*, 1904.

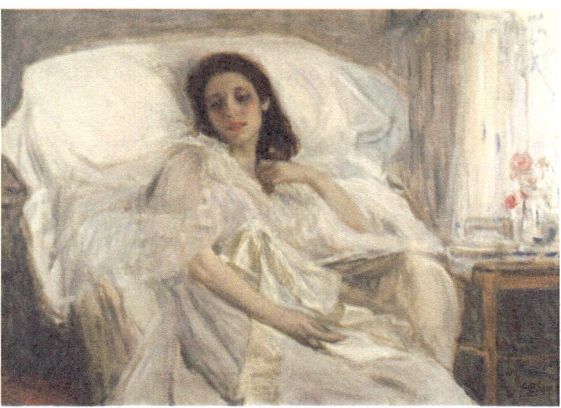

Fig. 32. Gonzalo Bilbao, *Convalecencia*, s. f.

Entre los aspectos significantes de la obra, destacan la pose y la actitud de la protagonista, que descansa sobre un gran almohadón, así como la carta que sostiene en la
mano, que recuerda a la concepción del mal de amores, y el único elemento coloreado
que cobra protagonismo en el cuadro: un ramillete de rosas situado a un extremo. En
esta imagen de Gonzalo Bilbao se evidencia la frágil frontera entre la categorización

tipológica, puesto que en ella aparecen coincidencias con otros prototipos visuales femeninos que se irán viendo a lo largo del desarrollo de este escrito.

Para Ferrer Álvarez, retratos como el de Claros o el de Mongrell, e incluimos también el de Gonzalo Bilbao, responden al auge de corrientes que tuvieron gran aceptación en el periodo de entresiglos occidental, como puede ser el naturalismo. Además, la autora apunta que la presencia de elementos simbólicos asociados a la naturaleza en este tipo de obras, como las flores, bebería de otros movimientos como el simbolismo. Y, para ejemplificarlo, toma como caso de estudio la obra que el italiano Giovanni Segantini (1858-1899) pintó en 1890 bajo el título *Petalo di rosa* (2016: 41-42) [fig. 33].

Más allá de clasificaciones estilísticas, creemos interesante considerar estas imágenes como manifestaciones del entramado cultural del fin de siglo europeo que alimentaban y, al mismo tiempo, se nutrían de, obras cargadas de distintos componentes discursivos e ideológicos.

La asunción de la feminidad como sinónimo de consunción o convalecencia da lugar a una tipología iconográfica que presenta un modelo femenino en línea con el extendido culto a la invalidez femenina, una práctica común en la segunda mitad del siglo XIX entre las mujeres de la clase media y alta.

Esta consideración acerca de las mujeres se evidencia en la visualidad finisecular al advertir la gran cantidad de muestras incluidas en publicaciones periódicas del momento destinadas a un público heterogéneo. La prensa ilustrada española reprodujo diversos ejemplos de la tipología de la convaleciente, que pobló gran parte del imaginario occidental del fin de siglo. Por mencionar algunos casos, la portada de *La Ilustración Ibérica* del 6 de octubre de 1894 reproducía un cuadro del pintor alemán Walter Firle (1859-1929) titulado *Convaleciente* [fig. 34]. Un año después, *La Ilustración Artística* del día 6 de mayo de 1895 incluye entre sus páginas la reproducción de *La convaleciente*, un cuadro del cubano Leopoldo Romañach (1862-1951) [fig. 35]. El mismo semanario publica en 1897 un cuadro

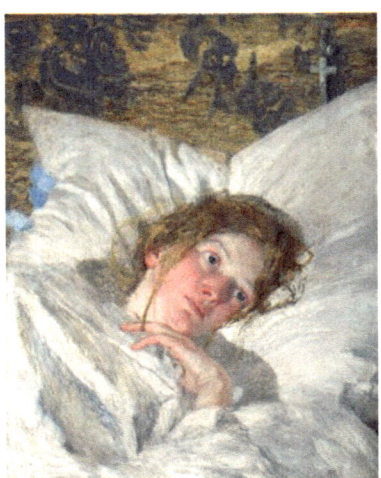

Fig. 33. Giovanni Segantini, *Petalo di rosa*, 1890.

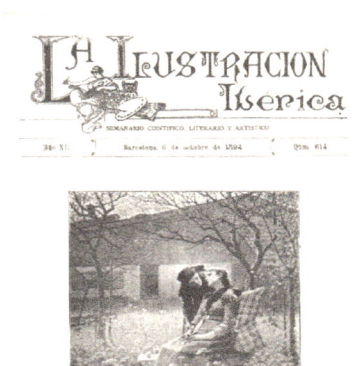

Fig. 34. Walter Firle, *Convaleciente. La Ilustración Ibérica*, 6 de octubre de 1894.

del italiano Roberto Fontana (1844-1907) [fig. 36], y en 1899 reproduce un dibujo de otra convaleciente [fig. 37].

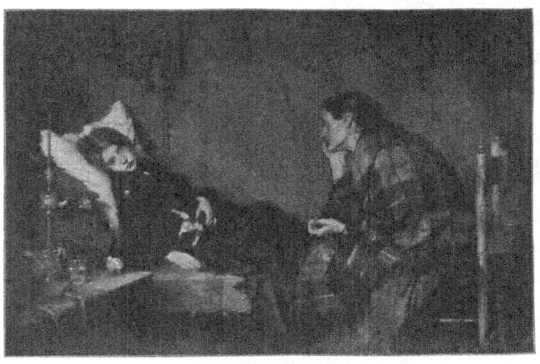

Fig. 35. Leopoldo Romañach, *La convaleciente. La Ilustración Artística*, 6 de mayo de 1895.

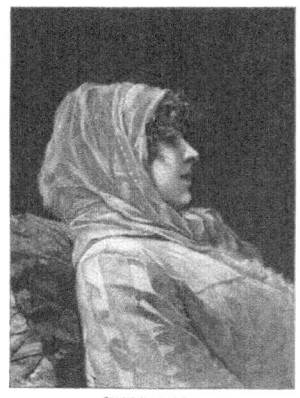

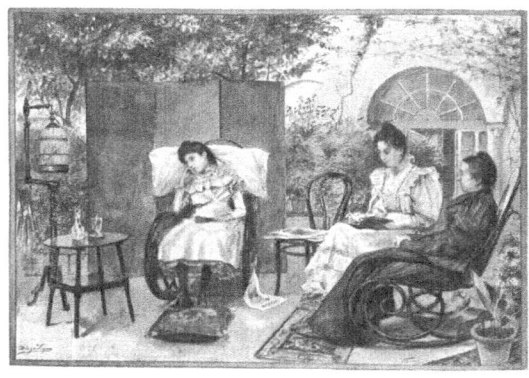

Fig. 36. Roberto Fontana, *Conva-leciente. La Ilustración Artística*, 2 de agosto de 1897.

Fig. 37. Diego López, *Convalecencia. La Ilustración Artística*, 17 de julio de 1899.

María López Fernández ha desarrollado cómo, en el fin de siglo, este prototipo visual de la mujer enferma, más allá de las pretensiones ideológicas, se explica por la dimensión erótica que fue adquiriendo la enfermedad a lo largo de la centuria (López Fernández, 2008: 29-30). De algún modo, los artistas finiseculares siguieron desarrollando ese gusto romántico por la belleza medusea, cuyos abundantes matices sobre la pasividad hacían que la figura femenina estuviese impregnada de intenciones *voyeuristas* (Praz, 1970). Un ejemplo muy significativo es la obra que en 1887 presenta Salvador Sánchez Barbudo (1857-1917), *La convaleciente* [fig. 38]. En este caso, determinadas

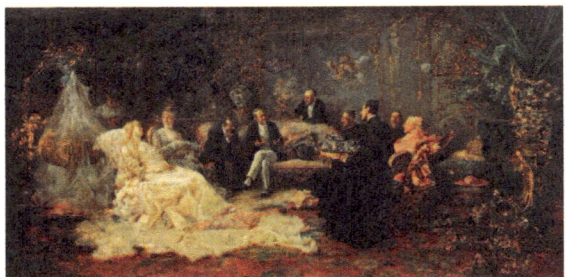

Fig. 38. Salvador Sánchez Barbudo, *La convaleciente*, 1887.

cuestiones formales como la composición parecen remitir a esas obras finiseculares que desarrollaban el tema del mal de amores. En suma, la multitud de personas que aparecen situadas en un lujoso salón, entre las que parece advertirse incluso algún miembro de la curia, hacen posar todas las miradas en la figura femenina enferma.

En estas obras se repite, de nuevo, la ambigüedad derivada de confrontar una apariencia que enfatiza la versión oficial de la feminidad con componentes que erotizan la escena, de modo que piedad y sexualidad aparecen dialogando en imágenes en las que, en principio, tal conjunción no tendría cabida (Litvak, 2003: 66-67).

El punto de unión entre morbidez y sensualidad que inundó la cultura del fin de siglo europeo se ha tratado de argumentar partiendo de distintos significados (Ramos, 2014: 30-31). En cualquier caso, las inquietudes en torno a ello acabaron derivando en una justificación que depositaba en las mujeres toda la responsabilidad, puesto que se acabó creyendo que las enfermedades específicas de este género tenían un origen sexual, hasta el punto de que se pensó que sus deseos terminaron dominando la naturaleza y la cordura de estas damas elegantes.

Sea como fuere, la Europa del fin de siglo generó una cantidad importante de imágenes sobre convalecientes que repetían el mismo patrón.[1] En el caso español, este

1. A lo largo de esta investigación se han encontrado numerosos ejemplos que abordan la tipología visual de la mujer convaleciente en relación con las ideas desarrolladas en el presente capítulo. Por mencionar algunas de las obras localizadas, generadas en el contexto cultural finisecular del ámbito occidental, destacan, siguiendo un orden cronológico: *The convalescent*, de Edgar Degas (1834-1917), pintada entre los años 1872 y 1887 y conservada en The J. Paul Getty Museum; el retrato de su esposa como convaleciente de Ford Madox Brown (1821-1893), pintado en 1872 y actualmente en The Metropolitan Museum of Art; la enferma pintada por Jules Émile Saintin (1829-1894) en 1874 que resta en el Bury Art Museum & Sculpture Centre; el dibujo de Suzanne Manet, esposa de Édouard Manet (1832-1883), como convaleciente realizado entre 1876 y 1878, conservado en la National Gallery of Art de Washington y del que también existen tres grabados en The Metropolitan Museum of Art y en The Dallas Museum; la obra de James Tissot (1836-1902) adquirida en 1876 por los Museums Sheffield; del belga Charles Baugniet (1814-1886), la convaleciente pintada en 1880 que forma parte de una colección particular; *Konvalescenten*, de Jenny Nyström (1854-1946), realizada en 1884 y actualmente en el Nationalmuseum de Estocolmo, donde también se conserva algún estudio previo de esta; en este mismo museo se conserva *Konvalescens*, de Carl Larsson (1853-1919), pintada entre 1899 y 1902; otros ejemplos son *Convalescent*, de James McNeill Whistler (1834-1903), de 1884; *La crisis*, de Frank Dicksee (1853-1928), pintada en 1891; un año más tarde, la enferma de Félix Vallotton (1865-1925); de este mismo año la convalecencia de Madame Lapère pintada por su marido, Auguste Louis Lepère (1849-1918); la convaleciente de Philip Wilson Steer (1860-1942), de 1898, en la Southampton City Art Gallery; la mujer enferma de 1913 dibujada por Erich Heckel

tipo de imágenes proliferaron especialmente en el ámbito catalán, donde calaron con mayor fuerza corrientes de carácter internacional como el modernismo, el simbolismo o el decadentismo. Así, la obra *Una malalta* (1891), de Santiago Rusiñol [fig. 39], fue realizada para el Salón de París del año 1892, y ese mismo año sería presentada en Sitges, ciudad donde se expuso también al año siguiente (Doñate y Mendoza, 1997: 142). Para Casellas, la novedad de esta imagen reside en la participación del espectador, que debe adivinar qué está ocurriendo: «dentro de aquel cuarto de la joven *Enferma* se adivina, más que se ve, á la eterna convaleciente, meciéndose en ensueños de futura dicha, mientras se consume acariciada por las manos yertas de la tisis» (1893: 1).

En el mismo contexto cultural se enmarcaría el dibujo que Sebastià Junyent (1865-1908) realizó para el número 120 del año 1902 de *Catalunya Artística* y que serviría como ilustración a un conjunto poético que versaba sobre las enfermas [fig. 40].

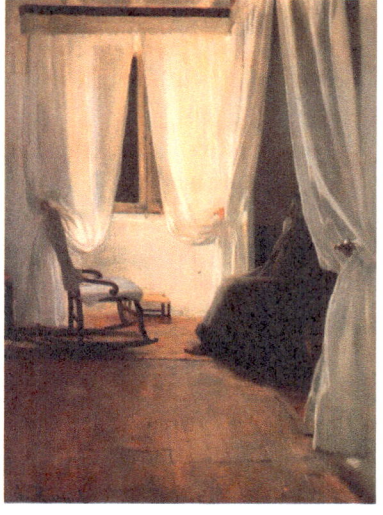

Fig. 39. Santiago Rusiñol, *Una malalta*, 1891.

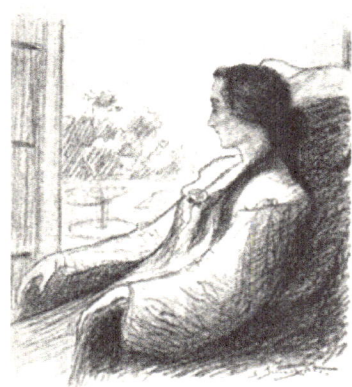

Fig. 40. Sebastià Junyent, *La malalta*. *Catalunya Artística*, 2 de octubre de 1902.

————

(1883-1970) y actualmente depositada en el LWL-Museum für Kunst und Kultur de Westfalia, en Alemania, que en realidad es un estudio previo del tríptico sobre su mujer convaleciente pintado entre 1912 y 1913 y que forma parte de la colección del Harvard Art Museums; del mismo año, la convaleciente de André Lhote (1885-1962); la serie que entre 1920 y 1924 realizó Gwen John (1876-1939) sobre mujeres convalecientes; y, finalmente, tres obras sin datar que también reproducen la misma tipología: del ámbito italiano, la figura femenina pintada por Francesco Netti (1832-1894) que se encuentra en la Pinacoteca Provinciale de Bari, la mujer convaleciente pintada por John Faed (1819-1902) y una mujer enferma que aparece leyendo pintada por David Joseph Bles (1821-1899) y que forma parte de la Wellcome Collection.

DE LA MUJER CONVALECIENTE A LA TÍSICA SUBLIME

La voluntad de los artistas finiseculares por ser modernos hizo de las mujeres enfermas uno de los temas de representación predilectos. Más allá de patologías diagnosticadas, las imágenes creadas remiten a la mentalidad del momento, y desde el contexto actual permiten analizar las ideas en torno al género, algunas de ellas también perfiladas en los discursos. Su reflejo en la visualidad se traduce en escenas que enlazan con la concepción de la mujer como un ser naturalmente débil y cuyo destino era la reproducción, la crianza y el sustento moral de la familia. Los síntomas de las convalecientes, tales como palidez, debilidad, ojeras marcadas, consunción y languidez general, ligaban muy bien con esos valores propuestos por la oficialidad y que sustentaban la propia hegemonía de la clase media. No obstante, todas estas obras anuncian que la propia visualidad pudo devenir en un agente subversivo. Los discursos institucionalizados presentaban esta feminidad como algo totalmente desexualizado. Sin embargo, la proliferación de imágenes, que pasaban por los filtros propios de las estrategias visuales de la modernidad, entre las que se hallaba la idea del espectáculo y la apariencia, hizo que poco a poco se cargaran de un halo de erotismo. Esto se explica porque, de algún modo, la visualidad finisecular contribuyó a que la enfermedad se sublimase, hasta convertirse en categoría estética.

La centuria decimonónica permitió perfilar, en la esfera intimista, la apariencia del cuerpo social, aquel a exhibir por hombres y mujeres en espacios públicos. Mientras la hipocondría y el culto a la invalidez se popularizaron entre las mujeres de clase media, lo enfermizo también se convirtió en un referente gracias a la expansión de la moda como fenómeno social que alcanzó el vestir y el comportamiento. Siguiendo a Lipovetsky, este espectro de la apariencia fue testigo del «poder del género humano para cambiar e inventar la propia apariencia y este es precisamente uno de los aspectos del artificialismo moderno, de la empresa de los hombres: llegar a ser los dueños de su condición de existencia» (1990: 35-36). Lejos de aquellas enfermedades reales que acecharon en forma de plaga a la población, muchas de ellas fueron utilizadas como referente para conformar la identidad de las personas de las clases altas, esa sección tan dispar y heterogénea desde el siglo XIX. Así, las convalecientes presentadas ya entrado el siglo XX en ilustraciones de revistas como *Blanco y Negro* o *La Esfera* se apartan de la idea del sufrimiento y auguran la resignificación de este concepto y, por tanto, también de la idea de feminidad decimonónica.

En el caso de la obra de Vázquez Úbeda (1869-1944), una convaleciente aparece vestida y peinada de forma elegante, siguiendo la tendencia del momento que parece emular los peinados de las *Gibson Girls* popularizado a finales de siglo en Estados Unidos y, lejos de que se la vea consumida, se presenta con una ligera sonrisa [fig. 41]. En la misma línea, la ilustración de Ochoa (1891-1978) para *La Esfera* augura un nuevo prototipo de mujer que sería explotado durante las primeras décadas del siglo XX y se volvería a popularizar a finales de este bajo el paradigma de la exaltación de la consunción como baluarte de la feminidad exquisita [fig. 42].

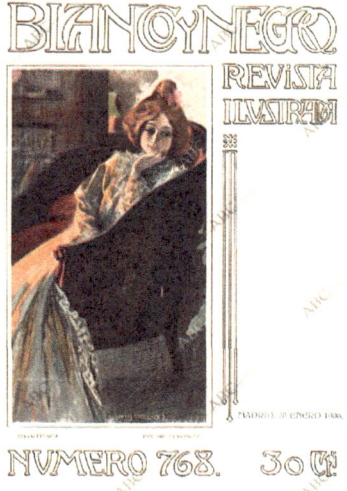

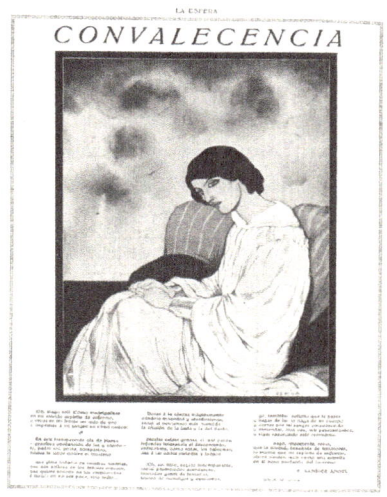

Fig. 41. Carlos Vázquez Úbeda, *Convale-cencia. Blanco y Negro*, 20 de enero de 1906.

Fig. 42. Enrique Ochoa, *Convalecencia. La Esfera*, 5 de julio de 1919.

Este ideal hegemónico dio paso, también en el plano de lo visual, a una tipología bautizada por Bram Dijkstra como la tísica sublime (1994: 29), siguiendo la reflexión que la escritora Abba Goold Woolson hizo a propósito de algunas mujeres de clase media de la sociedad americana de la segunda mitad del XIX. Su preocupación radicaba en cómo las mujeres contemporáneas habían convertido la invalidez en su quehacer diario, lo que derivó en una especie de culto a la hipocondría:

> This invalidism of which we speak is apparent on every hand. One may have a wide acquaintance among women and yet know but one or two who have no physical ills to complain of. The majority everywhere are constantly ailing, and incapable of vigorous exertion. [...] Many of these guests may believe that a stroll of half a mile every morning, in the absence of other exercise, would be beneficial; but after a few desperate attempts they give it up as too fatiguing, and are content to vibrate about the piazzas (1873: 189-190).

Para bautizar esta tipología visual, Dijkstra parte de la imagen que el pintor francés Louis Ridel (1866-1937) presentó en el Salón de París del año 1900 [fig. 43]. En este cuadro aparecen dos mujeres sobre una barca que portan vaporosos vestidos blancos, envueltas de un aura de desfallecimiento. A juzgar por el título de esta pintura, *Últimas flores*, el contenido de la obra alude a los recursos retóricos que la visualidad del fin de siglo estableció entre algunos elementos de la naturaleza y la feminidad.

Con posterioridad a este autor, desde la historia del arte otras investigadoras se han acercado a esta tipología. Mireia Ferrer Álvarez sitúa el origen de este tipo icónico en las representaciones holandesas que mostraban a esas mujeres en actitud débil, lánguida, frágil y con la tez pálida siendo inspeccionadas por un doctor, y relaciona la tísica sublime con categorías diagnósticas muy populares a finales de siglo, como la clorosis (2016: 43-44). No obstante, este trabajo comprende que la tipología de la tísica sublime parte de una intención diferente a la de las representaciones sobre mujeres cloróticas elaboradas en el fin de esta centuria, tal como se desarrollará en el capítulo siguiente.

La tuberculosis fue, en verdad, una auténtica plaga que acabó con la vida de miles de personas durante el siglo XIX, hasta el punto de conocerse bajo la denominación de «peste blanca». Así, Richard Tennant Cooper (1885-1957) escenificó esta enfermedad personificada en una enferma rodeada de hojas caídas a la que visita la figuración de la muerte blanca, en alusión a dicha nomenclatura [fig. 44].

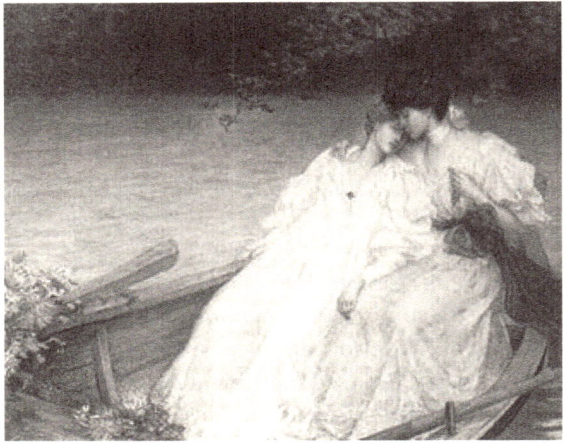

Fig. 43. Louis Ridel, *Últimas flores*, 1900.

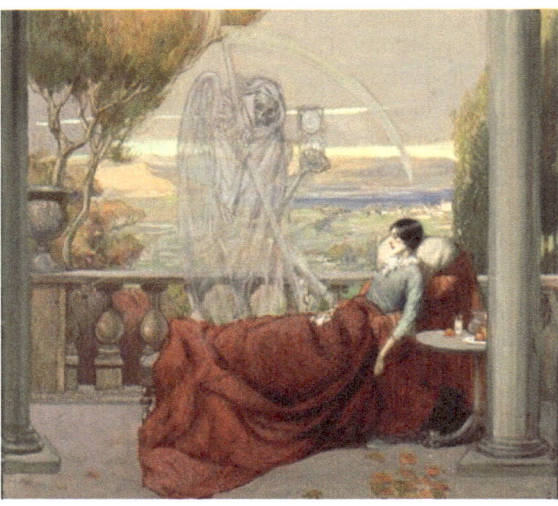

Fig. 44. Richard Tennant Cooper, *Tuberculosis*, c. 1912.

No obstante, en paralelo a esta realidad histórica y hasta conocer el origen de este mal,[2] desde el ámbito literario y artístico se le concedió un carácter mítico a la tisis, y bajo esta nomenclatura se circunscribieron trastornos como la depresión nerviosa y los desórdenes alimenticios (Capdevila-Argüelles, 2013: 79). El proceso para romantizar la enfermedad comprendía una capacidad redentora, y sobre ella se construyeron distintas metáforas en torno a la sexualidad. Como desarrolló Susan Sontag, las ideas consolidadas sobre la tuberculosis durante la época romántica calaron en el imaginario de toda la centuria y dicha afección acabó relacionándose con cuestiones ligadas al deseo y a la contención. Así,

> la tuberculosis pone de manifiesto un deseo intenso. Pese al individuo, la enfermedad traiciona lo que éste no hubiera querido revelar. El contraste ya no se sitúa entre las pasiones moderadas y las excesivas, sino entre las ocultas y las que salen a relucir. La enfermedad revela deseos que el paciente probablemente ignoraba. […] Y las pasiones ocultas son ahora las causas de la enfermedad (1996: 50-51).

También Sontag destacó que la tuberculosis fue una enfermedad de contrastes violentos, y la clase media lo explotó como recurso estético, para así espiritualizar a quienes aquejaba:

> palidez apagada y oleadas de rubor, períodos de gran actividad alternados con otros de languidez. El curso espasmódico de la tuberculosis se ve reflejado por lo que se considera su síntoma prototípico: la tos. La tos quiebra al paciente; éste entonces se deja caer, recobra aliento, respira normalmente; y vuelve a toser (1996: 19).

En 1858, consciente del engaño que implicaba la fotografía como herramienta capaz de congelar fragmentos de realidad, Henry Peach Robinson (1830-1901) compone *Fading away* [fig. 45]. La obra, que evoca el tránsito hacia la muerte de una joven enferma de tuberculosis rodeada por sus familiares en un ambiente plenamente victoriano, parte de una captura anterior que recrea

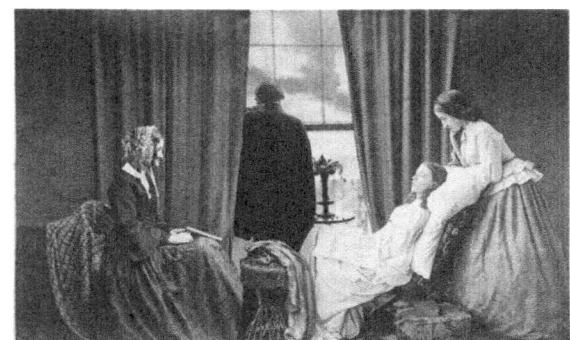

Fig. 45. Henry Peach Robinson, *Fading away*, 1858.

2. A finales del siglo, descubrimientos científicos como el del bacilo de Koch, responsable de la tuberculosis y su contagio, y su aislamiento (1882) hicieron comprender el origen y la transmisión de esta enfermedad.

el tránsito de una joven que parece estar muriendo de amor [fig. 46], y se ha convertido en un ejemplo paradigmático del tratamiento romántico de la tisis.

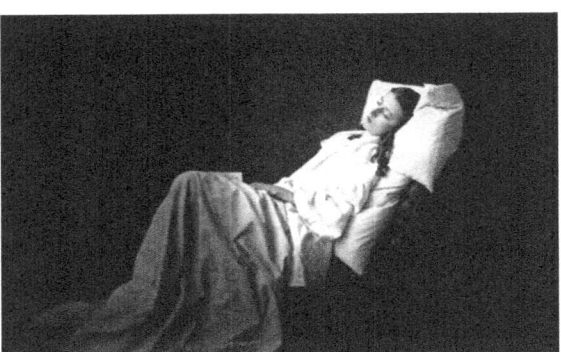

Fig. 46. Henry Peach Robinson, *She never told her love*, 1857.

En el ámbito visual de finales del siglo XIX, la tuberculosis, además de todos los sentidos metafóricos que llevaba implícitos, se sublimó, puesto que el aspecto hacía referencia a la feminidad delicada defendida anteriormente. A diferencia de las imágenes de convalecientes, las efigies de tísicas sublimes, siguiendo la información que proporcionan los títulos de las obras, no aparecen representadas aparentemente como enfermas, sino que es a través de su apariencia como simbólicamente se reúnen los valores de virtud y espiritualidad asociados a la tuberculosis.

La tísica sublime sería, de este modo, una representación visual exclusivamente femenina propia del momento en que se generó, que mostraría a mujeres en voluntaria actitud de invalidez. Para algunas autoras, el culto a la tísica sublime enlazaría directamente con el impulso por destacar los valores de la buena esposa, y el colmo de la feminidad tomaba forma y apariencia imitando y emulando los síntomas y las actitudes de quien sufría la infección, porque ello sería el reflejo de su espiritualidad dada la carga simbólica y romántica que tenía (Bornay, 1990: 72; Correa Ramón, 2006: 214). Esta tipología lograba reunir la noción del eterno femenino o de la feminidad construida durante todo el siglo XIX, al tiempo que contribuía a redefinir qué se entendió por ser mujer. Así, entre las estrategias visuales para mostrarse femenina destacaban la tez pálida, los vestidos vaporosos blancos, evitar ciertos alimentos y estímulos y pasar el mayor tiempo posible recostada en alusión al tedio y a la invalidez, unas prácticas y tendencias que dominaron la cultura femenina de las clases alta y media hasta finales de siglo (Ehrenreich y English, 1988: 48-50).

En el ámbito hispano, la tipología de la tísica sublime, que apenas ha sido desarrollada, creemos que enlaza con la idea del lenguaje de las flores, en línea con la relación establecida entre naturaleza y feminidad. El lenguaje de las flores fue un código simbólico que igualó a la mujer con la naturaleza siguiendo el simbolismo tradicional que estas habían tenido (Jazmín, 1894). En palabras de Noël Valis,

> el lenguaje de las flores alude, en un sentido, a un código floral de amor estrictamente convencionalizado que estaba en boga desde principios del siglo XIX; y en otro sentido, a la larga tradición de imaginería floral como símbolo, no sólo del amor, sino de la naturaleza transitoria de la vida. [...] Por tanto, en primer lugar, el lenguaje de las flores es una construcción verbal artificiosa pasada de moda y anticuada, limitada y muy tipificada (2010: 282-283).

La analogía entre las mujeres y las flores gozaba de cierta tradición en el ámbito occidental,[3] y no solo actuaron como motivos decorativos o elementos ornamentales en la visualidad, sino que tuvieron significados simbólicos:

> Que las mujeres se parecen a las flores, es una verdad cantada por los poetas de todos los tiempos. Mujeres y flores poseen un tesoro inestimable: las mujeres, su corazón, las flores su perfume. El corazón es el perfume de las mujeres; el perfume es el corazón de las flores. Para hacer más notada esta analogía ocurre que las flores más hermosas son las menos fragantes; del mismo modo que las mujeres más bellas suelen ser las de menos sensibilidad. [...] De este modo se cumple la observación de la vida moderna de que el olfato marca con su desarrollo diversos estados de cultura y separa unas clases sociales de otras (Domínguez, 1915: 3).

Como ha analizado Luengo López, en el periodo de entresiglos este lenguaje es recuperado para ponerse al servicio de la feminidad ideal propuesta desde la burguesía, que a su vez bebía de preceptos anclados en la moral cristiana. Por ello, aparece tan presente en manuales y libros destinados a la cultura femenina de clase media y alta para cultivar su belleza (2008*b*: 88-90). Uno de los valores más explotados visualmente a través del lenguaje de las flores fue el de la virtud femenina, y para ello las que fueron utilizadas fueron el lirio (*Iris germanica*) y la azucena (*Lilium candidum*), dos elementos botánicos que generaron confusión durante el siglo XIX dadas las similitudes en sus nomenclaturas científicas. Así, tanto el lirio como la azucena empezaron a utilizarse como sinónimo de pureza por las alusiones a la Virgen María y a su presencia en escenas clásicas como la Anunciación (Freixa, 1984: 135).

Más allá del conocimiento o no por parte de los artistas de estos elementos botánicos, los pintores, como agentes insertos en la mentalidad cultural, conocían los

---

3. Siguiendo a Lily Litvak: «A las flores arquetípicas y tradicionales se unieron otras que el fin de siglo redescubrió y popularizó gracias al renacimiento del gótico y al desarrollo de las artes y oficios que inspiró a los artistas y artesanos a buscar otros temas botánicos, revitalizando así las formas marchitas por la rutina. [...] La decoración floral se alejó del realismo a través de una extrema estilización. Algunas de las ideas más importantes en este nuevo lirismo vegetal fueron las de Eugène Grasset, tal como las expuso en su libro, *La plante et ses applications ornamentales*. [...] Se preferían las flores de largos y curvados tallos, de formas elegantes y sinuosas y de corolas portadoras de un mensaje de erotismo y exotismo. Se aprovechó la promesa escondida de los capullos. Algunas flores, particularmente ciertos lirios, se popularizaron en estos años» (1990: 22-23). Sobre el lenguaje de las flores y la representación de la feminidad, véase también Ríos Lloret, 2014: 203.

significados simbólicos de los elementos vegetales, florales, así como animales y, por ello, proliferaron una serie de composiciones en las que las mujeres aparecían como un elemento natural más.

El caso español repite el mismo patrón y, tanto en obras pictóricas como en reproducciones en revistas ilustradas, las mujeres se mimetizan en la naturaleza portando lirios, o actuando como uno de ellos, en alusión a su pureza (Baixauli, 2022). Es el caso del grabado de la obra de Jules Octave Triquet (1867-1914), *Los iris*, presentada

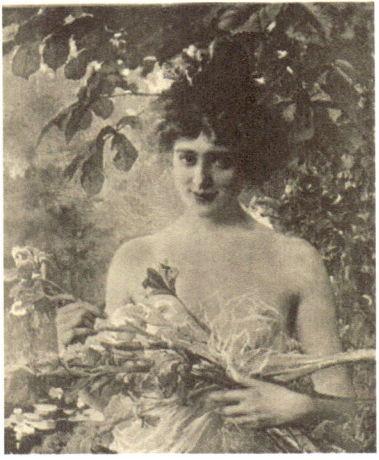

Fig. 47. Jules Octave Triquet, *Los iris. Hispania*, 5 de septiembre de 1899.

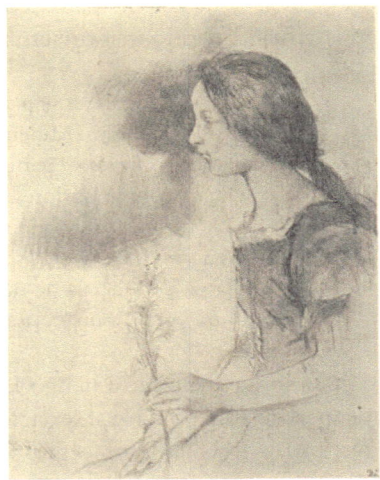

Fig. 48. Joan Brull, *Pureza. Hispania*, 30 de noviembre de 1902.

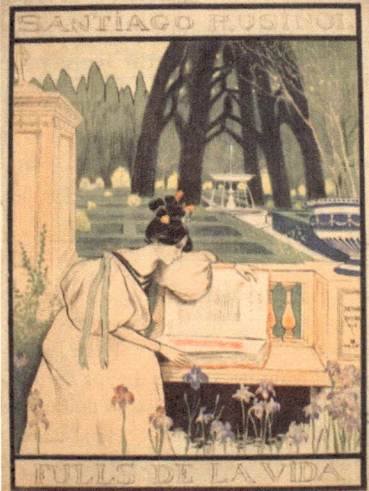

Fig. 49. Santiago Rusiñol, *Fulls de la vida*, 1898.

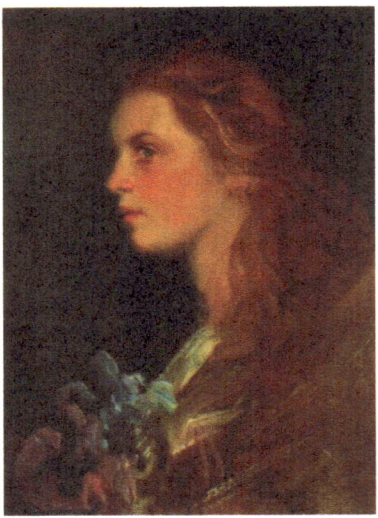

Fig. 50. Manuel Benedito, *Muchacha de los lirios*, 1910.

al Salón de París de 1899 y reproducida en un número de ese año de la revista *Hispa-nia* [fig. 47]. El mismo significado simbólico es el que toma la flor que porta la niña representada por el catalán Joan Brull (1863-1912) [fig. 48]. En este mismo contexto nacería la portada que ilustraba la obra de Santiago Rusiñol *Fulls de la vida*, en la que una esbelta mujer simula la apariencia de los lirios azules presentes en primer plano [fig. 49]. De igual modo, el retrato que posteriormente haría el pintor Manuel Bene-dito (1875-1963) de una muchacha remitiría a la idea de la pureza virginal [fig. 50].

Para considerar la propuesta de la tísica sublime como un tipo visual alrededor de la categoría *mujer*, es necesario remitir a la concepción burguesa de la feminidad, que comprendía en la apariencia distintos síntomas culturales y valores simbólicos. Como es el caso, la estrategia del lenguaje de las flores fue recurrente en el fin de siglo, y en la visualidad del ámbito español destacan algunas obras que hemos seleccionado para seguir desarrollando esta tipología.

Joaquín Sorolla retrató a su mujer Clotilde en varias ocasiones sentada en un jardín, pero entre los años 1919 y 1920 lo hizo en una ocasión rodeándola de lirios blancos y morados [fig. 51]. En este caso, la presenta ladeada, sentada sobre un sillón y envuelta de un gustoso tejido blanco que la cubre por completo, a excepción de la cabeza. No obstante, un gran sombrero oscurece su rostro, contribuyendo así a mantener la palidez de su tez. Aun si la intención originaria de esta obra fuese re-tratar a su mujer partiendo de un momento cotidiano, la imagen entendida en este contexto cultural se ve envuelta de múltiples significados simbólicos que remiten a la construcción decimonónica de la feminidad tísica, que encarnaba valores como la pureza y la respetabilidad. Tanto por la postura como por la actitud de la representada, se dejan entrever los valores asociados a la feminidad exquisita como la pasividad, y la delicadeza de su apariencia hace que parezca un lirio más, una flor de la que ya se ha comentado su simbolismo. Esta forma sublimada de representar lo femenino alude también a cuestiones relacionadas con la clase.

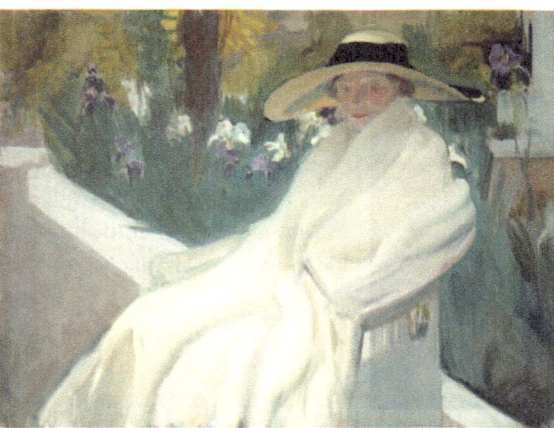

Fig. 51. Joaquín Sorolla, *Clotilde en el jardín*, 1919-1920.

La otra obra que encarna estas ideas es *Lirio entre lirios*, del también valenciano Cecilio Pla (1860-1934) [fig. 52]. Esta obra es, en realidad, un retrato de una de las hijas del pintor, Pepita Pla Navarro, que en esta ocasión aparece reclinada sobre una especie de hamaca que está situada en medio de un campo de lirios. El talante de la protago-

88

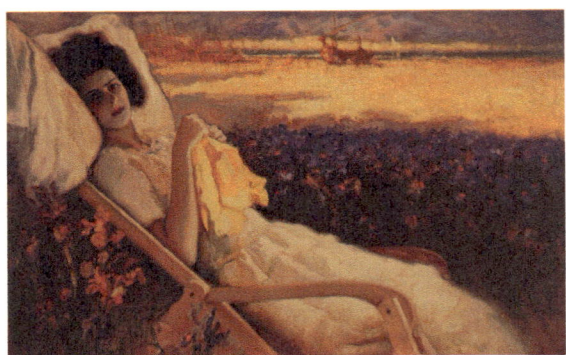

Fig. 52. Cecilio Pla, *Lirio entre lirios*, 1921.

nista la muestra como cansada, centrada en mirar al espectador, apoyada sobre una mullida almohada y sosteniendo una especie de paño entre sus manos. Además, es destacable la coloración mortecina que caracteriza su rostro, que remite al propio colorido de los lirios morados que la envuelven. Al fondo de la obra, en un segundo plano, se adivina un paisaje litoral en el que pueden apreciarse algunos barcos.

Por estos elementos simbólicos y por el título que bautiza a la obra, Carlos Reyero interpretó a la postrada como una mujer cianótica cuyo semblante hace juego con el campo de lirios a sus espaldas (2005: 44-45). Sin embargo, al acudir a fuentes contemporáneas (Galinsoga, 1925: 22), así como a estudios bibliográficos como la obra monográfica sobre el pintor a cargo de Luis de Armiñán y Bernardino de Pantorba, observamos que, a pesar del título, la obra es, como se ha adelantado, el retrato de una de las hijas del pintor (1969: 62). Las dos hijas de Pla fueron retratadas por su

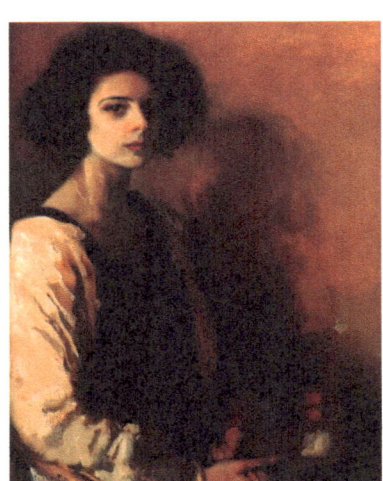

Fig. 53. Cecilio Pla, *Retrato de Pepita Pla*, c. 1921.

padre en repetidas ocasiones. Ante otros retratos de su hija Pepita, y estableciendo una comparación partiendo del semblante, puede decirse que realmente la obra parte de un retrato a su hija [fig. 53]. Así pues, puede interpretarse que Cecilio Pla utilizó a su hija como modelo para representar el ideal de la mujer pura afectada por un mal con síntomas desconocidos.

No sabemos hasta qué punto el pintor era conocedor del simbolismo de las flores, pero sí podemos afirmar que, al estar inserto en el contexto cultural del fin de siglo, donde esta idea estaba muy extendida y popularizada, era conocedor de las asociaciones que en la segunda mitad del XIX se establecieron entre estos elementos naturales y las mujeres. De hecho, en el año 1899 hizo varias portadas en las que aparecían mujeres que personificaban distintas flores para la revista ilustrada *Blanco y Negro* (Sáiz y De Tena, 1993: 67). Además, seguirá cultivando estas ideas ya entrado el siglo XX. En *Flor entre flores*, de 1917, el rostro de una mujer que recuerda al de su hija Pepita protagoniza la escena como una flor más entre todas las que la rodean [fig. 54].

En general, las coloraciones de la piel causaron fascinación en los siglos XVIII y XIX y a menudo fueron tomadas como síntoma de dolor (Elkins, 1999: 35). La piel cuya coloración remite a un estado virginal, además, es un rasgo de la inocencia que se ha tenido especialmente en cuenta a la hora de construir las distintas feminidades occidentales (Brownmiller, 1984: 130).

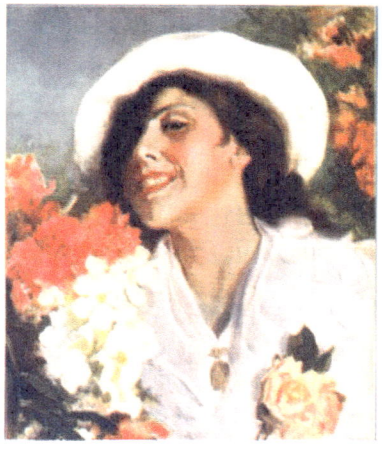

Fig. 54. Cecilio Pla, *Flor entre flores. La Esfera*, 1 de enero de 1917.

La apariencia que remitía a síntomas de enfermedades como la tisis siguió utilizándose como estrategia en el fin de siglo para relacionar la idea de la pureza con los cuerpos femeninos. Sin embargo, las cuestiones relacionadas con el aspecto trascendieron la vida cotidiana de las mujeres burguesas y se vincularon a valores estéticos imperantes. En este caso, la fusión de la mujer con motivos vegetales asociaba a lo femenino una especie de sensualidad espiritualizada (Kirkpatrick, 2003: 88).

En este sentido, el lenguaje de las flores presentaba también paradojas en relación con el erotismo, pues a algunas flores se les atribuyeron connotaciones eróticas más allá del simbolismo evidente (Baixauli, 2022). En *Sonata de otoño* (1902), Valle-Inclán narra una de las historias de las memorias del marqués de Bradomín. En este caso, el marqués acude a la llamada de una antigua amante convaleciente, Concha, que espera la muerte. La sexualidad caracteriza el comportamiento y las formas de la enferma, hacia la cual Bradomín siente de nuevo fuertes deseos, vestidos entre tintes fetichistas y necrofílicos. En esta obra, Valle-Inclán recurre a sucesivas comparaciones como fórmulas retóricas para hablar de un lirio enfermo por la apariencia y el aspecto del rostro enfermo de la amante:

> Yo sentí toda la noche a mi lado aquel pobre cuerpo donde la fiebre ardía, como una luz sepulcral en vaso de porcelana tenue y blanco. La cabeza descansaba sobre la almohada, envuelta en una ola de cabellos negros que aumentaba la mate lividez del rostro, y su boca, sin color, sus mejillas dolientes, sus sienes maceradas, sus párpados de cera velando los ojos en las cuencas descarnadas y violáceas, le daban la apariencia espiritual de una santa muy bella consumida por la penitencia y el ayuno. El cuello florecía de los hombros como un lirio enfermo, los senos eran dos rosas blancas aromando un altar, y los brazos, de una esbeltez delicada y frágil, parecían

las asas del ánfora rodeando su cabeza. Apoyado en las almohadas, la miraba dormir vencida y sudorosa (1989: 26).

Además del lirio, otro elemento clave fue la rosa, que aludía mayoritariamente a la boca como parte que «transmite muchas señales seudogenitales durante los encuentros amorosos» (Morris, 1984: 29): «Su boca, una rosa descolorida, temblaba. De nuevo cerró los ojos con delicia, como para guardar en el pensamiento una visión querida. Con penosa aridez de corazón, yo comprendí que se moría» (Valle-Inclán, 1989: 15).

La tipología iconográfica de la tísica sublime, siguiendo la definición propuesta, permite enlazar con la hipótesis de la reelaboración de lo patológico. La apariencia sublimada de los efectos de enfermedades como la tisis, que se cargaron de síntomas culturales a lo largo del siglo XIX presentando significados múltiples, evidencia una vez más las contradicciones de la mentalidad burguesa, que abogó por defender una feminidad ideal. No obstante, ante este empeño no puede pasar desapercibida la obsesión por la sexualidad que se dio a lo largo de la centuria. Lo patológico y la muerte se alzaron como algo aciago, pero a la vez definitorio de la feminidad a causa del aura de erotismo alcanzada a través de recursos retóricos como el lenguaje de las flores.

La paradoja de la reelaboración de la feminidad se hace presente en relatos como *D'aquí i d'allà*, publicado por Santiago Rusiñol en 1905 a propósito de la colección literaria que editó *L'Avenç* entre 1905 y 1926, y que describe del siguiente modo a una mujer joven cuya apariencia se regía por este paradigma:

> Semblava una noia jove i perdudament malalta; una morta, darrera'l cristall de la caixa; una visió d'aquelles que deixen esgarrifances, [...] aquella gran flor, més hermosa i més marcida que les altres, torcent el coll com els lliris (*Apud.* Cerdà i Suroca, 1981: 337-338).

La identificación de la mujer y las flores, y la presencia de dichos motivos en determinadas imágenes, remite a los significados culturales que estos tuvieron a lo largo de la centuria, a la par que a la consideración de la frágil anatomía femenina por el efecto discursivo de los textos oficiales (Pozo García, 2014: 89). La codificación entre cuerpos sanos y enfermos en estos discursos ambiguos refleja también la paradoja que unía lo patológico y lo erótico en el ámbito visual.

La visualidad finisecular estetizó la enfermedad hasta tal punto que se difuminaron los límites de la categorización tipológica entre las distintas consideraciones. Aun así, las imágenes que se siguieron perfilando remitían al poso de la consideración frágil, así como a la mentalidad que comprendía que la mujer debía estar relegada a la esfera doméstica.

La acuarela de Mas y Fondevila (1852-1934) de 1902 publicada en la revista *Hispania* [fig. 55] es un ejemplo claro de la hibridación tipológica en el ámbito visual. La profundidad que comprende entregarse a la ociosidad es representada en esta imagen a través de los elementos vegetales, que parecen cubrir a la protagonista.

Si seguimos la sistematización dualista que define los géneros, esta reelaboración de la feminidad enferma se entiende en términos de dominación masculina, siguiendo a Bourdieu (2000: 123). La condición de enfermedad, que en un primer momento se entiende como algo negativo, acaba empleándose de modo romantizado y contribuye a seguir relegando a la mujer al papel de objeto gracias a la acción de la mirada masculina. El hecho de presentarse como *summum* de la feminidad, además, sirve para potenciar la idea de la salud ligada a la virilidad y, por ende, a la masculinidad.

Así, ante la aparición y la normalización de nuevos modelos de mujeres que cambiaron el devenir de la situación de este colectivo y del significado de la feminidad, puesto que en un principio anunciaban una ruptura con el ideal de la feminidad tísica, todavía se arrastran convenciones en relación con los clichés vinculados a la feminidad burguesa. La apariencia creada a propósito de los significados finiseculares establecidos entre lo patológico y lo femenino hizo que, en retratos de mujeres realizados durante las primeras décadas del siglo XX, que posiblemente personificaron, a juzgar por su apariencia, un estilo de vida en línea con las mujeres modernas y transgresoras, quedase patente el poso cultural de categorías como la tísica sublime.

En el retrato que Joaquim Sunyer (1874-1956) pintó de la escultora catalana Maria Llimona, la representada muestra un estilismo en línea con la moda femenina europea del momento [fig. 56]. Sin embargo, a través de síntomas culturales y elementos como la palidez del rostro y las manos, la actitud adoptada, así como la rosa que sostiene entre sus dedos, se evidencian los significados que bajo fórmulas extensivas y de gran calado social se resignificaron en las últimas décadas del siglo XIX. En términos

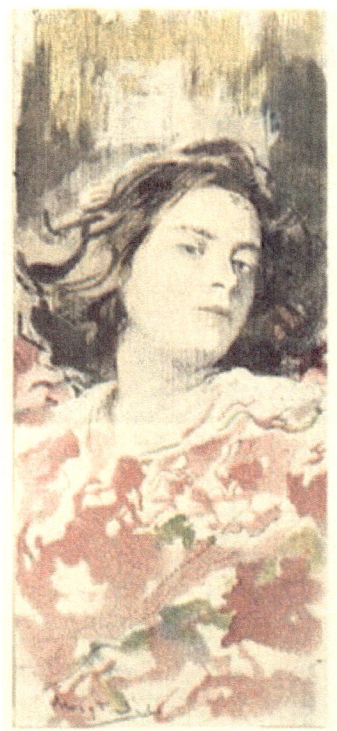

Fig. 55. Arcadio Mas y Fondevila, *Dolce far niente*. *Hispania*, 15 de noviembre de 1902.

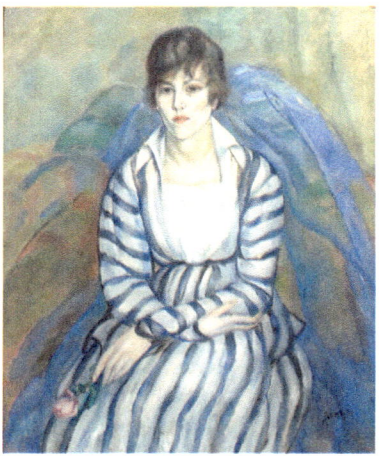

Fig. 56. Joaquim Sunyer, *Retrato de Maria Llimona*, 1917.

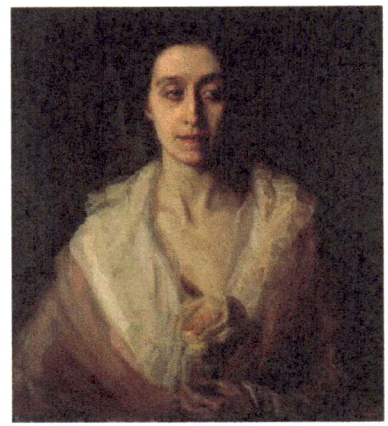

Fig. 57. José María López Mezquita, *La mujer pálida*, c. 1920.

similares, el retrato de una mujer pintado por José María López Mezquita (1883-1954) hacia 1920 presenta las mismas características [fig. 57].

La mirada que la modernidad dedicó al cuerpo femenino la acabó convirtiendo en un ejemplo del significado y la recepción que implica el término *imagen*. Es más, para Luengo López, las obras que presentan estas transgresiones estéticas se convierten en sinécdoque de la modernidad (2008*a*). Lo cierto es que las representaciones de mujeres enfermas, que en un principio puede parecer que actuasen como reflejo de los discursos de género, se convirtieron en elementos antinormativos o subversivos gracias a la estrategia de apropiación de la apariencia femenina. Así, la redefinición de lo patológico con relación al género creó nuevos paradigmas que desafiaban el modelo oficial consolidado a lo largo de la centuria, hasta el punto de que en el periodo de entresiglos se unieron en una misma tipología ideas que en un principio parecían contradictorias.

FEMINIZACIÓN VISUAL
DE LAS ENFERMEDADES SOCIALES

Durante el siglo XIX se desarrolló la idea de una medicina social que comprendía el estudio de aquellas patologías cuyo origen o causa se creía inherente a la organización de la propia sociedad (Rodríguez Ocaña, 1987: 341). Esta extendida situación propició un ambiente favorable para explicar el cuerpo social en términos médicos y biológicos, de modo que, en el contexto finisecular, la sociedad empezó a ser vista como un organismo mediado por un proceso vital abocado al declive.[1]

Para definir según qué fenómenos e individuos insertos en esta encrucijada, el tejido social empezó a ser enunciado de forma patológica (Castejón Bolea, 2001: 143) y múltiples actitudes, comportamientos, incluso prácticas o manifestaciones artísticas

---

1. Esta concepción social de la medicina contribuyó a difundir la corriente del degeneracionismo en el ámbito español (Campos Marín, 1998). La teoría de la degeneración fue aplicada a la especie humana por el médico francés Bénédict Morel, quien en 1857 publicó su *Traité des dégénérescences physiques, intellectuelles et morales de l'espèce humaine et des causes qui produisent ces variétés maladives*, donde asoció las teorías evolucionistas con ideas antropológicas y filosóficas (Plumed Domingo y Rey González, 2002: 32). Posteriormente, esta denominación fue retomada y desarrollada por autores como el criminólogo y médico italiano Cesare Lombroso, que superpuso a sus teorías sobre la delincuencia. La teoría de la degeneración tuvo especial éxito en países como Francia y se difundió a través de dos obras esenciales. El crítico francés Paul Bourget publicó en 1883 *Essais de psychologie contemporaine*, donde defendía la decadencia como producto del individualismo. Pero la obra más influyente fue *Entartung* (*Degeneración*) del médico húngaro Max Nordau, impresa en 1892 en Berlín y aparecida en España en 1902, aunque la obra ya se conocía por su edición francesa (Huertas García-Alejo, 1987: 38-42; Castán Chocarro, 2017: 516-521). Si bien Lombroso fue el principal responsable de reelaborar la teoría de la degeneración, la difusión de la obra de Nordau fue la causante de que se alzase como categoría cultural, cuyos principios traspasaron el ámbito de la criminología para aplicarse también al ámbito social y cultural.

se comprendieron como productos de una sociedad cansada, debilitada y, en última instancia, degenerada:

> Todos los síntomas enumerados son consecuencia de estados de fatiga y de agotamiento, y éstos á su vez son el efecto de la civilización contemporánea, del vértigo y del torbellino de nuestra vida furiosa, del número prodigiosamente aumentado de sensaciones y de reacciones orgánicas, es decir de percepciones, de juicios y de impresiones motrices que se agolpan hoy en una unidad de tiempo dada (Nordau, 1902: 67).

En el ámbito imaginario, la enfermedad se cargó de significados metafóricos para revelar estos males colectivos. En un momento en el que el concepto de lo patológico no era independiente de la moralidad (Lesmes, 2018: 81-82), la visualidad concretó este hecho empleando el recurso de la feminización de las más sonadas enfermedades sociales. Obras artísticas del fin de siglo español como las que Isidre Nonell (1872-1911) realizó entre 1896 y 1897 sobre cretinos, mendigos y gitanas, o la escultura *Els degenerats*, de Carles Mani (1867-1911), realizada entre 1891 y 1904 y actualmente conservada en el MNAC, inciden en los efectos físicos de la degeneración a nivel colectivo.

Sin embargo, la producción artística finisecular generada en el ámbito hispano desarrolló tipologías concretas como la de la clorótica, enferma a causa de la lectura de determinadas obras; la representación de la prostituta enferma, que sigue la lógica de la doble moral burguesa; un prototipo de mujer del fin de siglo que habla de los nuevos modelos que se estaban estableciendo y rompían con todo lo anterior; así como un tipo de imágenes en torno a la masculinidad que hicieron uso de este recurso visual para hablar en global de la agotada sociedad. En tal sentido, la feminización de determinados valores se asoció siguiendo unas metáforas de género que aludían a la debilidad y a la condición enfermiza intrínseca al desarrollo de la centuria.

LA REINVENCIÓN DE LA CLOROSIS

> Casi podríamos condensar estas preguntas en una sola más radical, a saber: si esta enfermedad, que ha figurado en millones de diagnósticos de los médicos clásicos; que ha influído tanto en la vida de la mujer —y, por tanto, del hombre— durante varios siglos; que ha enriquecido a tantos farmacéuticos y propietarios de aguas minerales; que ha hecho exhalar tantos suspiros de jóvenes enamorados y movido la inspiración de tantos poetas; si la clorosis, en fin, ha existido jamás.
>
> Gregorio MARAÑÓN, *El problema de la clorosis*, 1936

La clorosis fue una categoría diagnóstica a la que se recurrió frecuentemente durante el siglo XIX y los primeros años del XX, si bien es cierto que contaba con una tradición anterior bajo diferentes denominaciones que incluían los mismos efectos.

A pesar de no ser algo original o exclusivo del fin de siglo, hubo una serie de particularidades que, en este contexto, hicieron que proliferase la literatura médica sobre la clorosis. Si se atiende a los textos médicos de la segunda mitad del siglo xix que abordaron el tema, casi puede comprenderse como una enfermedad epidémica por el elevado número de casos diagnosticados, que afectaban sobre todo a las mujeres. Así, durante todo este siglo y, concretamente, en sus años finales, fue una de las enfermedades por excelencia vinculadas a lo femenino.[2]

El término, lejos de lo artístico, hace referencia a la insuficiencia de hierro en las plantas, lo que ocasiona la escasez de clorofila que les confiere un aspecto mortecino y amarillento. La terminología utilizada que la fusionaba con la naturaleza, las causas que se atribuían a la enfermedad, así como los tratamientos, se focalizaron en la mujer y en sus particularidades fisiológicas. Puntualmente se debatió sobre la presencia de dicha enfermedad en hombres, pero cuando se aplicaba a ellos se aludía a rasgos que los situaban en la línea de lo femenino, del margen, de lo desviado de la norma.[3] La diferenciación entre ambos sexos estaba más que asumida, y también los devastadores, reveladores y simbólicos efectos que se asumían con la diagnosis de la clorosis. Se entendía que la mujer

> es un ser bastante distinto del hombre bajo cualquier concepto que se la considere ya sea el moral, el intelectual, el orgánico, el de la salud ó el de enfermedad; es un ser ensalzado y colocado en el lugar que le corresponde [...] [;] es una flor que se marchita con pasmosa rapidez cuando de él se apodera la clorosis haciendo considerables estragos en su belleza, debilitandole é inutilizandole para siempre (Peláez Verde, 1877: 9-10).

A pesar de los posibles estragos en la belleza, la clorosis remite a la estrecha relación que se estableció a finales del siglo xix entre la mujer y la naturaleza. La mujer, en la

2. Un seguimiento de esta categoría diagnóstica en el ámbito occidental lo ofrece Loudon, quien reconoce cuatro fases en cuanto a su tratamiento e historia (1980). El libro de Helen King ofrece abundante información desde la antigüedad hasta la llegada de la modernidad en el ámbito occidental (2004). Sin embargo, es necesario apuntar que esta obra, basada en los testimonios de la doctora estadounidense Mary Corinna Putnam Jacobi, no cuestiona la existencia de la clorosis ni su desaparición, dejando a un lado el sesgo de género. En este punto es necesario señalar que, a partir de la segunda mitad del siglo xx, existieron dos vertientes historiográficas para explicar la proliferación de diagnósticos y textos médicos sobre la clorosis en el siglo anterior. La primera de ellas defiende su invención e inexistencia, tratándola como una anemia cuya extinción se explicaría por la mejora de las condiciones de salubridad y alimentación de la población. La segunda relaciona la enfermedad con trastornos de la alimentación como la anorexia nerviosa. En todo caso, ambas teorías explican la extendida preocupación por la enfermedad en la pubertad y la adolescencia en las mujeres durante el siglo xix (Carrillo, Bernal y Carrillo-Linares, 2010: 34-35).

3. A pesar de existir partidarios que defendían la existencia de la clorosis masculina, la tendencia mayoritaria fue considerarla una enfermedad propia de las mujeres, y cuando se diagnosticaba en hombres se aludía a los estereotipos de género. Es decir, se hablaba de la clorosis masculina con relación a la juventud, delicadeza y debilidad de estos (Carrillo, Bernal y Carrillo-Linares, 2010: 92).

línea del mundo natural, se situaba en la versátil frontera del erotismo, en la que se fusionan los deseos de los discursos con las perversiones de quienes los crean. En el caso de la palidez, el ámbito literario está plagado de referencias sobre mujeres enfermas y frágiles descritas bajo el paraguas de la erotización, contribuyendo a uno de los flagrantes ideales de belleza de la burguesía. En *Servidumbre humana* (1915), Somerset Maugham describe de la siguiente manera el rostro de uno de los cloróticos personajes femeninos:

> Por otra parte, sus facciones eran bellas, el perfil interesante y aquel matiz clorótico poseía un extraño encanto. Pensó un segundo en la sopa de guisantes, pero apartando esta idea de su mente con desagrado, recordó los pétalos de un capullo de rosa amarilla, deshojado antes de abrirse. Ahora ya no sentía cólera contra ella (1982: 253).

Así, la principal cualidad manifiesta de las mujeres decimonónicas diagnosticadas de clorosis fue la coloración pálida y verdosa de la piel, considerada su principal síntoma, acompañada de actitudes o sentimientos como el aburrimiento, la melancolía o la tristeza:

> Los síntomas principales de la clorosis, son la palidez del rostro, y cierta languidez habitual. Ademas de estos dos síntomas, va á veces tambien acompañada con el pica, la malacia, la repugnancia y aborrecimiento de los manjares regulares, y con la melancolía: los franceses la llaman vulgarmente como *pales couleurs*, colores pálidos, haciendo alusion a su síntoma principal, que es la palidez del rostro (Vigarous, 1808: 413).

> La clorosis está caracterizada por el color amarillo-verdoso de la piel, con decoloracion de las uñas y de los labios, por flojedad fisica y moral, por tristeza, por cefálea, por neuralgias y visceralgias, principalmente del estómago, por sofocacion y palpitaciones, por perversiones del gusto, por estreñimiento, por amenorrea ó dismenorrea, y últimamente por ruidos de fuelle simples, de doble corriente ó musicales en los vasos del cuello (Bouchut y Després, 1881: 315).

Además de estos indicios, entre la sintomatología desarrollada en los textos de carácter científico sobre la clorosis durante el siglo XIX, se incluían otros que complicaban la visión panorámica de esta categoría diagnóstica, especialmente a la hora de establecer la localización o el origen de la enfermedad.

Las posibles causas de su aparición y desarrollo en mujeres fueron objeto de un intenso debate. Además, en ese momento se contaba con el legado etiológico anterior, por lo que el panorama resulta ser complejo, existiendo distintas teorías que se acaban imbricando unas con otras. En general, los argumentos para explicar la clorosis nadaban entre dos aguas; por una parte, una serie de explicaciones se fundamentaban en la mala composición de la sangre y en el desequilibrio humoral, siguiendo la tradición hipocrática, y, por otra, había teorías que le otorgaban un origen neurótico (Peláez

Verde, 1877). Solo en las últimas décadas de siglo XIX empezó a considerarse la idea de que la clorosis era, en realidad, una anemia mal curada, lo que justifica su tratamiento a través de la administración prolongada de hierro.[4]

Entre las múltiples teorías, una de las más repetidas fue la que concebía la clorosis como una autointoxicación menstrual, lo que la convertía en una enfermedad vinculada directamente con las mujeres. Esta conjetura ligaba con la tradición del saber médico clásico, pues la parte más racional de la medicina griega consideraba que el útero actuaba como depurador de la sangre, emitiendo fuera del cuerpo sustancias nocivas, y cualquier irregularidad en el periodo implicaba inoculación (Jagoe, 1998*b*: 333). Siguiendo el planteamiento hipocrático que consideraba la sangre menstrual como tóxica, una de las teorías en boga argumentaba que la clorosis era motivada por el mal funcionamiento del ciclo, por la mala composición de la sangre y la intoxicación del cuerpo femenino a causa de ella:

> En el momento en que sobrevienen las reglas está aumentada la toxicidad del suero; […] después aparece el flujo y se regulariza todo; cesan las hemicráneas, desaparecen los dolores musculares, vuelve el apetito y se desvanecen los signos de envenenamiento. […] Hay derecho para creer que la función menstrual purga la economía de ciertos venenos; los órganos genitales desempeñan, respecto á esto, un papel de eliminación (Serret, 1896: 90).

La aparición de la menstruación, además de como factor perjudicial que envenenaba el cuerpo, también se describió como un peligro por la irregularidad en las pasiones y, tal como había sucedido con la histeria, fue muy fácil enlazar la clorosis con el sistema nervioso de la mujer y atribuir su causa a la falta o al exceso de deseo sexual (Bernabeu-Mestre *et al.*, 2008). Para el médico y escritor Felipe Trigo, en cuyo libro sobre el amor dedica un apartado a la naturaleza de la mujer, tanto la represión del deseo amoroso como la excitación provocada por este era una causa notable de la histeria y la clorosis (1907: 119). Así, si con la pubertad acontecía el despertar amoroso, la clorosis también se explicó por la irregularidad de las actitudes pasionales por parte de la mujer:

> La clorosis se observa de preferencia en las mujeres, y su desarrollo, generalmente espontáneo, se activa algunas veces por la influencia de causas morales intensas,

---

4. En el ámbito español, el primer encargado de deconstruir el mito sobre esta enfermedad fue el dermatólogo José Sánchez Covisa, quien advirtió que en realidad los síntomas de la entonces diagnosticable clorosis tenían que ver con una anemia. En 1904 indagó en los síntomas que clínicamente se habían atribuido a esta dolencia y el tratamiento tradicional asociado a esta con motivo de su tesis doctoral, que llevaba por título *Algunas consideraciones generales sobre el concepto de la clorosis* (Carrillo, 2007: 275). De igual modo, es destacable el análisis de Gregorio Marañón, quien, en 1936, intentó explicar la repentina desaparición de la clorosis a partir de cierto momento, cuestionando si realmente existió.

> por la permanencia en las grandes ciudades y por la precocidad de las pasiones. [...] La invasion de la clorosis se efectúa por lo comun de una manera gradual y muy lenta; pero en algunos casos raros puede hacerla aparecer en veinte y cuatro horas una viva emocion; ha habido jóvenes que se han vuelto cloróticas al siguiente dia de su matrimonio (Bouchut y Després, 1881: 315).

De forma simultánea, también hubo médicos que la consideraban una anemia generada por la debilidad que sobrevenía con las primeras menstruaciones:

> Aqui no consideraremos la clorosis mas que como una enfermedad que precede, acompaña ó se sigue despues de la primera menstruacion. No nos conformamos con el dictamen de algunos autores que creen que la clorosis es la causa primitiva, ó el efecto inmediato de los obstáculos que se oponen al establecimiento de esta función natural del útero. Al contrario todo parece probar que esta enfermedad proviene de un estado de atonía ó debilidad general, de donde proviene la lentitud que la naturaleza emplea para completar la organizacion de la mujer (Capuron, 1818: 70).

Otra explicación que se daba a la clorosis se encontraba en la alimentación, concretamente en el mal funcionamiento del estómago que, en el imaginario decimonónico, presentaba equivalencias simbólicas con la matriz. Rodríguez Pastor explica que la cultura victoriana asociaba, en muchas ocasiones, el comer con la sexualidad, y por ello ambos espectros estaban cargados de directrices, tabúes y eufemismos (2006: 322). Durante el siglo XIX, especialmente desde el ámbito anglosajón, la feminidad se asociaba con algunos alimentos, y repudiar ciertas comidas llevaba implícito reafirmar el género. Siguiendo a la misma autora, la carne se había venido vinculando al hombre, mientras que la mujer debía sentir repulsión ante esta, al igual que hacía ante la carne entendida como deseo sexual.

Tal como analizó Susan Bordo, la alimentación es una potente metáfora cultural que habla del poder y del deseo (1993: 116). El discurso construido alrededor de esta idea desde disciplinas como la medicina contribuyó a diagnosticar enfermedades como la anorexia en el fin de siglo, así como a fomentar una apariencia de debilidad, fragilidad y lasitud vinculada con la feminidad exquisita (Williams, 2010: 92; Coar, 2012). Durante esta centuria,

> un apetito delicado no solamente estaba asociado con la feminidad, sino también con la virginidad. Así por ejemplo, la clorosis o «fiebre verde» se consideraba durante la época una enfermedad muy común entre mujeres vírgenes que se manifestaba en una repugnancia absoluta hacia la carne (cruda o asada). [...] Así, la repulsión hacia la carne funcionaba como un índice de virtud (Rodríguez Pastor, 2004: 317).

El elevado número de textos médicos sobre la clorosis responde, en última instancia, al interés por hallar posibles remedios a través de determinados tratamientos y terapias. A grandes rasgos, durante el siglo XIX y, especialmente, en la segunda mitad, el tratamiento más extendido no fue la administración prolongada de hierro a las *enfermas*, sino que los procedimientos que primaron se basaron en la preservación de la moral y en la prohibición de todo aquello que favoreciese las pasiones femeninas ante el despertar de su incipiente deseo, teniendo en cuenta que a quienes más afectaba era a mujeres jóvenes (Corbin, 1991: 273). En este sentido, el matrimonio fue uno de los remedios más recomendados, otorgándole un valor terapéutico al aparato genital masculino (Carrillo, 2007: 261):

> Tambien se ha observado que el matrimonio suele ser oportuno mas que cualquiera otro remedio, especialmente si la enfermedad hubiese provenido de alguna pasion amorosa, que no se hubiese podido efectuar: en cuyo caso deberán los padres vencer la repugnancia que hubiese, persuadiéndose á que el arte de curar no puede aliviar tanto en estos males como las drogas medicinales y recetas farmacéuticas (Capuron, 1818: 77).[5]

Si bien en el ámbito médico proliferaron los escritos y los textos fueron ampliamente difundidos, la visualidad artística, al menos en el caso español, reservó una parcela muy pequeña a la representación de la clorosis. Lo cierto es que el imaginario finisecular, tanto de carácter literario como visual, estaba alimentado por el acervo médico, y de forma inversa también debió de haber trascendencia. De hecho, solo hemos podido localizar una pintura que aborde de forma clara esta temática, realizada por el catalán Sebastià Junyent y titulada, precisamente, *Clorosi* [fig. 58].

Formalmente, la escena muestra a dos mujeres jóvenes sentadas en un sofá con el que parecen mimetizarse, una reclinada sobre el hombro

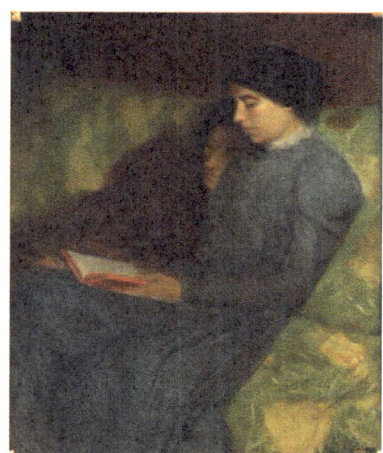

Fig. 58. Sebastià Junyent, *Clorosi*, c. 1889.

5.   En realidad, existía una tradición terapéutica que venía de siglos atrás que acabó consolidándose en el siglo XIX gracias a la difusión de obras como el diccionario médico de Robert James, escrito en 1745, en el que se afirmaba que, tras la primera noche de matrimonio, una enferma de clorosis adquiría un color de piel más saludable y un mejor estado de salud (Carrillo, Bernal y Carrillo-Linares, 2010: 60). Hasta tal punto estuvo extendido este remedio que una de las nomenclaturas alternativas con que definir la clorosis fue *febris amantium*, en alusión al ansiado matrimonio (Marañón, 1936: 39). Si el matrimonio era muy precoz, es decir, si las *enfermas* eran demasiado jóvenes, otro remedio recetado eran los baños en aguas ferruginosas, aunque su efecto no estaba comprobado científicamente. A pesar de ello, los balnearios se convertían, así, en un lugar de sociabilidad en el que era posible encontrar un marido que, a través de la estimulación, hallara la cura a la enfermedad (King, 2004: 41-42).

de la otra, y ambas atendiendo al libro que una de ellas sostiene entre las manos. Las dos presentan, tanto físicamente como por su actitud, signos que remiten a la sintomatología de esta enfermedad. Su aspecto es macilento, el tono de piel tiene una tonalidad amarillo-verdosa y en general prima una sensación decolorada y de aparente flojedad. Además de por la acción que están realizando, tanto el espacio como su vestimenta denotan la pertenencia a una clase social media o elevada, teniendo en cuenta que no todas las damas jóvenes de la sociedad finisecular española tenían acceso a la lectura y la posibilidad de permanecer en el espacio doméstico.

Esta obra, ejecutada en un momento en el que las publicaciones acerca de la clorosis se estaban multiplicando (Sala, 2021: 321),[6] responde a la inquietud del propio artista, Sebastià Junyent, y está directamente relacionada con su sentido del arte, que en este caso hace referencia a la plasmación de lo enfermizo y lo degenerado de una sociedad. Si atendemos a sus motivaciones, nos dice lo siguiente:

> No estich ab els que creuhen que l'art ha d'*ésser* no més que reproductor de lo fort, lo vital y lo potent, y condempnan per depriment l'art que representa decadencies malaltissas, degeneracions o pauperismes, perque la forsa y la robustesa tenen d'*ésser* en la expressió y en el caràcter, no en lo altre. Al cap y a la fi, cientificament, la decadencia y la mort no són més que modalitats de la eterna evolució que fa la vida (1904: 256).

Clorosi fue realizada con motivo de la muestra que el artista celebró en la Sala Parés de Barcelona en 1899, y estuvo acompañada de otras obras que también tenían este talante intimista, y es por ello por lo que se ha relacionado con las cualidades estilísticas constantes en movimientos como el modernismo o el simbolismo (Opisso, 1899: 4; Sala, 1988: 9). Precisamente por ello, la fortuna de esta no fue muy atinada, puesto que parte de la crítica incidió en la fuerte impronta modernista que tenía, especialmente por el tema escogido y por el modo de representar la escena: «no'ns acaba de convencer, tal vegada per sa factura modernista, d'aqueix modernisme que si inspira alguna cosa, no es simpatía certament. Si'l simbolisme no's rodeja de signes agradívols, cau en lo crú é insuls» (Serra i Boldú, 1899: 615).

A pesar de ello, gracias a la asimilación progresiva de estas corrientes, años más tarde seguiría difundiéndose esta imagen a través de reproducciones, en un momento en el que este tipo de representaciones sobre la mujer, de talante más internacional, ya estaba asentado en ciudades como Barcelona. Es el caso de la portada del número 106 de la revista *Catalunya Artística* [fig. 59].

---

6. La obra de Carrillo, Bernal y Carrillo-Linares, que se centra en la construcción de la clorosis y su diagnóstico, ofrece datos que permiten conformar una visión general de la literatura médica generada entre 1619 y 1941. En esta cronología se documentan 1.254 publicaciones, de las que 58 corresponden a los siglos XVII y XVIII y el resto al XIX y al XX. En el periodo de entresiglos, prevalecen los artículos de revista por encima de los libros (2010: 69).

De forma muy generalista, los estudios bibliográficos que desde la historia del arte se han acercado a esta obra de Sebastià Junyent se han centrado en el análisis sobre la imagen de la mujer, en este caso de las mujeres, desde un punto de vista objetual, partiendo de la información que ofrece el título de la imagen.[7] Y, si bien puntualmente se hace referencia a aspectos relacionados con un contexto cultural más amplio, es difícil hallar una interpretación que vincule dicha obra con otras semejantes, algunas de ellas realizadas por el mismo autor, y que tome en cuenta agentes como el género, la edad, incluso la clase social de las representadas.

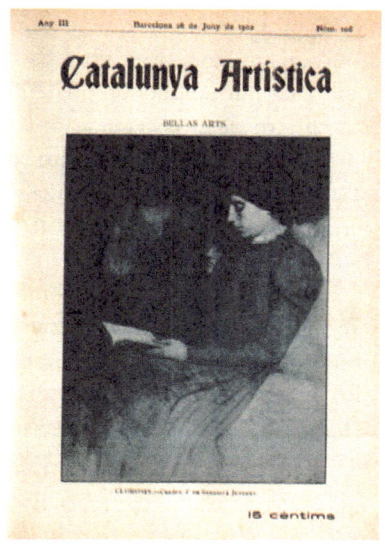

Fig. 59. Portada de *Catalunya Artística*, 26 de junio de 1902.

De este modo, esta obra de Junyent puede ponerse en relación con el contexto cultural y artístico del momento, comparándola con otras similares que, si bien no presentan referencias a la clorosis en el título, muestran claros paralelismos. Nuestra hipótesis de partida se basa en las palabras que a continuación se transcriben de Alfredo Opisso en su faceta de crítico de arte con motivo de la ya mencionada exposición del artista en la Sala Parés de 1899:

> Como retratos, pueden considerarse también las figuras de *Clorosis*, obra de verdadera importancia; el artista ha hecho en ella verdadera labor de psicólogo, exhibiendo el resultado de una decadencia de raza y acentuándola por medio del color; aquellas notas moradas, verdes y castaño forman la más apropiada gamma en que pudiera desarrollarse la composición, que se presta, como decíamos, á hondas filosofías. Aquellas dos jóvenes son la elocuente representación de la clorosis social, el símbolo de la degeneración fisiológica del organismo, con sus fatales consecuencias mentales (1899: 4).

7. Para María López Fernández, la obra de Junyent «mostraba precisamente esa amargura de la joven muchacha ante la clorosis que, para los más fieles a las antiguas convicciones hipocráticas, llegaba incluso a provocar manifestaciones involuntarias del deseo amoroso». Además, pone en relación el autosacrificio de las mujeres y el ímpetu por demostrar la pureza a través de síntomas como la palidez (2006: 75). De forma generalista, Irene Gras considera que esta obra conecta con corrientes artísticas y literarias como el simbolismo, y la considera una obra emblemática del decadentismo en Cataluña, especialmente por la relación con el extendido culto a la invalidez femenina durante el siglo XIX (2009: 404-407). En esta línea, Rosa E. Ríos Lloret hace referencia al vínculo establecido entre mujer y naturaleza en el fin de siglo (2014: 207). Finalmente, Mireia Ferrer Álvarez considera que la imagen refleja la obsesión decimonónica por la pureza de las mujeres de clase media, y por eso aparecerían recluidas en un interior (2016: 49).

En el ambiente en que se gestó y recibió esta pintura, se hablaba de clorosis social como una dolencia que afectaba a las raíces de la colectividad. En este caso, Opisso no menciona que se trata de una enfermedad relativa a las mujeres, sino que la equipara al conjunto de la sociedad. En la visualidad, no obstante, la representación principal generada en el ámbito hispano toma forma de un determinado prototipo de mujer. La clorosis, como categoría diagnóstica en el fin de siglo, evidenciaría, entonces, la obsesión finisecular por los sujetos que podían poner en peligro la moral y el orden social establecidos.

La clorosis social está personificada, en el caso de la obra de Junyent, en las dos mujeres lectoras, siendo esta acción el origen de la degeneración fisiológica de sus organismos. El ritual de la lectura, a pesar de ser un acto intimista y personal, toma en este caso nuevos sentidos más allá del ocio o la instrucción y se presenta como un auténtico peligro para la salud fisiológica individual y también para el bienestar social (Comadira, 2005: 136; Botrel, 2008: 106). Si se ahonda en el imaginario cultural finisecular, se observa que, en ocasiones, los efectos del leer podían trascender las fronteras de lo privado y afectar a la mentalidad en su conjunto, alterando así la anhelada moralidad.

Durante el siglo XIX y gran parte del anterior, las mujeres instruidas acostumbraron a leer especialmente textos de carácter formativo o religioso, y se desarrollaron intereses literarios varios (Molina Puertos, 2015: 128-155). A lo largo de la centuria, la relación de la mujer con esta práctica se definió en términos de moralidad (Kirkpatrick, 1995), y el final de siglo supuso un punto de inflexión en relación con la demanda de ciertas lecturas, que sirvió para reabrir debates a nivel nacional que reflejaban las ansiedades en torno a la educación de las mujeres y su capacidad o incapacidad intelectual. A pesar de la aprobación de ciertas obras, géneros o temáticas, en tal sentido, en el centro de este debate se encontraba el deseo femenino.

Con la implantación de la sociedad de consumo vinculada al desarrollo industrial, la lectura se convirtió en uno de los pasatiempos urbanos por excelencia, siendo especialmente bien recibido por el hastiado sector femenino postergado al ámbito doméstico.[8] Sin embargo, como ha demostrado Rita Felski, el consumismo impactó de forma contradictoria en el modo de vida de las mujeres, puesto que abrió un camino

---

8. La lectura fue una actividad esencialmente urbana que solo podían permitirse las clases sociales altas e instruidas. Por tener en cuenta algunas cifras, «en 1860 solamente uno de cada cuatro españoles sabía leer, y en algunas provincias el analfabetismo sobrepasaba el 80 por 100. En 1870 sólo el 9,6 por 100 de las mujeres sabían leer y escribir, pero no obstante la prensa femenina se halla entonces en su apogeo y gran número de mujeres se consagran a la literatura. La mayor parte de toda esta producción proviene de Madrid, donde radican las clases sociales a quienes pueden interesar este tipo de publicaciones: la aristocracia, los funcionarios, los políticos y la burguesía instruida. Pero también otras ciudades, particularmente Barcelona, Valencia y Cádiz, se ven presa de esa fiebre de publicaciones» (Perinat y Marrades, 1980: 29). Henry E. Sigerist apuntó, sobre la lectura y la clorosis, que existía un componente relacionado con la clase social y la diagnosis de esta supuesta enfermedad, pues las diagnosticadas eran aquellas jóvenes de clase elevada que vivían relegadas en lo privado y que destinaban su tiempo a esparcimientos como la música, la costura o la lectura (1946: 217).

de posibilidades para el ocio y el disfrute, entre el que se encontraba la lectura, pero al mismo tiempo puso el foco de atención en las posibles consecuencias negativas del deleite a través de este entretenimiento, de manera que se generó una especie de obsesión hacia cualquier comportamiento que no estuviese contemplado por la moral burguesa (1995: 90). En este sentido, el ámbito de la visualidad, durante el final del siglo xix y las décadas primeras del xx, diferenció la forma de representar a los hombres que leen de las mujeres lectoras, siendo en los primeros un síntoma de intelectualidad y en ellas algo que no requería nada de esfuerzo mental, sino un pasatiempo banal. Y, por este motivo, las mujeres, aunque lectoras, siempre vistas y reflejadas a través del prisma de la subjetividad masculina, frecuentemente se presentaban en actitudes que remitían al erotismo (Zubiaurre, 2014: 228).

A partir de la década de los años sesenta del siglo xix, la novela se convirtió en una de las categorías literarias preferidas por ellas, y la burguesía vio en el género una potente vía para aleccionar y transmitir sus valores (Medina y Zecchi, 2002: 16). Los editores, conscientes del deseo implícito que suscitaba leer ciertos géneros, se aprovecharon de la fuerte demanda por parte de las mujeres, naciendo así nuevas estrategias de persuasión para la adquisición de novelas, que frecuentemente se lanzaban de forma fragmentada (Kirkpatrick, 1995: 74-74).[9] La asimilación de esta distracción en el día a día de las mujeres, y su consecuente feminización en países como Francia, Inglaterra y España, supuso una auténtica transformación a nivel individual, puesto que a partir de entonces muchas tuvieron la necesidad de expresarse a través de las letras, pero también de forma colectiva, produciéndose una auténtica fiebre por géneros como las ya mencionadas novelas, especialmente aquellas que trataban temas románticos, o también la poesía.

Como apunta Stefan Bollmann, la fiebre por la lectura femenina fue un fenómeno social tan evidente durante la segunda mitad del siglo xix que era común encontrar en ciudades como París a mujeres siempre con un libro encima. Este hecho, como era de esperar, desató a partes iguales la reacción de partidarios y detractores. Por un lado, aquellos que abogaban por la lectura femenina argumentaban que géneros como las novelas podían resultar útiles para incidir en las virtudes asociadas a la feminidad burguesa. Por otro, estaban quienes veían en la lectura desenfrenada un síntoma de la decadencia y de la inestabilidad del orden social (2006: 24-25).

---

9. Ejemplo de ello son las conocidas como novelas de folletín, relatos dramáticos que solían estar protagonizados por mujeres y que trataban temas universales como el amor y su reverso, el desamor. En realidad, se trataba de un tipo de novelas por entregas que aparecían en la primera página de algunos periódicos. El origen se remonta a Francia, y esta moda llega a España en 1842 de la mano del *Diari de Barcelona* (Vallvey, 2019: 446-447). Dado el gran éxito por la expectativa generada, rápidamente este modelo fue adoptado por otras publicaciones periódicas convirtiéndose en un potente sistema editorial que fue ganando cada vez más lectoras durante el siglo xix (Fernández de Alarcón, 2015: 172-174).

Las clases medias y acomodadas tuvieron acceso a un tipo de lectura considerada normativa, en la que se reflejaban las pautas de comportamiento asociadas a la feminidad hegemónica y que ocupó tanto las páginas de novelas como espacios relevantes en publicaciones periódicas dirigidas a las mujeres (Gómez-Ferrer Morant, 2011: 28-29). Las novelas aconsejadas por la burguesía eran aquellas que, desde movimientos como el realismo o el naturalismo, actuaban como manuales de conducta para las mujeres, pues transmitían a través de las descripciones y actuaciones de sus personajes los preceptos ideales de la feminidad. En estas mujeres, fundamentalmente se destacaban rasgos como la moral y la virtud, lo que las convertía en superiores al hombre en este sentido (Cruz, 2011: 57-61).

Sin embargo, en paralelo, hubo un tipo de novelas y composiciones poéticas que proliferaron en este tiempo y que desataron la alarma social. Como sintetiza Akiko Tsuchiya desde el campo literario, la mentalidad de la sociedad occidental de la segunda mitad del ochocientos identificó ciertas lecturas femeninas como peligrosas, y por ello tanto los textos médicos como los manuales de conducta y otras manifestaciones culturales hicieron proliferar representaciones de la mujer lectora como amenaza moral y social (2008: 139). Por mencionar alguna fuente primaria, en 1874 Pulido Fernández ofrecía, en un difundido manual de conducta, algunas pautas para determinar qué lecturas eran las más apropiadas para las mujeres, es decir, cuáles no alteraban sus pasiones y su *natural* sensibilidad y, consecuentemente, tampoco afectarían a su higiene moral y al bienestar colectivo:

> Para que la lectura sea útil y aprobada por una buena higiene, es de rigor que satisfaga, cuando ménos, tres requisitos principales. 1.° Que sea moderada. 2.° Que no excite demasiado el espíritu. Y 3.°, que ilustre con sábias máximas la inteligencia. Cuando se desvía de este camino, infringe los preceptos de la higiene y sobrevienen, como siempre que así sucede, el desorden y el castigo. La pasion por las novelas, que es una de las que más quebrantan de ordinario dichos preceptos, es tambien de las que más perturbaciones orgánicas suelen ocasionar. […] Esta ocupacion, prolongada por demasiado tiempo, envuelve necesariamente inercía física, que es perjudicial al cuerpo, y una fatiga intelectual nada provechosa al espíritu. […] La prueba de esta verdad nos la ofrecen los hombres que se dedican á largos trabajos de gabinete. Por lo comun son sensibles, irritables, de pocas carnes y tez descolorida; viven, en una palabra, consumidos. Si esto sucede en el hombre, con mayor motivo sucederá en la mujer, que es ya, por naturaleza, sensible y espiritual, y en la cual todo lo que contribuya á ejercitar sus pasiones y sentimientos, tiene que marcar más y más los rasgos que la son característicos (1874: 51-52).

Sin embargo, esta idea no es novedosa de la segunda mitad del siglo xix. El psiquiatra francés Jean-Étienne Dominique Esquirol ya había defendido en *Sobre las pasiones* (1805) que la lectura de ciertas novelas podía excitar las emociones de las mujeres hasta el punto de llegar a la desesperación (Novella, 2010: 58). Desde el higienismo y otras ramas médicas, se llegó a utilizar como argumento que la lectura de novelas románticas incitaba a la prostitución (Sereñana y Partagás, 1881: 133). De igual modo, los grandes nombres vinculados con la invención de la histeria habían apuntado que sus pacientes eran grandes lectoras de novelas, partidarias de los argumentos sentimentalistas y fácilmente impresionables (Didi-Huberman, 2007: 290). Años después, educadoras como Pilar Pascual de Sanjuán siguieron esta corriente de pensamiento y advertían que el efecto principal de una lectura desmedida era la desestabilidad mental de las mujeres y, por extensión, de la sociedad (Simón Palmer, 2003: 750). De hecho, el debate sobre los efectos adversos de determinadas novelas en la susceptibilidad de las mujeres cobró especial peso en la segunda mitad del siglo XIX, y autoras como Felski lo relacionan con el desarrollo del vínculo establecido en este momento entre el consumismo y la cultura de masas (1995: 80). Sea como fuere, lo cierto es que, a finales de este siglo, estaba bastante extendida la idea de que la lectura de determinadas novelas era perjudicial para la salud hasta el punto de poder producir efectos físicos en los cuerpos, como inflamaciones vaginales (Litvak, 1979: 174-175).

Concretamente, se desaconsejaban aquellas novelas cuyos argumentos incitaran a la lectura desmedida, las que diesen rienda suelta a la imaginación de forma que la instrucción diese paso a la evasión y, especialmente, las obras con escenas románticas, eróticas y/o melodramáticas, porque podían impresionar a la lectora y desatar en ella intensas emociones vinculadas con el deseo, haciéndola exigente a la hora de escoger marido y facilitando su caída en la locura (Pulido Fernández, 1874: 230 y 336). Lo cierto es que las novelas supusieron un camino para la evasión de la tediosa realidad de las mujeres de clase media, pero muchas de ellas se tacharon de perniciosas. Las autoridades impulsaron, así, distintas estrategias de control y regulación, y en la cultura de entresiglos esta práctica osciló entre el recreo y la negativa. En este sentido, como bien argumentó Susan Kirkpatrick, la sociedad española del ochocientos definió la relación de la mujer con la lectura bajo el abrigo de la moralidad burguesa. Y, en el punto central de esta candente cuestión, se hallaba el deseo, que urdía de puente entre la realidad y la ficción (1995: 74).

La visualidad no fue ajena a esta circunstancia y, especialmente en publicaciones periódicas como revistas femeninas, se incluyeron ilustraciones de lectoras impresionadas por el contenido de las novelas que traían entre manos. En el caso español, precisamente por el énfasis puesto en el control de la sexualidad femenina y las ansiedades que generaba el deseo, un deseo que parecía inexistente pero que latía en la sombra, las mujeres lectoras representadas en esta actitud son adolescentes o púberes. En el número del 12 de marzo de 1881 de *La Ilustración Artística* se reproduce *La primera novela* [fig. 60], un grabado que se presenta acompañado de la consiguiente explicación:

> Esa niña que abre los ojos por primera vez á la luz del alma; [...] Y todo, efecto de la lectura de la primera novela. ¿Qué querrán decir estos pasajes que no comprende? ¿Qué clase de afecto es aquel que describe el libro y que no es el afecto de la hija hácia el padre ni de la hermana hácia el hermano? ¿Qué lucha de sentimientos es esa que ya la daña ántes de que se entable en su propio corazón? Esto

tiene pensativa, preocupada, sériamente cavilosa á nuestra heroina. Nuevos paisajes aparecen á su mente, pero de tan vaga manera que no acierta á descubrir si en ellos reina la calma ó la borrasca, si en ellos el ambiente vivifica ó asfixia, si en ellos reina la vida ó la muerte. Su corazon late de una manera extraña, y algunas veces sonrie con inefable felicidad, y otras veces necesita el desahogo de una lágrima. Tiene miedo de estar sola, y se sentiria contrariada con la presencia de sus mejores amigas… ¡Dichosa novela!... El genio maléfico que se complace en la prematura intranquilidad de las jóvenes, puso aquel funesto libro al alcance de las manos de nuestra hermosa adolescente (1881: 83).

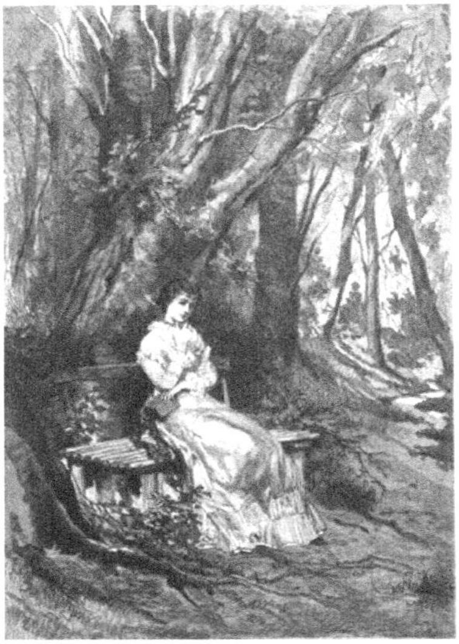

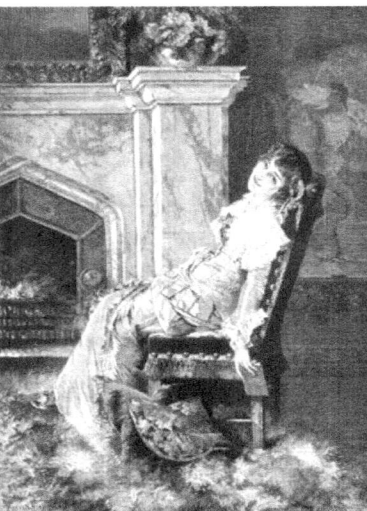

Fig. 60. J. Raffel, *La primera novela. La Ilustración Artística*, 12 de marzo de 1881.

La mujer honrada y casta, considerada una heroína, cuya virtud no ha sido mancillada ni su comportamiento se ha podido ver afectado todavía por el vertiginoso ritmo de la vida moderna, aparece claramente impresionada y desconcertada por las emociones sentidas a la luz de las letras de su novela. En este caso, el deseo queda oscurecido por la importancia y la obligación que la sociedad burguesa tenía al respecto de la salvaguarda de los aspectos y valores morales que defendían.

La Ilustración Española y Americana del 30 de enero de 1884 reprodujo un cuadro del pintor alemán Conrad Kiesel (1846-1921) denominado *Una lectora impresionable*, que presenta a una dama joven de clase pudiente, a juzgar por el vestir y por el espacio privado donde se encuentra, recostada en un sillón y cuya actitud remite casi al éxtasis [fig. 61]. La protagonista esboza una sonrisa y le cuesta sujetar la novela entre sus dedos, quizá por las emociones sobrevenidas tras la lectura. En este sentido, la lectura femenina en la intimidad anunciaba otros «vicios solitarios» que amenazaban la moralidad, como la masturbación (Zubiaurre, 2014: 234).

Según la visualidad, la lectura de determinadas obras se relacionaba con la susceptibilidad femenina y el alto grado de identificación emocional que la hacía abandonarse a las pasiones. A este respecto, se pueden destacar comentarios médicos del momento como el siguiente:

Fig. 61. Conrad Kiesel, *Una lectora impresionable. La Ilustración Española y Americana*, 30 de enero de 1884.

> En época tal la lectura de las novelas, aun de las que más pura moral respiran, alimenta el fuego de las pasiones; en efecto, ¡el corazon es todavía tan ingénuo! ¡se ama con tanta franqueza y tanta buena fé! ¡se cree con tanta sinceridad en la inocencia y en las virtudes! ¿qué alma no dejaria seducirse por tan dulces inclinaciones? (Virey, 1881: 79).

Además de las jóvenes lectoras que quedaban encandiladas tras la lectura de su primera novela de amor, hubo otra tendencia visual que las presentaba como extasiadas, dormidas, cansadas o en un momento de ensoñación, apuntando a los posibles peligros de algunas obras. En la obra de Gustave Courbet (1819-1877), aparece una de estas jóvenes lectoras inmersa en el sueño tras la lectura [fig. 62]. Aunque quizá se trate de una escena captada de forma anecdótica, teniendo en cuenta que Courbet unos años atrás había retratado a su hija Juliette en una actitud similar, después seguiría retratando a mujeres dormidas, cuyo simbolismo era extensible al peso del erotismo finisecular. Así, este tipo de escenas remiten a la tipología de la mujer postrada que estaba empezando a calar en el imaginario de la sociedad decimonónica. Y dentro de esta tradición pictórica, la representación de la mujer dormida simboliza la culminación del abandono femenino (Zubiaurre, 2014: 237). De forma distinta, Conrad Kiesel seguirá usando este tópico hasta el final de su vida, presentando en algún caso a mujeres reclinadas en un espacio que remite al captado por Junyent en *Clorosi* [fig. 63].

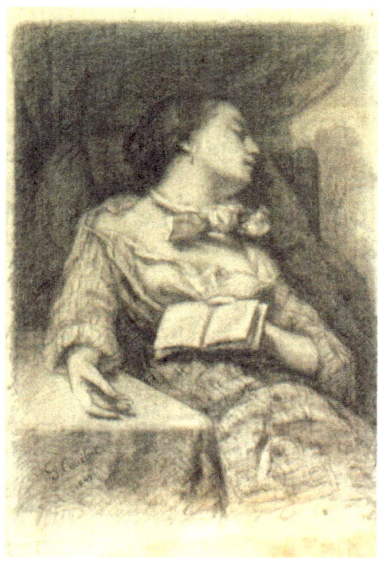

Fig. 62. Gustave Courbet, *La lise ıse endormie*, 1849.

Como ha desarrollado Bram Dijkstra, la mujer postrada frecuentemente se representaba a punto de dormirse, ensimismada o ya sumergida en el sueño, enlazando así con la concepción erótica de la pasividad y lasitud femeninas. Para este autor, este tipo de imágenes sobre la quietud femenina hacen alusión a la impresión, las emociones y el desenfreno que podían provocar ciertos textos en las mujeres burguesas, especialmente las novelas románticas que daban rienda suelta a su imaginación, despertando sus deseos

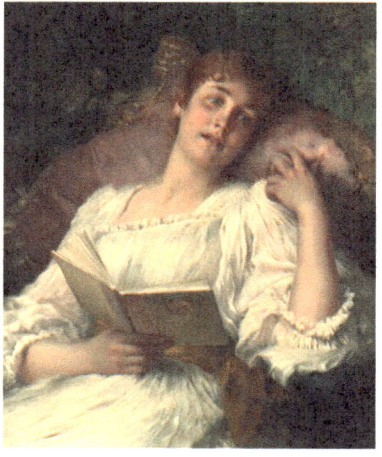

Fig. 63. Conrad Kiesel, *Day-dreaming*, 1921.

internos, atribuyendo, de esta forma, una explicación sexual a este agotamiento que las dejaba dormidas (1994: 70-73).

El culmen de la representación visual de las consecuencias que comportaba la lectura de ciertas obras literarias y poéticas consideradas perjudiciales para la estabilidad moral y mental de la mujer se encontraría en las imágenes del fin de siglo europeo que ligaban con otras tipologías como la de la *femme fatale*, en la que, en ocasiones, la mujer casi se presentaba como un animal, de forma salvaje e instintiva. En 1853, el pintor belga Antoine Wiertz (1806-1865) compuso una escena que refleja muy bien esta idea. En ella, aparece una lectora de novelas tendida en la cama, desnuda y rodeada de libros que le son facilitados por la mano de una figura en la sombra y entre cuyos títulos puede leerse *Antony*, la dramática obra teatral escrita por Alexandre Dumas en 1831. A juzgar por su aspecto y su actitud, es fácil vincular dicha representación con las ideas que estaban proliferando sobre los posibles efectos pasionales de un exceso de lecturas románticas. En el ámbito francés, Jean-Jacques Henner (1829-1905) retrató a una lectora cuya cabellera roja recuerda a las figuras transgresoras de la tradición popular y que en el fin de siglo europeo se representan como perversas y con alta carga erótica (Bornay, 1994). Aunque ambas tengan en común la desnudez, la imagen de Wiertz se vuelve un tanto intrigante dado que los elementos de la composición participan de los efectos que se quieren transmitir de tal lectura.

Volviendo a la obra de Junyent [fig. 58], las mujeres no se muestran dormidas, ni ensoñadas, ni como mujeres fatales, sino como mujeres frágiles y enfermas. Además, aunque el ritual de la lectura sea intimista porque se lleva a cabo en un espacio doméstico, en esta representación se convierte en una actividad compartida puesto que no se presenta a una lectora en solitario, sino que está acompañada por otra en actitud semejante. Ambas comparten espacio, argumento novelesco y clorosis. Así, la imagen puede interpretarse en un doble sentido. Por un lado, según la evidencia del título, las mujeres y las nuevas prácticas en torno al ocio moderno se alzarían como distintivo de determinadas enfermedades sociales, presentándose como sujetos desviados de la norma moral imperante. Las mujeres del cuadro presentan en apariencia y actitud los síntomas que las publicaciones médicas del XIX sobre la clorosis más repitieron, la palidez de la piel y la condición de tristeza o melancolía. Sin embargo, a juzgar estrictamente por lo visual, no se hace referencia a alguna de las teorías médicas del momento. Por tanto, el cuadro también presenta en su trasfondo una experiencia femenina que remite a la afinidad, a la subjetividad y al deseo, aspectos poco tenidos en cuenta en relación con las imágenes.

Mientras que el discurso médico sobre la clorosis durante el siglo XIX incidía en la sintomatología y en los posibles orígenes de su desarrollo, la visualidad se centraba en el aspecto de la degeneración personificado a través de la mujer. Las imágenes consolidaron la idea de entender la clorosis en femenino, pero no como una patología que afectaba exclusivamente a la individualidad, sino que trascendía a lo colectivo (Pozo García, 2013: 35).

Al respecto de la obra de Junyent, las mujeres aparecen unidas por la clorosis, consecuencia de la lectura de la novela que una de ellas sostiene entre las manos. El patriarcado ha construido una idea de las mujeres lectoras en línea con la peligrosidad y el miedo, puesto que los libros permiten viajar lejos del mundo real y opresivo a otro textual, que consiente y alimenta la imaginación, el placer y el deseo (Conlon, 2005: 40). En este sentido, la reinvención de la clorosis fue una de las estrategias seguidas ante el auge de nuevos modelos de mujer que desafiaron las normas sociales y que sacaban a relucir las ansiedades sobre el devenir social. Y, desde un punto de vista histórico médico, la clorosis se ha acabado considerando un instrumento político y un mecanismo de control para las mujeres que desafiaron la hegemonía masculina. La proliferación de literatura médica en torno a la clorosis respondería a hechos como el movimiento feminista, que, recordemos, empezó con las mujeres burguesas (Carrillo, Bernal y Carrillo-Linares, 2010: 65).

Como se ha advertido, hasta donde sabemos, no existe o no se conserva otra obra de la visualidad artística del fin de siglo XIX español que aborde directamente el tema de la clorosis, al menos no de forma tan evidente como en la obra de Sebastià Junyent. Sin embargo, consideramos que las cloróticas de esta obra no deben ser consideradas de forma aislada, puesto que comparten rasgos con otras representaciones de lectoras. Años después de la exhibición de *Clorosi* en la Sala Parés, en 1904, Junyent realiza un retrato de una mujer leyendo, vestida según las tendencias del momento, en una actitud similar a las representadas en la obra anterior y, curiosamente, aunque se trate de una característica formal, el fondo de esta pintura contiene los mismos motivos que la otra obra [fig. 64]. Al igual que las cloróticas de 1899, esta lectora parece haber sido encerrada entre las mismas paredes de papel pintado teñidas de hojas descoloridas y amarillentas. Como figuras resistentes, estas representaciones subvierten las connotaciones negativas del deseo y contribuyen a cuestionar desde la base la propia modernidad, la organización social, la diferenciación de espacios o los roles atribuidos a los géneros en la sociedad de consumo.

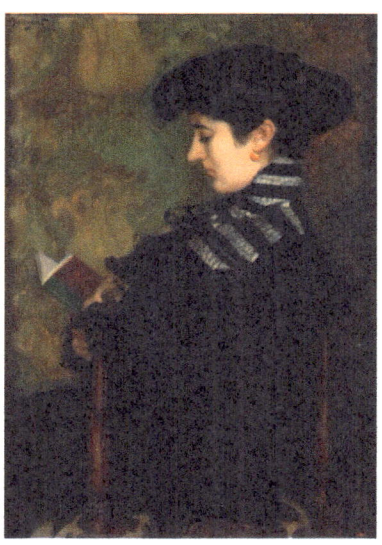

Fig. 64. Sebastià Junyent, *Dona llegint*, 1904.

PROSTITUTAS ENFERMAS: ENTRE LA REDENCIÓN Y EL ESTIGMA

A finales de siglo, los efectos colaterales del progreso hicieron que la prostitución fuese en aumento, considerándose una plaga nacional y, como consecuencia, se generaron debates desde distintos ámbitos que centraron la atención en la figura de la prostituta (Perinat y Marrades, 1980: 35). Entre las razones por las que esta práctica se extendió cabe señalar el crecimiento urbano que trajo consigo la industrialización, que fue toda una llamada a la migración, la alta y persistente demanda sexual por parte de los hombres, así como la transformación económica del sistema, que agudizó las diferencias de clase (Nielfa Cristóbal, 1999: 40). De todos modos, el panorama debe imaginarse como un lugar de extremos en el que tuvieron cabida desde opulentas cortesanas a mujeres arrojadas a la prostitución a causa de la miseria por su origen social (Bornay, 1990: 55). Por todo ello, las urbes en proceso de cambio estaban cimentadas en una contradicción importante: eran ciudades repletas de determinadas mujeres en el espacio público, pero en realidad estaban dominadas por hombres, de modo que, en este caso, la variable del género aparece pareja a la de la clase social (Ramos y Aguado, 1994: 323). A partir de entonces, la mujer que salía sin compañía del ámbito doméstico, lugar asociado a la feminidad ideal, quedaba expuesta a ser confundida con una prostituta al desprenderse de ese valor de la feminidad (Luengo López, 2006: 85).

En concreto, dentro de la clase trabajadora, la posición económica de las mujeres era mucho más desfavorable, pues recibían sueldos más bajos que el equivalente de los varones, escaso de por sí, por lo que muchas vieron en la prostitución una vía para subsistir. Crónicas del momento, como la de Prudencio Sereñana y Partagás (1881: 136-137) o la de Antonio Navarro Fernández (1909: 116), señalan la gran actividad clandestina disfrazada de otros oficios. Aun teniendo otros trabajos como el de criadas, modistas o institutrices, la prostitución fue la salida recurrente por la que optaron multitud de mujeres para obtener ingresos (Capel Martínez, 1986: 277-280; Nelken, 2013: 117-130).[10] Por ello, no es de extrañar que la sociedad temiese a las mujeres trabajadoras en general, pues todas eran sospechosas de ser prostitutas, con los estigmas y prejuicios que ello conlleva (Ehrenreich y English: 1988: 69-70). Así, en ciudades como Barcelona, además de trabajar en cabarés y en burdeles, las prostitutas deambulaban por las calles y por otros espacios (Kaplan, 2003: 146-151). Por su parte, la villa de Madrid, alrededor del año 1900, también reflejaba esa disparidad jerárquica que debió existir dentro de la esfera:

> En Madrid, se podía acudir a las prostitutas baratas del barrio de los Tudescos o a las elegantemente ataviadas que se encontraban en las casas de juego, en Fornos o en

---

10.   Como desarrolla Judith R. Walkowitz, «en las últimas décadas del siglo xix se desarrolló un modelo de reclutamiento ligeramente modificado: vendedoras, camareras y cantineras ingresaron en las filas de las prostitutas, reflejando así el nuevo pero igualmente bajo nivel de ocupaciones femeninas no cualificadas en el sector terciario de la economía» (2000: 393-394). En palabras de Luengo López: «La prostitución era un suplemento más a muchas de las tareas que el colectivo femenino realizaba fuera del hogar doméstico, no sólo en los cabarets, *music-halls* o cafés de camareras sino también en los talleres, fábricas o en el servicio doméstico donde el dueño, capataz o señor de la casa, les obligaba a llevarlo a cabo, bien por una pequeña retribución o simplemente por medio de la amenaza de despido» (2009: 467).

la Maison Dorée, a la salida del Apolo o del teatro de la Zarzuela. También estaban las cantaoras del Café del Brillante, las elegantes que frecuentaban el Hipódromo o los múltiples burdeles que operaban tras fachadas de perfumerías, peluquerías, pensiones y colmados (Litvak, 1979: 199).

Ante tal presencia en las grandes urbes, el interés por controlar la prostitución traspasó los difusos límites entre las disciplinas, y se emplearon argumentos heredados de las teorías degeneracionistas, imbricándose algunos propios de la escuela francesa con otros provenientes de la antropología criminal, cuya pretensión era tratar de demostrar científicamente que la prostituta era un ser inferior e incompleto que contribuía a la degeneración de la raza (Babini, Minuz y Tagliavini, 1986: 48; Showalter, 1992: 127-128). En esta línea, la teoría degeneracionista perfiló a las mujeres peligrosas siguiendo características asociadas a lo masculino, aunque en la visualidad del fin de siglo no se produzca un reflejo fiel de este contenido, sino que se desarrollaron varios prototipos en los que se abocaba la misoginia finisecular y se evidenciaban las fallas de la doble moral del pensamiento burgués (Dijkstra, 1994: 212).

En el fin de siglo, las imágenes sobre las prostitutas proliferaron en distintos medios, desde la estampa satírica o el grabado, pasando por la ilustración gráfica, hasta la pintura y otras matrices culturales. La visualidad participó de la creación de tipologías iconográficas que bebían de la consideración social y de las creencias misóginas. Desde el punto de vista de la historiografía artística, Gras Valero estudia en su tesis doctoral las relaciones entre el arte y la literatura decadentista en el ámbito catalán, dedicando un apartado diferenciado al tema de la prostitución (2009: 754-761). Por su parte, María López Fernández distingue tres líneas en la representación visual de las prostitutas que se dividen, a su vez, en otras variantes: las celestinas, las prostitutas de burdel y las prostitutas clandestinas (2006: 166). Para esta autora, el punto en común de todas las variantes o tipologías es que son producto de las múltiples facetas de la misoginia finisecular y parten de un modelo laico para explicar las desviaciones sociales (2002: 104).

En su vertiente representacional como enferma, la imagen finisecular de la prostituta va a oscilar entre la redención y el estigma. El primer prototipo que proponemos la muestra como enferma de tuberculosis y parte de la idea romántica que comprendía que a través del sacrificio y el sufrimiento la prostituta era capaz de redimirse. En el contexto español, esta imagen aparece de forma aislada y responde a la creación de un lugar común en la literatura. Alimentadas por los argumentos de novelas de gran difusión en la segunda mitad del siglo xix, patologías como la mencionada, en las carnes de las prostitutas, configuraron la idea de la redención y el perdón, alcanzando la santidad gracias al arrepentimiento y al sufrimiento producido por la enfermedad. Por su parte, la otra tipología visual las muestra como peligro o amenaza para la salud física y el orden moral de la sociedad finisecular, al estar infectadas por enfermedades venéreas como la sífilis.

Hacia los años sesenta del siglo xix existía una preocupación compartida en todos los países occidentales por controlar la expansión de enfermedades a causa de la prostitución (Scanlon, 1986: 104-121; Walkowitz, 2000: 397; Castejón Bolea, 2001).

En general, la postura imperante y más extendida fue la de su regulación, basada en un sistema de conocimiento científico y medicalizado que parecía estar más al servicio de la moral que de la salud colectiva (Corbin, 1978: 29) y que evidenciaba distintas formas de vigilancia y control (Tsuchiya, 2011: 191-192). En España, en la segunda mitad del siglo XIX hubo múltiples intentos de regular la prostitución, hasta que en 1935 se decretó su abolición (Capel Martínez, 1986: 297).

La tendencia a reglamentar la prostitución prestó especial atención a la higiene, que, de nuevo, ponía a las mujeres en el foco de las enfermedades venéreas y su propagación: «Todos o en su mayor parte están conformes en que el verdadero germen y criadero de la sífilis reside en la prostitución» (Roselló y Olivé, 1883: 48). En el plano de la imagen, el desarrollo de esta tipología optó por la feminización visual de las patologías de transmisión sexual (Reyero, 2017: 293-297). En este sentido, la imagen de la prostituta infectada, presentada como un ser peligroso, primitivo y degenerado, bebió del discurso social de la medicina y ayudó a consolidar las tesis que abogaban por regularizar la prostitución.

En última instancia, la dualidad en torno a la imagen de la prostituta enferma apunta a la construcción simbólica de determinadas patologías y a la sexualidad como constructo social atravesado por diferentes variables (Showalter, 1992: 189). En general, durante la segunda mitad del siglo XIX, los modos de comportarse obraban siguiendo las formas burguesas, basadas en un sistema represivo, respaldado en preceptos religiosos cuyo modelo ideal era el matrimonio y la idea tradicional de familia. Sin embargo, este sistema estaba tintado por su doble moral, que afectaba directamente a la consideración de la mujer. Según Michel Foucault, «el "sexo" fue la sangre de la burguesía» (1998: 151), y era un secreto a voces que el hombre burgués saliese del ámbito doméstico para buscar placer. La doble moral sexual burguesa admitía que el vínculo matrimonial no implicaba disfrute, pero permitía al hombre expresar su sexualidad fuera de esta intimidad, mientras exigía a la mujer virginidad y pureza (Litvak, 1979: 159-160; Nash, 1983: 30). Además, existía cierta tolerancia por parte de la oficialidad al considerar la prostitución en las grandes urbes como prevención a muchos de los males a los que podían estar sometidas las mujeres de esta clase (Pateman, 1995: 261-262). Así, el cuerpo de la prostituta aunaba una feminidad animal con una alta carga sexual, simbolizando para la sociedad el placer inagotable a la par que encarnaba la incapacidad para reproducirse, convirtiéndose en «el contramodelo no sólo de la doxia moral, sino de la sociedad productiva, en tanto que infecunda» (Fernández, 2008: 95).

Héticas infelices

Con la sociedad industrializada nace y se difunde la imagen de la prostituta como víctima. En los grandes núcleos urbanos muchas mujeres se vieron abocadas a este quehacer para sostener económicamente a sus familias, sin estar prácticamente amparadas y quedando expuestas a distintas enfermedades. De hecho, existen testimonios que advertían que las prostitutas frecuentaban largas temporadas en hospitales para tratar infecciones varias (Eslava, 1900: 73). La pensadora Concepción Arenal lo expresó con las siguientes palabras:

> Nunca se conmueve tan tristemente mi ánimo como al entrar en un hospital de mujeres donde se curan las enfermedades consecuencia de la prostitución. Allí las enfermas no suelen quejarse; saben que á nadie inspiran lástima, y procuran sofocar el dolor físico lo mismo que el dolor moral con chanzas obscenas, y con blasfemias y con carcajadas que, como las de un loco, hacen llorar. Quieren embriagarse con el vicio: no les queda otro recurso (1884: 51).

Tanto en el ámbito literario como en la visualidad artística, el recurso empleado para forjar la imagen de víctima remite a la tuberculosis, enfermedad que en el siglo XIX osciló en medio de un contradictorio entramado de significados. Como se ha visto en capítulos anteriores, la tisis, una de las enfermedades por excelencia del ochocientos, se organizó siguiendo una serie de metáforas en torno al género (Pozo García, 2013: 237). De esta forma, la tuberculosis asociada a lo femenino podía remitir al culto a la pureza anclado en la feminidad oficial, así como utilizarse como herramienta para hablar de una muerte redentora (Sontag, 1996: 46-47).

En realidad, fue la imaginación romántica la que consolidó el prototipo de la prostituta eximida y perdonada a causa del sufrimiento físico y mental producido por una enfermedad, y generó un tipo de literatura calificada como tísica. En su estudio acerca de la moral sexual en la segunda mitad del siglo XIX, Pura Fernández, partiendo del análisis de textos literarios y médicos, recoge un testimonio contemporáneo que hablaba de la literatura tísica, un género que es condenado a juzgar por el tono moralista del autor:

> La literatura tísica, esa literatura que pretende rehabilitar a la mujer perdida, ha tomado indudablemente sus tipos de la sociedad; pero lejos de hacer vaga mención de ellos, y eso para condenarlos y escarnecerlos, ha convertido en asunto heroico de sus poemas la vida licenciosa y relajada; ha pintado con los más vivos y seductores rasgos la disipación embriagadora y elegante; ha convertido en familiar, y puesto al alcance de todas las miradas, o como si dijéramos de todas las fortunas, lo que debiera estar relegado a la vergüenza, al silencio, a la condenación (*Apud.* 2008: 65).

Así, durante la segunda mitad del siglo XIX es común encontrar en la literatura a mujeres protagonistas que se ven abocadas a la prostitución y que, al final de su corta vida, enferman de tisis, presentándose ante el lector como heroínas que acaban redimiéndose a través del sufrimiento y la propia muerte. David S. Barnes, en un capítulo titulado «Redemptive Suffering and the Patron Saint of Tuberculosis», reúne a algunas de las protagonistas que poblaron el imaginario de la segunda mitad del siglo XIX en Europa, teniendo en cuenta la gran difusión y las traducciones de las obras escritas, así como algunas adaptaciones teatrales y su exportación al resto de países (1995: 48-

73). Margarita Gautier de *La dama de las camelias* (1848), de Alexandre Dumas hijo, así como la adaptación de Giuseppe Verdi a la ópera que dio lugar al personaje de Camille en *La Traviata* (1853); Mimi, el personaje creado por Henri Murger para *Les scènes de la vie de bohème* (1851) y su ajuste a una ópera estrenada en 1896, *La bohème*, de Giacomo Puccini; Fantine en *Les Misérables* (1862), de Victor Hugo; así como el destino fatal de la protagonista de *Germinie Lacerteux* (1865), escrita por los hermanos Goncourt y adaptada al teatro en 1888. En el ámbito hispánico, como desarrolla Gras Valero, las prostitutas tuberculosas también abundaron en distintas composiciones literarias reproducidas en periódicos del momento (2009: 401).

La romantización de este hecho, que también bebe de la sublimación de la tuberculosis a finales del siglo XIX, hizo que en este momento la imagen de la prostituta diese cabida al perdón, hasta el punto de convertirse en modelo que seguir, admirada como auténtica heroína por las asiduas lectoras de novelas románticas. Así lo refleja una de las composiciones del conjunto poético de Francisco Villaespesa titulado *Los panales de oro*:

> Siempre envuelta en blancas pieles, junto al chubeski, sentada, sueles pasar la velada leyendo historias crueles, soñando con frases de novela sentimental, como habla Armando Duval con Margarita Gautier. Tosiste tanto aquel día que enrojeció tu pañuelo; y saltando de alegría dijiste, al dármelo: −¡Ven y mira!... ¡Gracias al Cielo, estoy tísica también! (1912: 151-152).

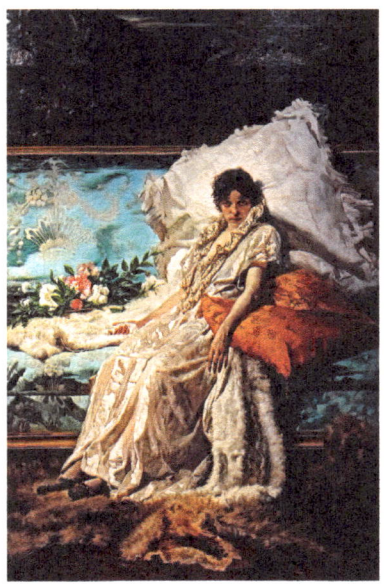

Fig. 65. Eugenio Scomparini, *Margarita Gautier*, c. 1890.

Por momentos, estas letras hacen recordar imágenes como la lectora impresionada de Conrad Kiesel [fig. 61]. Lo cierto es que, a partir de la creación de estos personajes femeninos, así como la extensa difusión que tuvieron en la cultura romántica y finisecular, la posible regeneración y perdón de la prostituta y, por extensión, de la mujer adúltera, alcanzó cierto protagonismo en la literatura del momento, y este prototipo se convirtió en un modelo social que rápidamente adoptó y completó la visualidad.

De todos los ejemplos mencionados, si hubo un personaje femenino que caló hondo en el imaginario europeo fue el de Margarita Gautier, de quien se fue consolidando una imagen cultural que tendría protagonismo hasta finales del siglo XIX. El pintor italiano Eugenio Scomparini (1845-1913), fascinado por esta figura femenina, la representó a finales de siglo [fig. 65]. En esta imagen, presenta a la protagonista vistiendo un traje blanco, con la tez pálida y tumbada sobre almohadones, hechos que recuerdan a la tipología icónica de la tísica sublime, y además aparece rodeada por distintos elementos que remiten al lujo y al descanso.

El éxito y difusión de esta imagen de Margarita Gautier se explica, entre otros condicionantes, por las múltiples representaciones teatrales que la obra de Dumas tuvo en la segunda mitad del siglo XIX en las distintas naciones occidentales. Sarah Bernhardt, una de las actrices de moda del París de estos momentos, lo interpretó en varias ocasiones y tal evento tuvo un gran alcance en el ámbito cultural occidental. En España, Bernhardt representó a Margarita Gautier en Barcelona en 1882, y la crítica contemporánea incidía en el tratamiento heroico del personaje:

> Como saben nuestros lectores la eminente actriz Sarah Bernhardt, dió ayer su primera representacion en el teatro Lírico, desempeñando el papel de Margarita Gautier en la «Dama de las Camelias». La poética sala Beethoven habia sido invadida por lo más selecto de la sociedad Barcelonesa y estaba exhuberante de lujo y luz. Alzóse el telon, y reinó gran impaciencia para ver á la heroina. No tardó muchos minutos en aparecer la eminente actriz. Su figura, esbelta, artística, flexible se destaca entre los primores de una esquisita elegancia, y hasta en sus menores gestos demuestra que es consumada artista y que domina, como soberana, la escena (*La Vanguardia*, 1882: 2706).

Hubo otras actrices que también interpretaron el personaje en otras adaptaciones teatrales, como Catalina Bárcena en 1917 en el Teatro Eslava de Madrid. En esta ocasión, la prensa destacó el buen hacer de los decorados y del vestuario, que remitían al lugar y al tiempo en el que la novela está ambientada (Cadenas, 1917: 27). Por primera vez la obra se vistió «con arreglo á figurines de la época en que se estrenó» (*La Correspondencia de España*, 1917: 4). El hecho de vestir con modelos inspirados en la época de creación de la novela remite al poder de la moda como un elemento activo que contribuyó a espiritualizar los síntomas de la tuberculosis.

Esta concepción gestada durante época romántica de la prostituta como víctima de la sociedad fue perpetuándose, de modo que el prototipo siguió reproduciéndose hasta finales de siglo, entre otros factores porque su figura ligaba muy bien con los argumentos que apostaban por la abolición de la prostitución (Corbin, 1978: 316-317; López Fernández, 2002: 13; López Fernández, 2006: 172).

En el caso de la visualidad artística, el ámbito español cuenta con un gouache que forma parte de las distintas ilustraciones que Cecilio Pla realizó sobre las *Humoradas* de Ramón de Campoamor para la revista *Blanco y Negro*.[11] Bajo el título *A esa hética*

---

11. El semanario *Blanco y Negro*, desde su fundación en 1891, y tomando como referente otras revistas como la alemana *Fliegenden Blätter*, contó con ilustradores asiduos que incorporaron las novedades estilísticas en boga en la Europa del momento y renovaron el mundo de la ilustración (Alcaide, 1998: 73-77). Entre ellos, uno de los más destacados fue Cecilio Pla. En este caso, esta lámina forma parte de las ilustraciones sobre las *Humoradas* de Campoamor, unas composiciones poéticas sobre

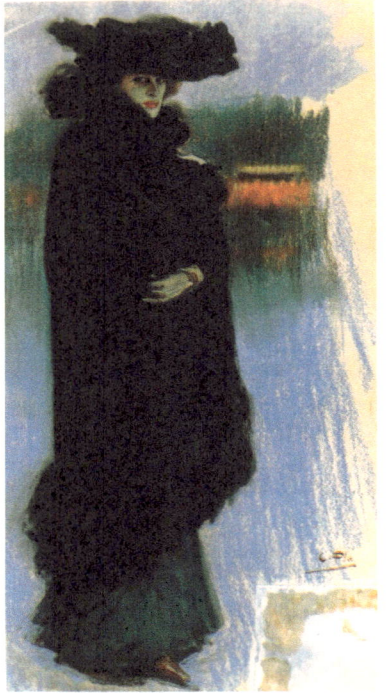

Fig. 66. Cecilio Pla, *A esa hética infeliz…*, 1904.

infeliz… [fig. 66], ilustra visualmente el poema que a continuación se transcribe, recreando esta imagen de la mujer (Ríos Lloret, 2014: 209). En alusión a una prostituta tísica, el poema sentencia: «A esa hética infeliz le va matando la fiebre que ha cogido durmiendo horas enteras y soñando a la sombra del árbol prohibido».

Desde la historia del arte, más que hacer referencia al contenido, se ha incidido en el modo de representación de la mujer o, en trabajos más recientes, se ha puesto en relación la serie de *Humoradas* con el estilo de vida y las costumbres de las mujeres del fin de siglo, destacando cuestiones como el aseo en el peinado o la coquetería (Lafuente Ferrari, 1955: 7; Villanueva Cobo del Prado, 2016: 74-75).

En última instancia, este tipo de representaciones ligaría con la idea de las mujeres caídas, pues tanto la prostituta como la adúltera fueron figuraciones de la desviación sexual en el fin de siglo. Como apunta Luengo López, a efectos prácticos la redención de las prostitutas en la sociedad real, lejos de toda romantización, era algo difícil de conseguir por las fuertes convenciones sociales (2009: 493). Entre otros factores, para poder abandonar el oficio habían de acreditar que podían casarse o volver con su familia, pero era difícil desprenderse de los lastres de haber servido de objeto de consumo en el espacio público (Capel Martínez, 1986: 287). Puesto que durante el siglo XIX la moral imperante bebió de la tradición cristiana, se entendió que las prostitutas no tenían cabida en su sistema, y uno de los pocos modos de reintegrarse en ella era apartarse tomando como referente figuras como la de María Magdalena (Alonso Almeida, 2004: 88). En el ámbito visual, la figura de la adúltera redimida encarna este papel en algunas obras del fin de siglo español, como la que pinta en 1894 José Garnelo (1866-1944) y cuyo título hace referencia a este personaje bíblico [fig. 67].

prototipos de mujeres. Cecilio Pla no fue el único que retrató estas series de Campoamor: Santiago Regidor, Ángel Andrade y Alberti también las ilustraron en *Blanco y Negro*. «Cecilio Plá lo hizo entre el n° 668 (20-02-1904) y el n° 997 (15-6-1910). Precisamente esta última Humorada fue también la última colaboración de Cecilio Pla en Blanco y Negro» (Sáiz y De Tena, 1993: 71).

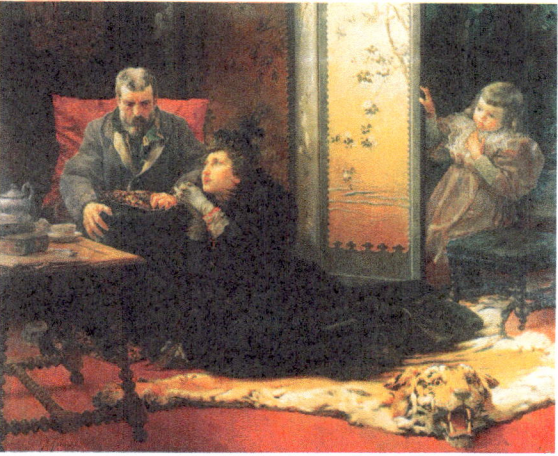

Fig. 67. José Garnelo, *Magdalena*, 1894.

Lejos de la realidad de la situación social, para esta doble moral tan característica del ochocientos, lo más fácil era imaginar una muerte en santidad para completar la imagen cultural de la prostituta. Esta idea se ejemplifica muy bien en historietas que aparecían en la prensa del momento, como la que describe bajo ese halo de virtud a la protagonista de *Vulgar*, una historia que se acompaña de su respectiva viñeta moralizante [fig. 68]:

> Fuí á verla, alargando el camino unas veces, acelerando mi marcha otras…; llegué al fin. Estaba acostada, desplomada mejor dicho sobre la cama, con la respiración jadeante y anhelosa; alzábase su pecho con trabajo á cada nueva inspiración y oíase debajo, subiendo desde lo hondo hasta la garganta, un ronquido vibrante y seco, como murmullo de vapor comprimido en caldera de hierro. […] Comprendí entonces que experimentaba honda conmiseración por su desgracia. Sentí bullir alrededor mío toda aquella historia suya, tan vulgar y tan dolorosa; aspiré el vaho de las miserias de la vida, y hubiera gritado ¡socorro! como un hombre que se ahoga, si no hubiera sido más fuerte mi dolor que el esfuerzo de mi voz. La miré fijamente, cara á cara, y parecióme entonces ver su cabeza rodeada de un nimbo de luz; alzábase gloriosa ante mis ojos, con la grandeza del martirio y la blancura deslumbrante de la redención (Paris, 1893: 153-154).

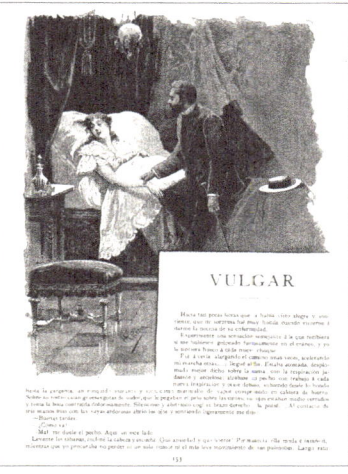

Fig. 68. M. Picolo, *Vulgar. La Gran Vía. Revista Semanal Ilustrada*, 3 de septiembre de 1893.

Este relato corto narra la historia de una muchacha obligada a prostituirse por su madre, de modo que en su persona se aúnan todos los ingredientes para desarrollar la figura del ángel caído, mientras que en el personaje masculino se reúnen las características de la doble moral burguesa (Charnon-Deutsch, 2000: 238-239). El final de esta leyenda evidencia las fallas sobre las que se sustentaba este mito, hecho que ratifica que la prostituta redimida no era más que un prototipo de la ficción generado con el establecimiento de la mentalidad del siglo XIX.

A pesar del filtro de las manifestaciones culturales, enfermedades como la tuberculosis hicieron estragos en las clases bajas, afectando a muchas prostitutas. Durante el fin de siglo occidental, parte de la visualidad, como se ha visto en el desarrollo de la tipología de la tísica sublime, enalteció los efectos y síntomas de esta infección con relación a una apariencia que hacía referencia a una feminidad ideal y a enfatizar cualidades como la pureza (Baixauli, 2022). Sin embargo, la producción cultural del momento también consideró como algo negativo efectos como la palidez. Durante el periodo finisecular, por un lado, la blancura sirvió para enfatizar una feminidad exquisita y potenciar el ideal de belleza, mientras que por otro se entendió como sinónimo de frecuentar la prostitución:

> Secos y estirados de cuerpo, descarnado semblante sobre cuya pálida tez colorea leve carmin sus mejillas, lívidas órbitas, orejas transparentes y desprendidas, *pupila dilatada*, nariz afilada, labio cínico, cuello alto y delgado, voz enronquecida, etc., etc., revelan á las claras una vida de crápula y placeres, un abuso prematuro de la Vénus y el vicio (Pulido Fernández, 1874: 100).

En conclusión, más allá de los efectos culturales de la romantización de la tisis, deben tenerse en cuenta otros aspectos sociales implicados en su consideración y percepción. De esta forma, al tiempo que la visualidad finisecular contribuyó a alimentar y revivir el mito de la prostituta redimida y santificada a causa de los efectos y el sufrimiento producido por la tuberculosis, desde ámbitos como el higienismo se puso un firme empeño en manifestar la situación real de las prostitutas para denunciar las consecuencias negativas de la urbanización y el progreso (Rodríguez Ocaña, 1987: 25; Castejón Bolea, 2001: 17). En este sentido, de forma simultánea al establecimiento de lo patológico como categoría estética, la misma enfermedad expresaba la degeneración social.

La amenaza venérea

El prototipo visual de la prostituta enferma más extendido en el fin de siglo español fue aquel que la presentaba como una amenaza para la salud pública, la moralidad y el orden social. A diferencia del tipo de la prostituta redimida, consecuencia de la romantización de la tisis, en este caso se muestra a esta figura femenina afectada por enfermedades venéreas como la sífilis. Sin embargo, lejos de manifestar explícitamente los síntomas físicos de la infección, se abogó por estrategias de representación que remitían al erotismo, a la sexualización, a la seducción y al engaño.

Para hacer efectivo el mecanismo visual que retrataba a la prostituta como la principal responsable del desorden social se remitió a la tradición de la personificación del contagio. El estudioso italiano Cesare Ripa reunió en su *Iconología* (1593), a modo de catálogo, distintas imágenes alegóricas de las virtudes, los vicios, las artes y otros elementos al servicio de los artistas de su tiempo, con su respectiva interpretación de los atributos que las acompañaban. Tanto en la edición de 1625 como en la de 1709, entre otras, la alegoría del contagio aparece personificada en una joven doncella pálida que porta una rama de nogal en su mano y es acompañada por un basilisco [figs. 69 y 70]. Además, a sus pies se presenta, aunque con ligeras variaciones entre ambas imágenes, un hombre joven que languidece en el suelo a causa de la enfermedad contagiada. Las imágenes finiseculares son deudoras de esta tradición que, si bien no emula directamente la figura de la alegoría, arrastra el poso de sus significados.

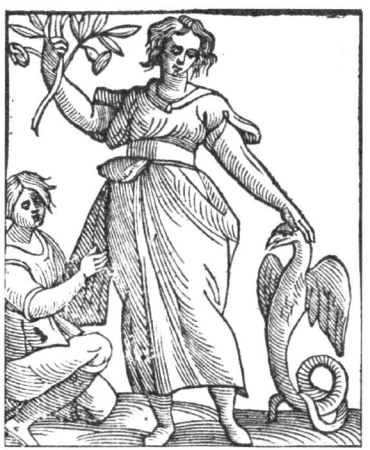

Fig. 69. *Contagione*, 1625.

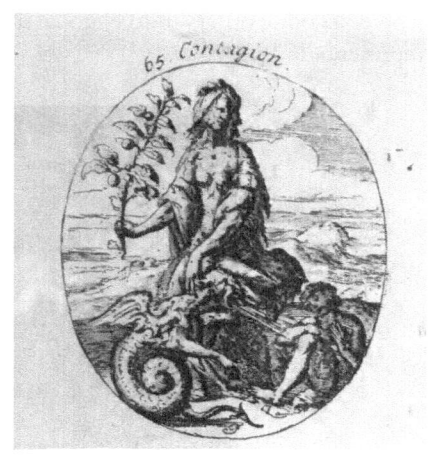

Fig. 70. *Contagion*, 1709.

En el fin de siglo, de la mano de disciplinas que abogaban por la salud colectiva, la sífilis y otras enfermedades venéreas se consideraron enfermedades sociales dados los efectos que trascendían al individuo, afectando a familias enteras y al conjunto de la población. Ello explica que en los últimos años de la centuria se celebrasen en Bruselas y en París dos conferencias sanitarias internacionales sobre la sífilis para establecer soluciones y debatir sobre los estragos que causaba en las naciones occidentales (Corbin, 1978: 386; Barona, 2016: 4). Esta cuestión estaba envuelta de aspectos sobre la teoría de la degeneración moral y física de la especie.

El miedo generalizado ante la gran transmisión y profusión de casos hizo que dicha infección se convirtiese en una figura simbólica en el imaginario social de la segunda mitad del siglo xix. Teniendo en cuenta las fuentes que autoras como Lily Litvak consultan, en Europa, durante las últimas décadas del siglo XIX, más de la mitad de las prostitutas activas tenían sífilis (1979: 205). Esta situación generó un miedo al contagio patente, hasta tal punto que incluso se creó un término para definirlo (Bornay, 1990: 63; Zubiaurre, 2014: 23). Opisso lo describe de la siguiente manera:

> Hay también una enfermedad especial, una hipocondría melancólica, que recibe el nombre de *sifilofobia* (horror a la sífilis), caracterizada por un terror continuo de manifestaciones sifilíticas, por un miedo incesante al contacto de cualquier objeto o persona que se figura está o puede estar contaminada; por una inspección angustiosa y frecuentísima de las partes genitales, de la ropa interior, etc. (1900: 86).

Richard Tennant Cooper, que a lo largo de su práctica artística captó de forma muy ilustrativa en distintos gouaches y acuarelas los estragos sociales de algunas enfermedades, emplea el temor a la sífilis como argumento presentando a la prostituta como la principal culpable del desastre y al hombre como víctima. Aunque poco se sabe de la obra, observando el gouache de 1912 puede adivinarse fácilmente el asunto representado [fig. 71].

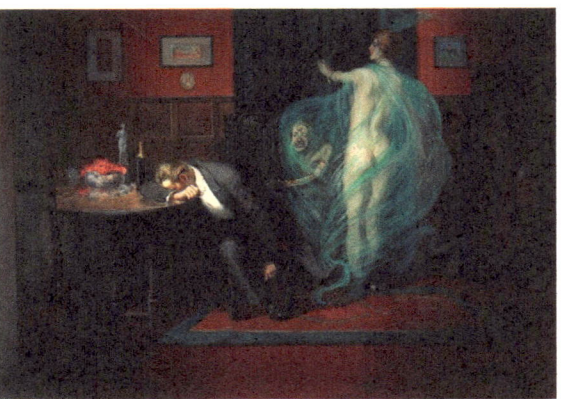

Fig. 71. Richard Tennant Cooper, *Syphilis*, 1912.

En un interior lujoso, un hombre abatido parece arrepentido del contacto ocasional con una prostituta seductora y elegante, un ente casi fantasmagórico que, envuelto en transparencias, marcha escondiendo bajo ella la personificación de la sífilis en su desdoblamiento físico, repleto de pústulas. Esta escena enlazaría, además, con algunos pasajes narrados en obras cumbre de la literatura, como es el caso de À *rebours* (1884), del escritor francés Joris-Karl Huysmans, en cuya historia el antihéroe protagonista, Des Esseintes, tiene un sueño en el que una criada se transforma en una mujer pálida repleta de máculas. Este tipo de imágenes, tanto literarias como visuales, contribuyó a generar un imaginario desde mediados del siglo XIX que seguía la estrategia de presentar la enfermedad en términos femeninos. En estos casos, a diferencia de aquellas

120

obras que contribuyeron a definir estéticamente lo patológico como rasgo distintivo, se vuelca en el tipo social de la prostituta infectada la responsabilidad de gran parte del funcionamiento del sistema.

La creación y el desarrollo de esta tipología forman parte de un objetivo mayor, que era erradicar o, al menos, frenar la expansión de las enfermedades venéreas. El higienismo fue uno de los ámbitos de actuación más destacados para afrontar este cometido, aunque en algunas ocasiones basase sus argumentos en cuestiones morales más que en datos objetivos: «no es solo la Medicina la que está demandando la pronta desaparición de las enfermedades sifilíticas: lo exige también la moral, guardadora de la paz de las familias» (Prats y Bosch, 1861: 9).

La expansión y la visibilidad de estas enfermedades en los centros urbanos suponían la desestabilización del sistema de valores burgués, de modo que las prostitutas pronto empezaron a ser vistas como potencialmente peligrosas. Una de las principales consecuencias negativas que afectaron al orden establecido fue el descenso de la natalidad (Fernández, 2008: 94). Dada la importancia que tenía la familia como agente para el mantenimiento de la clase media, el tema de la herencia fue un factor clave para que la sífilis se alzase como una auténtica amenaza. Para Jagoe, uno de los grandes cambios acontecidos con el establecimiento del pensamiento decimonónico burgués fue la consideración de la mujer como un ser moralmente superior respecto al hombre (1998a: 26). Este tipo de infecciones, sin embargo, alteraban este pensamiento, puesto que tarde o temprano afectaban a todo el cuerpo familiar. De hecho, la visualidad finisecular exploró este tema a través de la representación de los estigmas físicos de las enfermedades venéreas alrededor del cuerpo individual y social (Vázquez, 2017: 119-146).

En el ámbito europeo, artistas como Edvard Munch reflejaron esta problemática en algunas de sus obras, como *Inheritance* (1897-1899). En ella, el artista representa a una madre en una sala de espera, afligida por saber que su hijo, al que sostiene en brazos, está infectado por la sífilis. Al parecer, el pintor presenció este hecho, y por eso este asunto es recurrente en su trayectoria, pues aparece en otra obra similar realizada entre 1905 y 1906, y también en una serie de litografías de 1916, actualmente conservadas en el Munchmuseet de Oslo. Esta premisa, que alude con fuerza al sentimentalismo, gozará de cierta tradición una vez superado el siglo XIX, especialmente con las imágenes creadas a propósito de la propaganda antivenérea durante distintos conflictos armados.

Las primeras representaciones de la sífilis del ámbito occidental distan mucho de los argumentos empleados durante el siglo XIX, lo que vendría a reforzar la hipótesis de la feminización visual de lo patológico en la producción cultural generada en esta centuria. En 1484, por ejemplo, Alberto Durero (1471-1528) presentó el cuerpo de un hombre sifilítico plagado de heridas supurantes. En esta imagen se muestra una especie de ser humano astrológico, sobre cuya cabeza aparece la alineación de cinco planetas bajo el signo de Escorpio, que en la mentalidad clásica regía lo relativo a los genitales y a la sexualidad (Gilman, 1985: 248; Gilman, 1987: 91). La concepción de esta obra enlaza con el principio griego de la *melothesia*, una tradición médica clásica que, a grandes rasgos, concebía el cuerpo humano bajo los influjos astrales y que gozó de gran popularidad durante los siglos siguientes (Seznec, 1985: 49).

En el siglo XIX existían, por tanto, distintas tradiciones culturales y visuales para el tratamiento de esta enfermedad. Como se ha apuntado al inicio de este epígrafe, las obras del fin de siglo siguen, fundamentalmente, la tradición visual del contagio, dando lugar a una tipología iconográfica cargada de recursos simbólicos que alude a la retórica sobre esta enfermedad y en la que está presente el mensaje ambiguo que aúna muerte y erotismo. Este tipo presenta, no obstante, variaciones respecto a las producciones originarias, puesto que a lo largo de los siglos XVIII y XIX se abandonan los atributos clásicos vinculados a la personificación del contagio para devenir en una imagen nueva que se imbrica con ideas relativas a la tentación y la muerte. Piénsese, por ejemplo, en obras como *El caballero y la muerte* (c. 1670), de Pedro de Camprobín (1605-1674), dentro de la tradición de la *vanitas* barroca.

En el marco de esta investigación, uno de los puntos de partida para la consideración visual de la prostituta como amenaza, al presentarse como fuente de contagio y como seductora, es el frontispicio de la edición de 1851 del poema en cuatro canciones de Auguste-Marseille Barthélemy. A su vez, este poema está inspirado en una obra de Girolamo Fracastoro titulada, precisamente, *Syphilis* [fig. 72]. La imagen, que presenta en la parte inferior los nombres de A. Belin y E. Deschamps, es, en realidad, una variación de un emblema barroco, tal como desarrolla Gilman:

> This image is a nineteenth-century variation of the Baroque emblem representing the choice of Hercules, tempted by Voluptas, the vice of luxury, behind whose mask the temptress hides her ugliness. The difference here, of course, is that by the nineteenth century «vice» becomes «disease», seduction becomes infection (1985: 256).

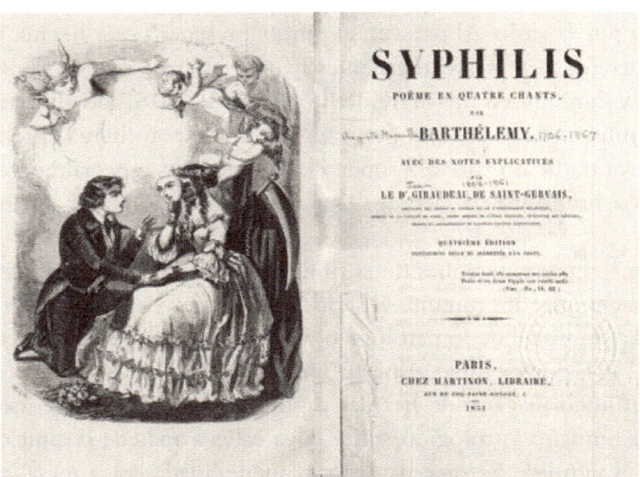

Fig. 72. A. Belin y E. Deschamps, Frontispicio de la obra *Syphilis* de Auguste-Marseille Barthélemy, 1851.

En esta imagen, una figura masculina se arrodilla ante una mujer que se desdobla en la personificación de la muerte, gracias a la identificación de atributos como la osamenta y la guadaña. Además de esta caracterización evidente, la obra se vuelve compleja al percatarse de la presencia de otras figuras alegóricas como la que aparece en el lado superior izquierdo, que remite a la representación de Hermes portando el casco alado y el caduceo, elemento que a finales del siglo XIX se vinculará con la personificación de la medicina. Uno de los recursos visuales más efectivos en esta imagen es la utilización de la máscara por parte del personaje femenino. Este elemento, que esconde el verdadero rostro de la protagonista de la imagen, el rostro de la muerte, goza de una tradición propia que ha sido estudiada por teóricos como Erwin Panofsky siguiendo el método iconológico y atribuyéndole el significado simbólico genérico de fraude o engaño (1972: 113). Esta obra anuncia de forma sintética la vinculación visual entre la seducción, el engaño y el contagio, así como los efectos devastadores a nivel colectivo de determinadas afecciones. En este sentido, la relación visual establecida entre las enfermedades venéreas y la imagen de la mujer es producto de la modernidad, que fomentó una mentalidad misógina que identificaba a la mujer con el mal y, en consecuencia, se empleó el recurso retórico de la personificación para ilustrar esta idea.

De algún modo, esta obra contribuyó a popularizar y extender la imagen cultural de la prostituta identificada con la muerte, y siguiendo esta estela, el artista belga Félicien Rops (1833-1898) representó *La parodia humana* (1881) a través del juego de máscaras que la prostituta encarnaba: bajo su apariencia erotizada y bella se escondía, no obstante, la muerte [fig. 73]. Más evidente es, siguiendo un dibujo conservado de la década de los sesenta del mismo autor, el camino a la enfermedad, y por extensión a la muerte, que una mala vida podía traer. En *Mors syphilitica* (c. 1865), Rops muestra a un ángel que ha perdido ya su doble cara y sobre el que los estragos de la consunción están haciendo efecto (Gras Valero, 2009: 402) [fig. 74]. En la misma línea, Tennant Cooper realizó una de las muchas obras encargadas por el farmacéutico británico Henry Solomon Wellcome con el objetivo de representar los efectos de las enfermedades vigentes [fig. 75]. En este caso, el artista acude a la imagen cultural que sobre la sífilis ya se tenía, y de nuevo sitúa a una seductora prostituta acompañada por la muerte en un segundo plano. Al fondo de la composición, una figura masculina de espaldas marcha cabizbaja y arrepentida, pues empieza a notar los efectos de la enfermedad venérea. La consideración en el siglo XIX de la sífilis como enfermedad social se hace patente, en esta imagen, por el resto de personas representadas al fondo afectadas por tal infección.

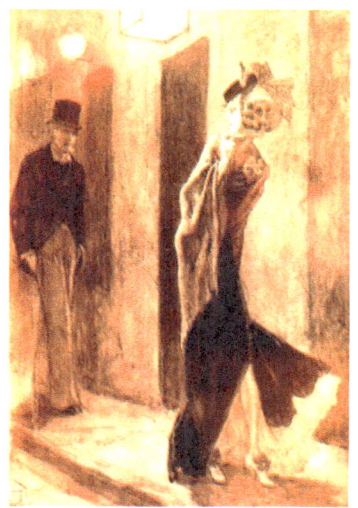

Fig. 73. Félicien Rops, *La parodia humana*, 1881.

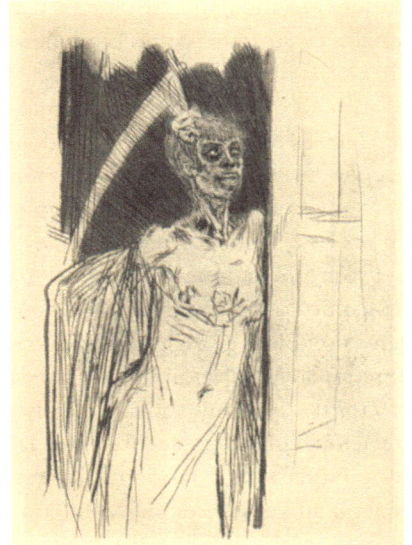

Fig. 74. Félicien Rops, *Mors syphilitica*, c. 1865.

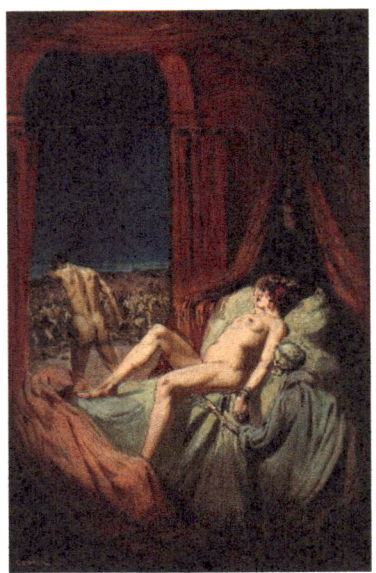

Fig. 75. Richard Tennant Cooper, *Syphilis*, c. 1912.

En el ámbito español, la obra que reúne los atributos y rasgos de una seductora prostituta que, en realidad, está infectada por sífilis es un cartel realizado por Ramon Casas (1866-1932) en 1900 [fig. 76]. El cartel, que inició su época de esplendor a finales del siglo XIX en Europa y Estados Unidos, se convirtió en un potente vehículo propagandístico para difundir la mentalidad del momento (Aznar Almazán, 1993: 55-58; Giralt-Miracle, 2005: 38).

Consciente de ello, en 1900 el doctor Abreu encarga a Ramon Casas un cartel propagandístico sobre su sanatorio para sifilíticos. Bajo la máxima «Curación absoluta y radical», el artista apostó por la imagen cultural de la prostituta infectada, tipificada a través de la categoría visual que aunaba erotismo, peligro y degeneración.

A pesar de la promesa casi milagrosa del cartel, debe tenerse en cuenta la función última de persuadir al consumidor dado su carácter propagandístico, especialmente teniendo en cuenta que no fue hasta el año 1905 cuando se descubrió la bacteria que causaba la infección por sífilis, el *Treponema pallidum*, fecha a partir de la cual logró ser combatida paulatinamente a través de compuestos como el salvarsán o la penicilina (Arís, 2002: 144).

Casas recurre a la tipología de la prostituta infectada, que se presenta indirectamente como culpable de este mal venéreo, o al menos como potencial responsable de su desmedida expansión. Esta obra es, en realidad, mucho más que una personificación de la sífilis, pues en ella se recoge la tradición que durante el siglo XIX logró consolidar la imagen cultural de tal infección. Sin embargo, en ella ya se han abandonado estrategias como la identificación con la muerte a través de los atributos propios de esta imagen.

Así, el artista imagina a una mujer consumida y enferma, que porta varios elementos que la delatan en alusión a un mismo mensaje simbólico.

Cristina Arias logró identificar la flor que porta en una de sus manos como el lirio común (*Iris germanica*) (2012: 57). Anteriormente, María López Fernández la había identificado como un narciso (2006: 70). Tras barajar la hipótesis de que podría tratarse de alguna planta medicinal utilizada como remedio para la sífilis, como la flor del guayaco o el extracto del árbol americano del palo santo (Barnett, 2014: 182), se advierte que, en realidad, el elemento botánico representado es una azucena (*Lilium candidum*), aunque el pintor se ha tomado ciertas libertades a la hora de reproducirla.

El significado de la azucena en el cartel de Casas no se entiende sin su contrario, figurado a través de la serpiente. Según Cooper, la serpiente como símbolo representó en las culturas antiguas la fertilidad, dada su capacidad telúrica (2000: 162-166). Con el cristianismo, la serpiente adquiere nuevas connotaciones con relación a la astucia y a la tentación, como una conjunción simbólica que viene a encarnar el mal (Casanova y Larumbe, 2005: 29-30). La astucia y la inteligencia asociadas a la serpiente aparecen trasdosadas en el cartel de Ramon Casas bajo un manto de mentira, ya que la prostituta se encarga de esconder el origen del mal, vendiendo al cliente pureza y delicadeza. De este modo, la prostituta del cartel de Ramon Casas ofrecería su pureza, mientras que la serpiente que esconde tras su espalda aludiría al veneno latente en su cuerpo.

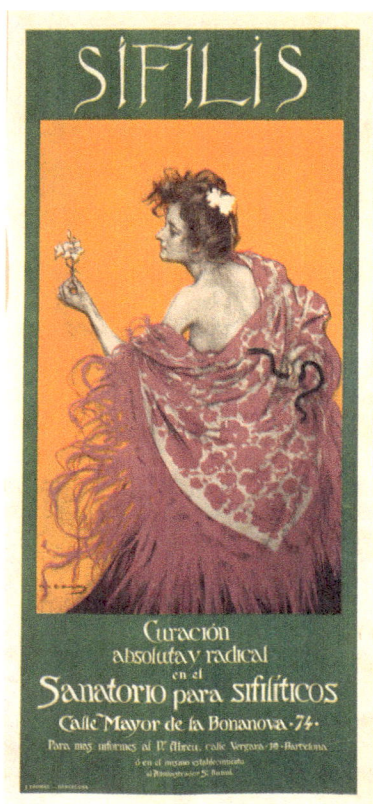

Fig. 76. Ramon Casas, *Sífilis*, 1900.

Además de la azucena y la serpiente, consideramos que el mantón de Manila es un elemento muy relevante en esta obra, tanto compositiva como significativamente. Aunque en origen su consideración remitía al lujo, pronto esta prenda se vinculó a la prostituta por alzarse como un elemento en línea con el erotismo (Justo Fernández, 2009: 160-165). Tal como advierte López Fernández sobre el cartel de Ramon Casas, a través de la representación del mantón pueden verse los estragos de la enfermedad, aludiendo el color de este a las manchas violáceas que la sífilis provoca en un estado avanzado (2006: 70). Más allá de las connotaciones eróticas de esta prenda, el mantón de Manila emularía una doble piel, como la máscara que llevaban las anteriores representaciones de la sífilis, en relación con la idea del engaño.

De este modo, más que una personificación de la sífilis, esta obra aunaría distintas tradiciones visuales y culturales a través de recursos retóricos para contribuir a la formación del tipo de la prostituta como amenaza para el orden social y la salud colectiva. Además, el cartel formaba parte de un contexto cultural mucho más amplio que refleja distintas ansiedades depositadas sobre un sujeto en femenino y perteneciente a una clase social determinada. Estas cuestiones que van más allá de la realidad social y dejan entrever una posición ideológica, se perciben en representaciones similares de mujeres vinculadas, si no a la prostitución, a ambientes donde se practicaba.

El retrato que Pablo Picasso realizó en 1899 de *La chata* muestra en un tono negativo a una prostituta muy alejada del ideal erótico y seductor que presenta Casas, pues aquí aparece con aspecto consumido y evidencia cierta vejez, aunque también porte el codiciado mantón. En la misma línea, Ricard Canals (1876-1931) ilustra una noche de verbena con dos mujeres cuyo rostro y modo de representación remite a la ridiculización [fig. 77].

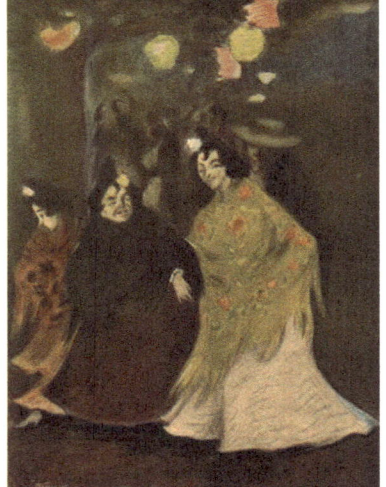

Fig. 77. Ricard Canals, *Noche de verbena. Hispania*, 30 de noviembre de 1901.

En definitiva, el estigma creado a lo largo del siglo XIX en torno a la prostitución se consolida al final del siglo en distintas manifestaciones que distan mucho de la romantización de esta figura. A diferencia del tipo anterior, la mujer como amenaza venérea, identificada socialmente con las clases bajas y la miseria, reflejaría la concepción de determinadas prácticas tachadas de degeneradas, evidenciando así las contradicciones de la moral burguesa.

Mientras esta tipología creada en torno a la prostituta en la visualidad artística finisecular la presenta como la culpable del mal venéreo, en otros discursos visuales, como el que se desarrolla en las ilustraciones médicas en distintos atlas de la segunda mitad del siglo XIX, el hombre es representado como la auténtica víctima. En estas manifestaciones culturales, parece que todo alrededor de la curación de la enfermedad gira en torno a su salvación. Para Carlos Reyero, el desarrollo de especialidades médicas como la dermatología o la venereología tuvo consecuencias científicas y también artísticas al empezar a representarse los síntomas más evidentes de tales afecciones (2017: 282-284). Esto explica que durante el fin de siglo se popularizasen obras ilustradas de gran difusión y alcance, como el *Atlas de la Clínica Iconográfica de enfermedades de la piel o Dermatosis*, de José Eugenio de Olavide, publicado por fascículos entre 1871 y 1873, y el *Álbum Clínico de Dermatología*, de un discípulo del anterior, Jerónimo Pérez Ortiz, publicado en 1886 y que incluía distintas láminas cromolitografiadas.

Es evidente que en la segunda mitad del siglo XIX se creía que la sífilis afectaba de forma distinta a hombres y mujeres, hecho que influye en la visualidad gestada en este momento:

> Es cierto que en el hombre despierta la sífilis escasa reaccion en el sistema nervioso, y en la mujer, naturaleza más impresionable, la infeccion secundaria determina un estado de sufrimiento general de dicho sistema, una pertubacion profunda, un desarreglo verdadero en todas las funciones de él dependientes, un estado *neurósico* acentuado con manifestaciones múltiples y variadas. Pero de ninguna manera hay que creer que se sustraiga el hombre por completo á la influencia que sobre su sistema nervioso ejerce la infeccion sifilítica (Cantó y Blasco, 1885: 14)

La concepción del hombre afectado por enfermedades venéreas responde, más allá de la popularización de determinados materiales del ámbito científico, a cuestiones sobre el orden nacional. Como ha estudiado Castejón Bolea, enfermedades venéreas como la sífilis empezaron a preocupar a los médicos militares a mitad del siglo XIX, y a medida que avanzó la centuria se convirtió en una auténtica obsesión dado el alcance de su expansión entre las tropas (2001: 209-210). Quizá por ello, en las últimas décadas del siglo, la sífilis se comprendió como una enfermedad con implicaciones sociales debido al fuerte impacto que tuvo en distintos países, poniendo en jaque la propia defensa y estabilidad nacional. En palabras de Opisso: «La sífilis está muy extendida en los ejércitos; en Inglaterra se contaron 224 atacados por cada 1000 hombres, el año 1888; pero la proporción ha subido mucho desde entonces, y en la India la sífilis es casi universal en las tropas británicas» (1900: 87).

Así, a finales del XIX ya se consideraba uno de los principales riesgos y elementos de desestabilización nacional, y tal discurso dejaba entrever, más allá del contagio, la doble moral de la burguesía, que depositaba sus frustraciones en figuras marginales como la de la prostituta (López Fernández, 2006: 168).

HASTÍO, CANSANCIO Y OTROS EFECTOS DE LA VIDA MODERNA

Para el primer número del año 1901 de la revista ilustrada *Pèl & Ploma*, Ramon Casas, quien financió durante los años de edición esta publicación, realizó un dibujo titulado *La fí de sigle (sentada en una cadira de barrons)* [fig. 78]. Este artista desarrolló un estilo propio a lo largo de su trayectoria, especialmente apreciado por la forma de captar los momentos, estados, espacios y personajes de la vida urbana moderna. En esta obra se refleja, a través de la visualidad, la actitud que pareció relacionarse de forma extendida con la mujer durante el fin de siglo. Siguiendo esta tendencia, Casas presenta a una mujer elegante, que parece sacada del París del momento, reclinada y dormida en la silla de un interior vacío del que se intuye que poco antes había estado repleto de personas. Con un título tan característico, Casas da ciertas claves sobre algunas representaciones de la mujer en el fin de siglo. La mujer que vivió el cambio de la centuria a menudo se imaginaba cansada, soñolienta, fatigada, rodeada de almohadones o deseosa por tumbarse en lujosos divanes, perezosa, elegante y en actitud que remitía a estados melancólicos.

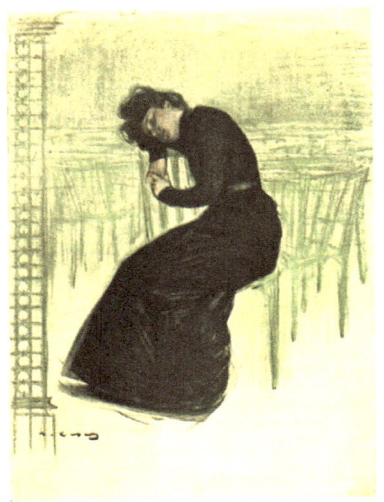

Fig. 78. Ramon Casas, *La fi de sigle (sentada en una cadira de barrons). Pèl & Ploma*, 1 de enero de 1901.

El nuevo estilo de vida y las nuevas prácticas asociadas a la sociedad industrializada transgredían las normas de los espacios propuestos por el sistema de género. Como consecuencia, la presencia de mujeres en lugares asociados a lo masculino hizo que se pensase que la feminidad construida durante la centuria estaba en peligro, y se recurriese a estrategias varias para su patologización o, cuando menos, para mostrar su supuesta debilidad y, por tanto, su inferioridad respecto a los varones. En ese momento, estas maniobras habían calado en el imaginario social, de modo que muchos artistas seguirán reproduciendo los modelos establecidos.

Para autoras como Irene Gras, este tipo de representaciones responden al extendido sentimiento de añoranza y evocación que pareció marcar el espíritu finisecular del ámbito occidental, el conocido como mal del siglo (2009: 347). Sea como fuere, lo cierto es que el modo en que la visualidad retrató el prototipo extendido de la mujer de esa época albergaba distintas preocupaciones que reflejaban la complejidad y las ambigüedades de este periodo de tiempo:

> En esta mujer están comprendidas todas las conquistas que el don Juan del siglo nuevo enamoraba una noche de ruda franqueza diciendo: «Lirios de taberna, mundanas frágiles con hocicos de roedores, bailarinas impúberes, duquesas exangües, dolorosas, eternamente fatigadas, morfinómanas y melómanas; banqueras judías con los ojos más cavernosos que un agonizante; comparsas de music-hall que, al cenar, echaban creosota en sus copas de champaña; insexuadas de Montmartre, adróginas; chiquillas angulosas, espantosas y macabras, olorosas á fenol, clorosis pintadas, de una delgadez inconcebible –tales fueron mis amantes» (Gómez Carrillo, 1902: 7).

Mujeres frágiles que adoptan poses sensuales, jóvenes que asisten a bailes públicos y otros espectáculos relacionados con el ocio nocturno, elegantes refinadas, morfinómanas y asiduas a consumir otro tipo de sustancias selectas, mujeres que potencian su sexualidad y atributos, andróginas, cloróticas y un largo etcétera. El fin de siglo reúne, en el énfasis por contentar la mirada masculina y la crítica, los nuevos modelos de mujer que se alejaban de ese ideal de feminidad sana propuesto durante el siglo xix. Sin embargo, más allá del rechazo a otras feminidades, estas actitudes remiten a síntomas de novedad, creando, casi sin quererlo, nuevos paradigmas alejados de la convención ideal femenina y que, de forma retórica, representan la propia idea de modernidad.

Autores como Ricard Canals frecuentaron la tipología de la mujer cansada. A través de los trazos cotidianos del dibujo representó a algunas mujeres tumbadas que, a juzgar por la vestimenta y la apariencia, quedaban muy alejadas de la forma en que la visualidad estaba reflejando a las mujeres trabajadoras. Lejos de una intención de compromiso social, este tipo de imágenes aluden a la invalidez e inferioridad femenina tan presente en los discursos de género, que categorizaron a la mujer con uniformidad [fig. 79]. El mismo autor también retrató a una mujer en actitud similar, siendo atendida por otra mujer ante un repentino mareo, y acompañada por un papagayo, animal que tradicionalmente se ha interpretado como un símbolo de distinción o como símbolo sexual (López Fernández, 2003: 20; López Fernández, 2006: 75) [fig. 80].

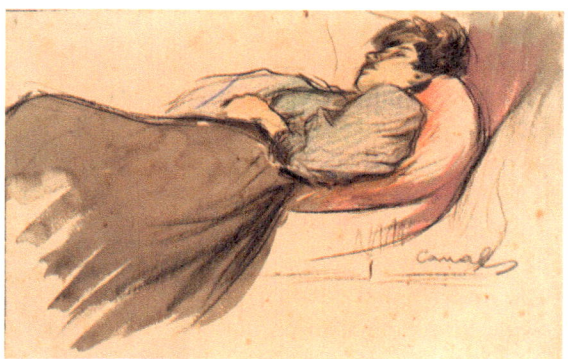

Fig. 79. Ricard Canals, *Mujer tumbada*, c. 1900.

Esta selección de imágenes prefigura, en un tipo concreto de mujer que hace referencia a las elegantes, actitudes extendidas en la vida moderna como el hastío y el cansancio, que remitían a los efectos sobrevenidos por las nuevas prácticas de ocio. Más allá del contenido temático, en la figura femenina se volcaron un sinfín de preocupaciones sobre aquello que podía afectar al débil organismo de la mujer o alterarlo, dando lugar a enfermedades de tipo físico y también moral. En realidad, cualquier actividad de la vida moderna parecía afectar fuertemente a las impresiones de la mujer, cansarla, incluso marearla.

En la Exposición Nacional de Bellas Artes de 1897, José Jiménez Aranda presentó *Mareadas* [fig. 81] (Bazán, 2005: 102), una obra que para Justo Fernández presenta a dos figuras femeninas, posiblemente madre e hija, en un lujoso camarote (2009: 655). Siguiendo esta hipótesis, la imagen vendría a reflejar, de forma un tanto sentimentalista y exagerada a juzgar por el gesto de la más pequeña, que aparece reclinada sobre su madre, consideraciones acerca de la naturaleza femenina. La más mayor, aunque actuando como figura de apego, también se sentiría mareada si se atiende al plural del título que identifica la obra, de modo que se constituiría como una de las múltiples imágenes que potenciaban la idea de la mujer como sujeto fácilmente susceptible. Además, el punto de vista adoptado por el pintor, así como la información que revela el título original, invitan al espectador del momento, inserto en el contexto cultural que asociaba la sensibilidad y la fácil impresionabilidad con lo femenino, a completar la obra.

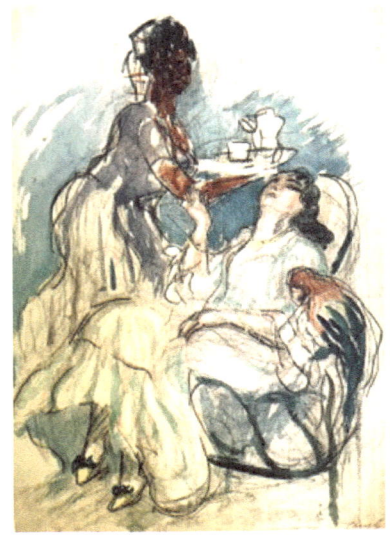

Fig. 80. Ricard Canals, *Mujer en un sofá*, s. f.

Una de las estrategias visuales empleadas durante el fin de siglo ante la aparición y presencia de nuevos modelos de mujer que rompían el molde de la idea decimonónica del eterno femenino fue, precisamente, potenciar la imagen de la mujer como un ser altamente impresionable, frágil y cansado. El triunfo de la *new woman*, que promovía una imagen alejada de la exquisitez burguesa y optaba por la liberación a través de nuevos modos de vestir y comportarse, convivió con los tipos misóginos tan explotados durante el fin de siglo europeo y ofreció, en paralelo, imágenes de mujeres que conducían, empuñaban cámaras de foto, montaban en bicicleta, practicaban deportes, escogían una profesión por encima del matrimonio o salían del ámbito doméstico para disfrutar de las múltiples opciones de ocio urbano (Ferrer Álvarez, 2016: 135-149). Estas conquistas pusieron en peligro el mito de la feminidad burguesa consolidado durante el XIX (Luengo López, 2009: 39).

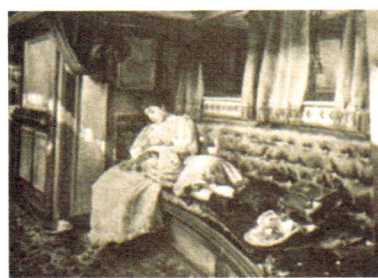

Fig. 81. José Jiménez Aranda, *Mareadas*, 1897.

A pesar del cambio generalizado de actitud, la herencia de los discursos que habían apuntalado esa feminidad exquisita durante tantos años seguía pesando. Por ello, es común encontrar imágenes impregnadas de cotidianidad que presentan, por un lado, un nuevo modelo de mujer, pero, por otro, arrastran convenciones ideológicas sobre la construcción de los géneros. En 1906, el pintor sevillano José Villegas Cordero (1844-1921) captó a una de estas mujeres descansando tras un partido de tenis [fig. 82]. Aunque ciertos sectores sociales objetaban que la mujer practicase deporte, en las últimas décadas del siglo XIX empezaron a popularizarse algunos como el tenis, del que se pensaba que no requería mucha fuerza física para su práctica (Pomés Soler, 1902: 206). En estos momentos era común que las mujeres asiduas a practicarlo usaran atuendos más acordes a las necesidades del movimiento (Litvak, 1979: 161); sin embargo, la apariencia de la mujer retratada por Villegas Cordero es más propia de la encorsetada feminidad anterior, idea que se complementa con su actitud reposada.

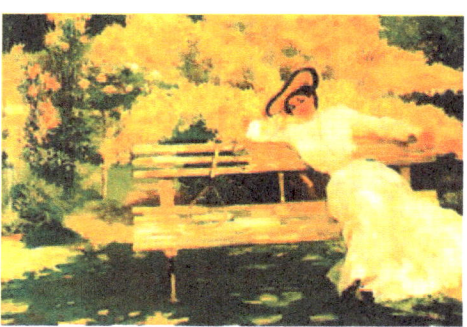

Fig. 82. José Villegas Cordero, *Descanso tras el juego*, 1906.

Si hubo una actividad que preocupó al pensamiento burgués esa fue, sin duda alguna, los bailes públicos. En realidad, más que el baile en sí, eran las circunstancias del espacio las que se tacharon de inmorales porque ponían en jaque todo el sistema social convencionalizado durante la centuria (Luengo López, 2009: 571). En esos actos, celebrados en nuevos espacios de socialización y ocio nocturnos, se entremezclaban y aglutinaban hombres y mujeres de distintas clases sociales, de modo que no había distinciones económicas y tampoco de clase, y entraban en escena temidos fenómenos como la presencia de la prostitución. La creciente obsesión que la clase media tuvo en torno a la prostitución ponía de relieve que los problemas morales también competían a la burguesía. Quizá por ello se puso tanto empeño en delimitar las fronteras entre pares de conceptos polarizados y en la diferenciación entre esta clase social y el resto de estratos. A pesar de la imagen oficial que quiso transmitirse a través de distintas manifestaciones culturales, a finales de siglo sería más que evidente la coexistencia y consecuente contraste entre la modernización y sus efectos marginales, que apuntaban a la idea de la decadencia (Labanyi, 2000: 201).

La mujer burguesa, consolidada durante todo el siglo como categoría vinculada al ámbito doméstico, ahora salía de esta esfera y estaba a disposición de mil placeres fugaces que, se pensaba, podían perturbar los valores de moralidad y respetabilidad. Su concepción se había afianzado con relación a la pureza física y moral, y de ella dependía la educación de los más pequeños para perpetuar el bien de la clase, que ahora estaba en peligro. Acostumbrada a unas directrices muy distintas, se consideraba que asistir a determinados bailes públicos perturbaba sus funciones naturales y la ponía en peligro tanto fisiológica como espiritualmente:

¿Cómo, en efecto, no se veria perturbada la organizacion en el curso de sus funciones, cuando se ve mantenida, durante la noche, en un estado contínuo y forzado
de excitacion, por el brillar de las luces, por espectáculos, la agitacion del baile, de la
conversacion y otros mil placeres, y, cuando, al contrario, al despuntar el sol hay que
entregarse al sueño y reparar así, á contratiempo, una complexion delicada, agostada
por esas vigilias y esos fatigantes goces? Mientras que las facultades de la vida animal
convergen hácia el interior para el reposo y el sueño, cada noche se vela, se obra, se
pone en juego la sensibilidad; […] Así, pues, notad el sinnúmero de jóvenes á este
género de vida entregadas, marchitándose, enervándose, agostándose. Es innegable
que, no sosteniéndose la existencia nocturna sino por artificio, en medio de estimu-
lantes bien poco naturales, las funciones del sistema nervioso se fatigan, se agobian
y deben languidecer (Virey, 1881: 73-74).

En la visualidad artística del fin de siglo español proliferó una tipología que presentaba a elegantes mujeres después de acudir a un baile de forma muy similar, sumidas
en un profundo agotamiento. Aunque no estaban enfermas como tal, se las retrató
como extasiadas, lánguidas, cansadas, casi a punto de quebrarse a causa de las supuestas
impresiones producidas en sus organismos. Este tipo de imágenes actuarían, así, como
medio para ilustrar las consecuencias morales y mentales que podía tener frecuentar
estos espacios.

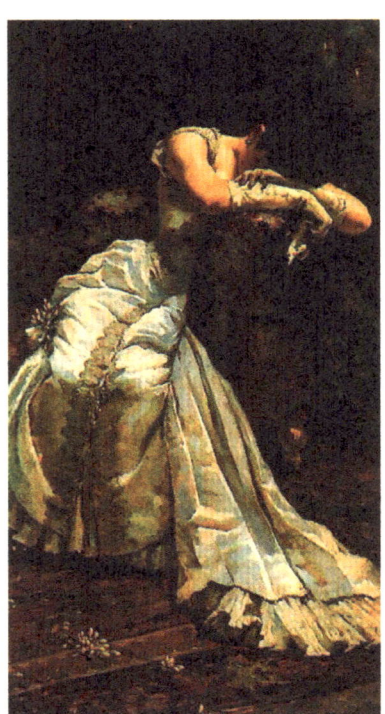

Fig. 83. José Villegas Cordero, *Descanso del baile*, 1888.

Villegas Cordero también representó, en
1888, a una mujer después del baile, obra en la
que se puede llegar a advertir cierto arrepentimiento a juzgar por el gesto, que parece anunciar
desenfreno por los adornos que aparecen espar-
cidos por el suelo y que poco antes debieron
formar parte del atuendo de la dama [fig. 83].

A lo largo de todo el siglo XIX, desde disciplinas como el higienismo, se había venido advir-
tiendo sobre los peligros que suponía trasnochar
para las mujeres, pues ello llevaba asociadas una
serie de prácticas y costumbres que ponían en
jaque el buen mantenimiento del núcleo familiar. En concreto, del baile se decía que exaltaba
las facultades mentales, que fomentaba actitudes
pasionales y, además, que provocaba una especie de parasitismo femenino (López Fernández,
2003: 24). Autores como Felipe Monlau advertían, incluso, que no era recomendable mantener relaciones sexuales tras una noche de baile,
dadas las fuertes impresiones que ello provocaba
en el organismo de una mujer (1881: 194). También desde el ámbito pedagógico, a través de la

edición de manuales de conducta destinados a mujeres, se trabajó en este empeño. En la segunda edición del manual sobre la educación de la mujer escrito por Faustina Sáez de Melgar, que abogaba por una educación basada en valores moralistas y tradicionalistas, advertía que alejarse del hogar doméstico por parte de una mujer era inmoral, pues ella se alejaba de deberes propios de este ámbito como la lactancia: «Las que siguiendo el curso de la Sociedad actual se privan de tan inmensa satisfaccion por tener libertad para asistir á los bailes y á las diversiones, no saben lo que se hacen, y en su locura dejan la verdad por la mentira» (1881: 29-30).

El talante moralista, sin embargo, no es el que va a primar en el discurso visual del fin de siglo, pues la mayoría de imágenes producidas que muestran a mujeres cansadas después del baile, más que remitir a la aflicción, se recrean en emular cuestiones vinculadas con el erotismo. Junto a las obras pictóricas, esta tipología visual fue muy recurrente en publicaciones periódicas ilustradas, muchas de ellas dirigidas al público femenino. En este sentido, debe tenerse en cuenta que la prensa femenina española, en tanto que difusora de determinados valores y símbolos culturales, era la prensa de la mujer burguesa del ámbito hispano. Este tipo de publicaciones abogaban por ensalzar el ideal de la mujer forjado al calor de los intereses de su clase social e introducían, a través de recursos propios de la retórica visual, reflexiones morales y clichés culturales sobre el ámbito doméstico, la familia o la maternidad, entre otros, que dejaban entrever la orientación e ideología de los editores (Perinat y Marrades, 1980: 68 y 76; Fernández de Alarcón, 2015: 168-172).

En este marco, revistas como *La Ilustración Artística* o *La Ilustración Ibérica* incluyeron entre sus páginas dibujos que ilustraban historietas, así como grabados de cuadros expuestos durante los años de su publicación, que reproducían la imagen de la mujer agotada tras un baile o, en su defecto, alguna variante tipológica. Es el caso del grabado de la obra *Después del teatro*, presente en el número del 14 de enero de 1893 de *La Ilustración Ibérica*, y que muestra a una mujer de clase alta, que todavía mantiene su ropa de fiesta, echada sobre una especie de diván y envuelta por almohadones, mientras su marido espera resignado [fig. 84].

De un modo similar, Francesc Masriera pinta en 1894 a una mujer fatigada, en la misma actitud que las observadas con anterioridad, todavía enguantada, rememorando la proximidad de la escena [fig. 85]. En este caso, la obra se reprodujo en la portada del 6 de enero del mismo año en *La Ilustración Ibérica* y también

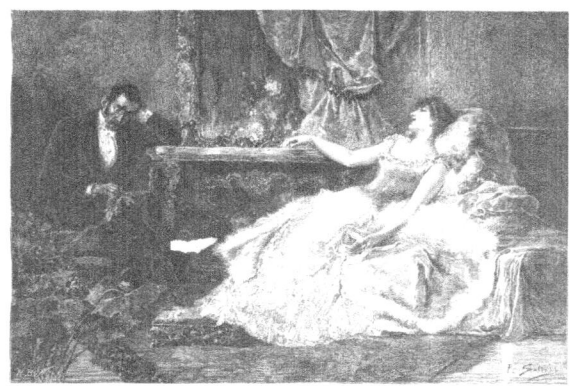

Fig. 84. P. Salinas, *Después del teatro*. *La Ilustración Ibérica*, 14 de enero de 1893.

en *La Ilustración Española y Americana* del 22 de diciembre de 1897 (Charnon-Deutsch, 2000: 233).

134

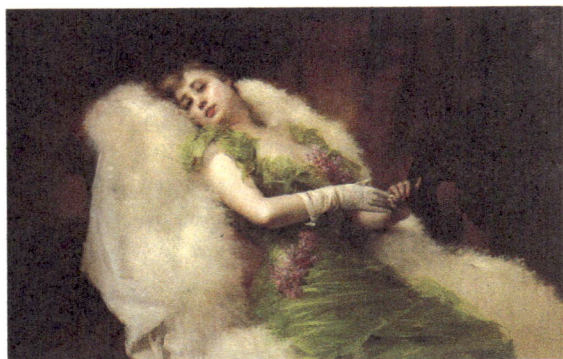

Fig. 85. Francesc Masriera, *Fatigada*, 1894.

Del mismo pintor es la obra *La última copa*, presentada en la XVII Exposición Extraordinaria anual de la Sala Parés del año 1900, que «muestra una de sus *mondaines* en plena orgía, vacilante entre los vapores del champagne» (*Hispania*, 1900: 18) [fig. 86]. Reproducida en uno de los números de ese año de la revista quincenal *Hispania*, la obra presenta a una joven abandonada al sueño a causa de su entrega a los excesos.

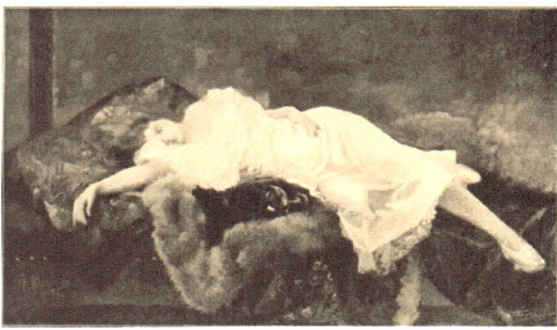

Fig. 86. Francesc Masriera, *La última copa*. *Hispania*, 30 de enero de 1900.

Para Bram Dijkstra, estas imágenes remiten a la tipología visual del *Dolce far niente*, un tipo de representación que presenta a la mujer postrada y cuyo origen se sitúa en el seno de la cultura victoriana, que consideraba que la mujer tenía responsabilidades morales, aunque a efectos públicos actuaba como un mero ornamento del marido (1994: 70).

Durante la segunda mitad del siglo XIX proliferaron este tipo de imágenes en las que se ensalzaba el hecho de no hacer nada por parte de las representadas, actuando con una actitud relacionada con el estatus. Además, en el caso español, el ímpetu por mostrar la languidez y el desfallecimiento femenino responde a la obsesión que la sociedad finisecular tuvo por la sexualidad, otorgando a estas mujeres una concepción erótica en la que entraba en juego la mirada masculina. En esta línea, para Ríos Lloret este tipo de imágenes presentan una relación inconsciente con la preocupación por los placeres solitarios y la lujuria (2005: 110), tal y como se ve reflejado en imágenes similares como las de lectoras dormidas.

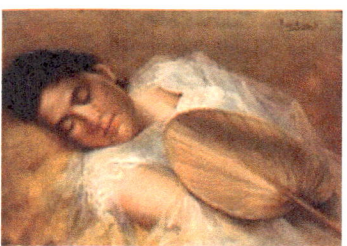

Fig. 87. Josep Pinós i Comes, *Descans després de la festa*, s. f.

Existen ejemplos que abordan el descanso femenino tras un baile o una fiesta de forma más anecdótica y sentimentalista, como en el caso de la obra de Pinós [fig. 87]. En ella, más que aludir a la idea de los efectos degenerados de la vida moderna, se incide en la plasmación de un anecdótico momento cotidiano.

Sin embargo, lo más común va ser encontrar representaciones centradas en las consecuencias límites de frecuentar bailes públicos. Dentro del panorama artístico que comprende el fin de siglo, caracterizado por la multiplicidad y convivencia de distintos estilos, corrientes y movimientos culturales, este tipo de representaciones se encuadrarían en el marco del decadentismo, que arremetía contra la atmósfera promovida por la moral burguesa. Así, en la primera exposición individual del artista Ramon Casas celebrada en 1899 en la Sala Parés se presentó una cosmopolita figura femenina vestida a la moda francesa reposando tras un baile [fig. 88]. Siguiendo el título, y más allá de los efectos del baile en la fisiología de la representada, la imagen de esta mujer como decadente alude a un cansancio que va más allá de lo físico, ya que respondería a un sentido y un agotamiento existencial, muy en línea con el extendido sentimiento finisecular (Gras Valero, 2009: 347-351). Tanto por la actitud, como por la mirada perdida, el vestido y la situación representada, esta obra remite a las palabras que Max Nordau utilizó para describir los síntomas de la sociedad enferma. En su texto *Degeneración*, en lo primero que repara para advertir tal estado es en las mujeres que se ven en las ciudades europeas del momento, y alude, precisamente, a las formas de vestir, que enlazan con las representaciones que se están analizando:

> Mezclémonos con la muchedumbre en las plazas elegantes de las grandes ciudades europeas, en los paseos de los balnearios á la moda, en las *soirées* de las gentes ricas, y examinemos los tipos que encontramos. [...] Como forma predominante se nota en la mayoría, que no quiere ponerse en evidencia y se contenta con un término medio exento de fantasía, un poco rococó atormentado de líneas oblicuas que desconciertan, con volantes, rodetes, abultamientos y hundimientos incomprensibles, plegados sin principios razonable ni fin justificado, en los cuales naufragan todos los contornos de la forma humana y que hacen parecerse el cuerpo femenino tan pronto á un animal del Apocalipsis, tan pronto á una butaca, á un tríptico ó á cualquier otro objeto de aparato y ornamentación (1902: 14-15).

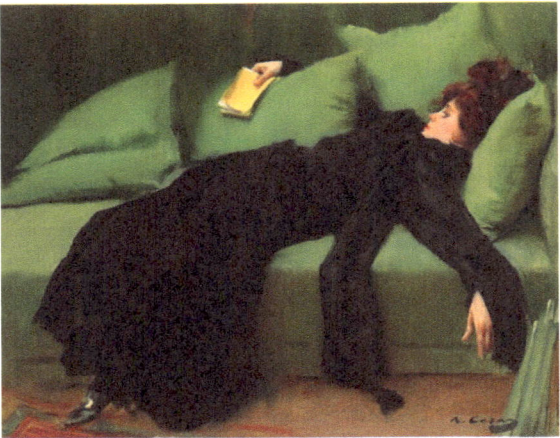

Fig. 88. Ramon Casas, *Joven decadente. Después del baile*, 1899.

Este óleo sirvió como base para la composición de un cartel de la revista *Pèl & Ploma*, también del año 1899, en el que de nuevo la protagonista es una mujer decadente que adopta la misma pose y viste de un modo muy similar, aunque, en este caso, el pretexto del baile ha sido sustituido por una pluma y un pincel, en alusión al nombre de la publicación [fig. 89]. Este hecho vendría a figurar que la mujer que estaba fraguándose visualmente en el fin de siglo se presentaba desde determinados sectores culturales como hastiada y cansada por los efectos de esa vida moderna, que cambió su ritmo de vida, teniendo acceso a la educación, tiempo para el ocio nocturno y mayor libertad para asistir a otros espacios que no se limitaban a la esfera intimista.

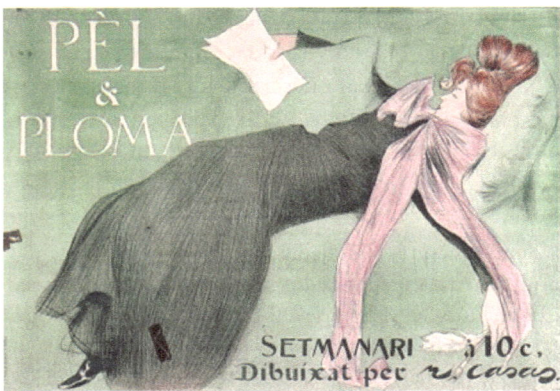

Fig. 89. Ramon Casas, Cartel de la revista *Pèl & Ploma*, 1899.

En última instancia, y para cerrar esta tipología que ilustra muy bien las conquistas de la mujer del fin de siglo, nos parece oportuno destacar una obra que remite a un tipo concreto de baile, los bailes de máscaras. Se trata de *Fatigada*, un lienzo de Mariano Oliver Aznar (1863-1927) pintado en 1899 que presenta a una mujer vestida elegantemente, tumbada mientras sostiene entre sus manos un antifaz que, se intuye, antes había ocultado su cara [fig. 90]. La sonrisa de su cara enlaza, además, con algunas representaciones finiseculares de la mujer en línea con la mujer fatal. Aunque a primer golpe de vista pueda parecer que se trate de un retrato anclado en la cotidianeidad y en la espontaneidad, lo cierto es que este tipo de imágenes estarían en la línea de la consideración generalizada que entendía que ciertos espectáculos y festividades suponían un auténtico peligro para el buen mantenimiento social.

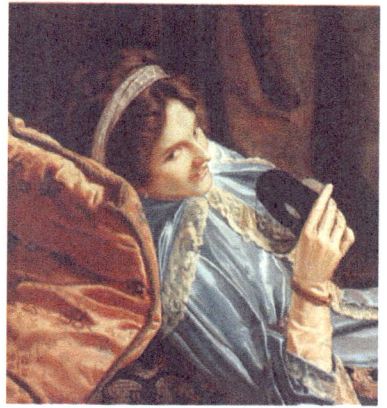

Fig. 90. Mariano Oliver Aznar, *Fatigada*, 1899.

Bajo el pseudónimo de Kasabal, el político José Gutiérrez Abascal, que colaboró puntualmente con distintas publicaciones periódicas, sentenció que los bailes de máscaras estaban en línea con la degeneración de la sociedad: «Es indecible lo que han degenerado esta clase de fiestas» (1893: 18). Anteriormente, también el médico Ángel Pulido Fernández advirtió de lo delicado de determinadas diversiones:

> Una de las diversiones que marcha á la cabeza de todas por lo mucho que pervierte, y por las víctimas que tiene inmoladas en el parasismo de sus delirios, es la de los bailes públicos, y sobre todo los de Carnaval. […] Estamos en Carnaval. La diosa de la locura con la esportilla de los delirios bajo el brazo, y el rostro descompuesto por inusitada exaltacion, se echa á correr por la ciudad […]. Al sentir su hedor calenturiento, todas las clases sociales se mueven con el deseo de la algazara, hacen esfuerzos por olvidar las penas propias; y desde el altivo funcionario hasta la traviesa modista, desde la más severa patrona hasta el más aburrido huésped, todos sienten retozar la alegría dentro de sus cuerpos, se desprenden de su continente habitual, ocultan bajo una falsa máscara sus facciones, se transforman en mamarrachos, y sacuden joviales su pereza para gozar con las bromas y los desórdenes que disculpa una tradicional costumbre (1874: 129).

Al extendido sentimiento decadente que envuelve estas obras, cabe añadir el influjo que los discursos oficiales siguieron ejerciendo sobre la visualidad artística. Así, es común, durante los años finales del siglo xix y todavía durante los primeros de la centuria siguiente, tropezar con distintos dibujos y grabados en publicaciones periódicas ilustradas que cargaban contra el ocio ostensible de las mujeres mundanas por las negativas consecuencias físicas y, sobre todo, morales, que tenían en ellas. El 23 de febrero de 1895, *La Ilustración Ibérica* reproduce un dibujo de Picolo [fig. 91], acompañado por un comentario que alude a la responsabilidad moral femenina:

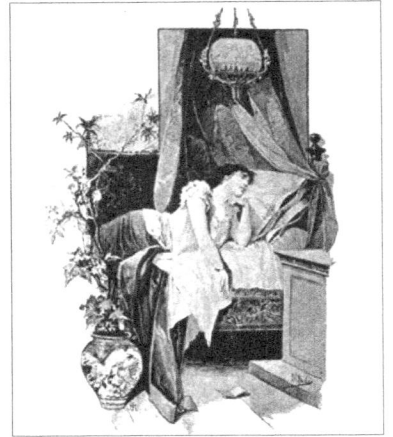

Fig. 91. M. Picolo, *Después del baile. La Ilustración Ibérica*, 23 de febrero de 1895.

El artista ha interpretado muy bien la fatiga y languidez que siguen á una noche de baile. Es ley de la naturaleza que á la actividad suceda el reposo; pero cuando la actividad es perniciosa, como suele ocurrir en la mayoría de los bailes, el descanso tiene igual carácter. No duerme lo mismo el que se acuesta después de una jornada de trabajo que el que lo hace al salir el sol después de una noche de alegría loca, ó ¡quién sabe si de crueles sufrimientos morales! (1895: 118).

Una mujer que adopta una pose sensual yace en la cama tras haber asistido a una noche de baile. Como apunta la apostilla que acompaña a la imagen, este dibujo capta bien el frenetismo previo y el cansancio consecuencia de tal actividad. Además, esta sensación se acompaña visualmente, además de por la actitud de la representada, por los elementos que yacen a los pies de la cama. Muy similar es el comentario del grabado del cuadro de M. Seña, titulado también *Después del baile*, recogido en el número del 29 de agosto de 1898 de *La Ilustración Artística*, y que presenta a una figura femenina reclinada, todavía vestida con el atuendo elegante, a la que parece que el cansancio ha poseído hasta el punto de solo poder retirarse el guante que yace en el suelo [fig. 92]:

La figura que con tanto acierto ha pintado el autor de este cuadro corresponde perfectamente al título que lleva el lienzo: hay en su actitud y en la expresión de su rostro todo este cansancio que abate el cuerpo y adormece el espíritu después de una noche de baile y que sobrepone por completo á todas las sensaciones agradables que aquellas horas de placer hayan podido producir (1898: 562).

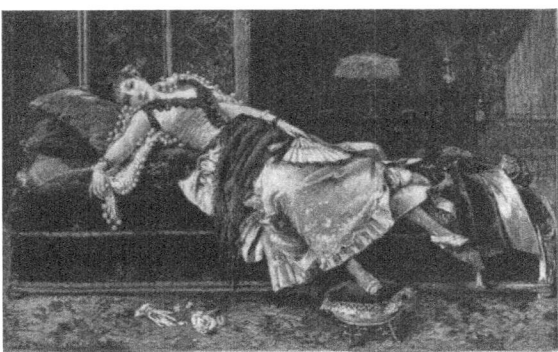

Fig. 92. M. Seña, *Después del baile. La Ilustración Artística*, 29 de agosto de 1898.

Durante las décadas finales del siglo XIX y las iniciales del XX la mujer moderna fue ganando cada vez más protagonismo en el espacio público, y el discurso visual quiso ser partícipe de ello. Sin embargo, aunque en principio parezca que el papel de las imágenes fuese el de actuar como reflejo de los ámbitos oficiales, se advierten claras discordancias que hacen que se subviertan conceptos para acabar resignificando la idea de lo patológico y la imagen e identidad femenina.

En la nueva mujer se aunaban múltiples conquistas que, en conjunto, desafiaban la versión de la feminidad establecida por la burguesía. Por ello, a diferencia de las imágenes nacidas años atrás que concretaban la modernidad en clave masculina a través de figuras como la del médico, en estas obras la mujer, como parte activa de las consecuencias de dicha modernidad, encarnó valores en negativo. No obstante, a pesar de que estas imágenes originalmente nacieron como denuncia o como un material edificante ante los posibles efectos adversos del ocio urbano tan característico de la vida moderna, se creó, sin quererlo, una nueva imagen cultural.

Estas figuras femeninas, que en principio personificaron las ideas en torno a la degeneración, se emplearon como recurso para seguir atestiguando las ventajas de la idea del eterno femenino. Sin embargo, más que consolidar este ideal, la feminidad establecida se fue resquebrajando gracias a la aparición de nuevos modelos de mujer que llevaron aparejado un nuevo canon icónico. La mujer del fin de siglo se alzó, de algún modo, como un nuevo ideal de mujer, o un ideal alternativo al eterno femenino, que ligaba con cuestiones sobre el erotismo, la apariencia y la clase.

Actitudes como el hastío o el cansancio, que en un primer momento pueden aludir a la idea de la frágil naturaleza de las mujeres transmitida por el discurso médico para mantenerlas alejadas del ámbito público, se convirtieron en nuevos síntomas de exquisitez y artificio. Así, con el siglo XX, la misma tipología que retrata a mujeres extasiadas después de un baile, aunque sea reproduciendo obras anteriores, anuncia la llegada de un nuevo ideal de belleza, actitud y comportamiento [fig. 93].

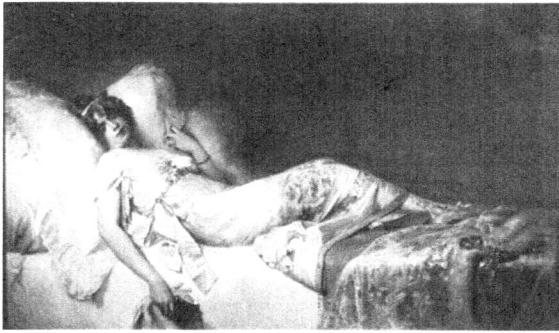

Fig. 93. A. Weiz, *Después del baile. La Ilustración Artística*, 12 de julio de 1909.

Con todo ello, esta serie de actitudes que remiten a la fatiga hacen referencia a los rasgos de la sociedad moderna, una sociedad considerada degenerada por ciertos sectores, que promueve los estímulos individuales y exalta las pasiones (Vigarello, 2020: 125-127). La reelaboración de lo patológico redefine la feminidad enferma como consecuencia de las nuevas prácticas de ocio. La categoría visual de la mujer del fin de siglo contribuye, además, a consolidar nuevas tipologías que emplean el recurso de la feminización en línea con la consideración de lo patológico.

EL MAL DEL SIGLO. ABULIA, NEURASTENIA Y *SPLEEN* ESPAÑOL

A finales del siglo XIX, una serie de crisis[12] atravesaron el occidente europeo hasta materializarse en un estado de escepticismo y fracaso que adquirió distintas denominaciones: «*mal de siècle*, *mal de vivre*, *spleen*, *desassossego*, *anxiety*, *disagio*, *Untergang*, *abulia*, *marasmo*, etc., no son más que distintos nombres con los que la literatura europea de la época ha intentado acercarse a la comprensión de la enfermedad del nihilismo» (Martín, 2003: 264). Ese sentimiento trágico se extendió en forma de tópico literario y aludía a una serie de dolencias no tanto físicas, sino más bien retóricas.

Entre las distintas fórmulas y categorías diagnósticas para describir y tratar este estado se encuentran el *spleen*, la neurastenia o la abulia, cuyos síntomas remitían a la pérdida de energía. Comprendidas a causa de la influencia del degeneracionismo como un rasgo colectivo que definía las particularidades del contexto finisecular, en la visualidad artística los males del siglo presentan ciertas complicaciones a la hora de representarse y se evidencian al estudiar las representaciones de artistas.

Aquello que tienen en común las manifestaciones en torno al mal del siglo son las actitudes vinculadas a lo femenino, que en este caso se aplican a figuras masculinas. La teoría de la degeneración se apropió de la máxima darwinista que aseveraba que lo relativo a la feminidad tiene que ver con un estado primario en la evolución, de modo que la feminización se convierte en síntoma de degeneración (Kirkpatrick, 2003: 91).

La hipótesis planteada remite a que, a través del recurso visual de la feminización, se hace referencia a determinadas enfermedades consideradas morales en el fin de siglo, como la neurastenia o la abulia. Como apunta Alba del Pozo García, la feminización de los valores se configura asociando al cuerpo masculino condiciones basadas en metá-

---

12. La denominada crisis de fin de siglo fue común a los países europeos y sus raíces respondían a las realidades de cada territorio. En España, adquirió matices políticos, a causa de la quiebra de la conciencia liberal y monárquica y del parlamentarismo; sociales, por la preocupación constante por la llamada cuestión social; intelectuales con la crisis del positivismo –en el ámbito español, el positivismo de herencia comtiana se había presentado de cara a la burguesía española como una filosofía que contribuiría a organizar jerárquicamente la sociedad en un momento postrevolucionario (Núñez, 1987: 75)–; religiosos, con el auge del laicismo, aunque por otra parte surgieron nuevas sensibilidades respecto a las creencias; así como existencial, con la aparición y el desarrollo del escepticismo (Cerezo Galán, 2003: 41).

foras de género que aludían a la debilidad y a la condición enfermiza (2013: 346-350). Signos como la apatía, el cansancio o la pereza, entendidos a lo largo del XIX como características asociadas a lo femenino y, por tanto, como opuestas a la concepción masculina, ahora se arrogaban al hombre, representado como afeminado en tanto que inactivo y pasivo (Aresti, 2014: 62; Aresti, 2017: 24).

Para algunos higienistas del momento, estas dolencias eran un mismo estado que se diferenciaba por su grado de intensidad (Opisso, 1900: 129-130). En líneas generales, la neurastenia fue considerada una de las principales enfermedades colectivas o sociales de ese tiempo, y hacía referencia a un cansancio extremo a causa de un sobreesfuerzo intelectual, mientras que la abulia se entendió como un estado mental caracterizado por la falta de voluntad y que en el círculo intelectual del momento se consolidó como un rasgo característico del carácter español (Vázquez, 2017: 58-59). Esta polaridad, común en el fin de siglo, sirvió para argumentar que el origen de tales patologías radicaba tanto en el exceso de civilización como en su contrario (Labanyi, 2000: 256).

El fin de siglo español produce imágenes asociadas a esta falta de voluntad. Santiago Rusiñol, en el año 1890, realiza una obra titulada *Dolce far niente*, en línea con las representaciones femeninas enmarcadas en la misma tipología, que refleja un interior con una cama sobre la que yace un hombre, y en el primer plano una mujer anotando o pintando [fig. 94]. Algunos autores han querido ver en la obra un retrato de Miquel Utrillo y Suzanne Valadon, puesto que fue realizada en París y por aquel entonces ambos mantendrían una relación sentimental (Doñate y Mendoza, 1997: 134). El sentimiento finisecular, manifestado en este caso a través del acto de no hacer nada en carnes de la figura masculina, contribuye a seguir definiendo, a su vez, trastornos en boga como la neurastenia.

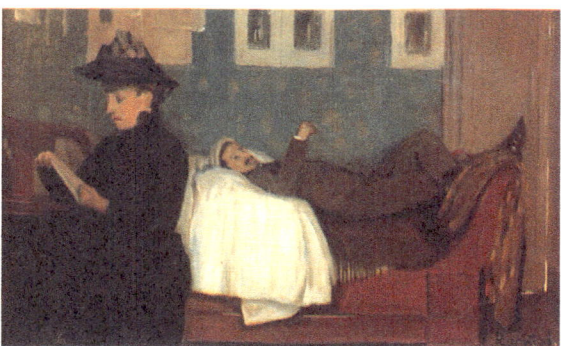

Fig. 94. Santiago Rusiñol, *Dolce far niente*, 1890.

Además, la misma categoría diagnóstica en el ámbito literario se asoció a actitudes en línea con el decadentismo y el esteticismo finisecular, como el misticismo. La obra de Joan Llimona (1869-1926) *Darreres Pasqües*, aunque apenas exista información documentada sobre ella, presenta también a una figura masculina recostada en la cama y apunta a una masculinidad decadente [fig. 95]. Fundador de la asociación Cercle Artístic de Sant Lluc (1893), Llimona sufrió una conversión religiosa en determinado momento de su vida que tuvo una impronta significativa en su trayectoria. La obra, producida según Benet en la etapa inicial en la que el fervor religioso empieza a surgir, refleja cómo «l'antic anecdotisme simple i desinteressat es complica amb el desig d'expressar estats d'esperit que són un exemple o que emocionen per pura caritat» (1926: 219). Además, siguiendo con este autor, gracias a su estudio biográfico podemos apuntar el tema que desarrollaría la obra: «tot el sentimentalisme anecdòtic del malalt refusant la tassa del brou de la mà de l'esposa, tot l'extrapictòric, desapareix davant per davant de la realització tant de pintor» (1926: 220).

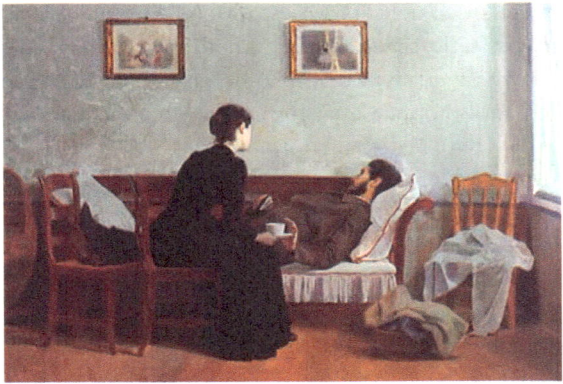

Fig. 95. Joan Llimona, *Darreres Pasqües*, 1896.

Si hay una figura artística por excelencia que personificó ese malestar finisecular, fue la del pintor Darío de Regoyos (1857-1913). Más allá de su producción artística, su trayectoria, apariencia y modo de vida, plasmados en distintos retratos producidos al final del siglo, evidencian esta idea. Regoyos fue uno de esos artistas inquietos que viajaron al norte de Europa de forma intermitente en busca de la modernidad artística. Instado por el consejo del paisajista Carlos de Haes (1826-1898), realizó varios viajes a Bruselas, donde recibió clases particulares del pintor academicista Joseph Quinaux (1822-1895). De forma discontinua, Regoyos se estableció entre Bélgica y España manteniendo el contacto con los círculos artísticos, musicales e intelectuales del momento (San Nicolás, 2014: 22-43). Precisamente allí establece un vínculo con el poeta Émile Verhaeren, con quien años más tarde publicaría *España Negra* (1899), uno de los libros ilustrados más paradigmáticos del fin de siglo que cuenta el viaje a España diez años atrás (Vázquez, 2017: 167-188). También allí conoció al pintor Théo van Rysselberghe (1862-1926), que lo retrató en varias ocasiones bajo la esencia de la mirada extranjera aunando mitos en torno a la figura del artista. Las crónicas del momento describen a Darío de Regoyos como un pintor inquieto, nervioso, original y versátil, siempre cargado con su guitarra y evocando el sentimiento de añoranza

(Picard, 1899: 232), y así lo retrataron tanto Théo van Rysselberghe como Constantin Meunier (1831-1905).

Entre los distintos retratos que sobre Darío de Regoyos se hicieron durante los años ochenta del siglo XIX, existe uno que, además de la atmósfera melancólica común a todas estas obras, presenta una evidencia en su título que permite relacionar este conjunto de imágenes con la hipótesis propuesta. Nos referimos a *Spleen español*, de Théo van Rysselberghe [fig. 96], realizado hacia 1889 según López Fernández (2008: 108), aunque en el catálogo razonado sobre su artífice se date en 1881 (Feltkamp, 2003: 250).

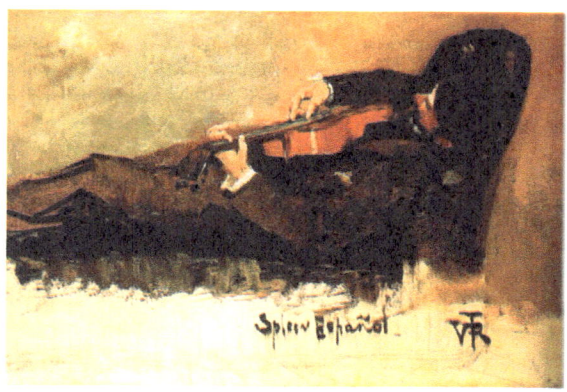

Fig. 96. Théo van Rysselberghe, *Spleen español (retrato de Darío de Regoyos)*, c. 1889.

El *spleen* fue la fórmula decimonónica que describía ese estado melancólico asociado al mal del siglo. En el XIX, gracias, fundamentalmente a Baudelaire, la naturaleza melancólica pasa a reconocerse como *spleen*. En su antológica *Las flores del mal* (1857), varios son los poemas titulados así cuyo objetivo es transmitir esa sensación de desazón.

Existe, realmente, una larga tradición que explica el temperamento y el carácter del artista en relación con la teoría de los humores. Así, el origen etimológico griego del término *spleen* alude al bazo, el órgano encargado de segregar la bilis negra, fluido responsable del humor melancólico y al que se le atribuían las enfermedades del alma (Wittkower y Wittkower, 1995: 103-104; Elkins, 1999: 284-288; Starobinski, 2016: 21). Las siguientes palabras de Plinio el Viejo (23-79 d. n. e.) resumen bien esta idea:

> En la hiel negra está la causa de la locura humana, y de la muerte si se vomita por completo. De ahí que una recriminación al carácter reciba el nombre de «bilis»: hasta tal punto es poderosa la ponzoña contenida en esta sustancia cuando se difunde en el espíritu. Es más, suelta por todo el cuerpo quita hasta el color de los ojos, y cuando se vomita también quita el color a los recipientes de bronce, y todo lo que toca se ennegrece, así que nadie se asombre de que esto sea el veneno de las serpientes (XI: 193).

144

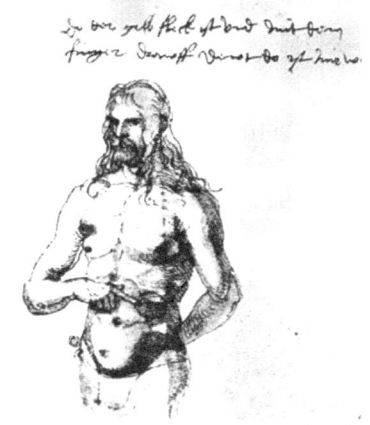

Fig. 97. Alberto Durero, *Autorretrato enfermo*, 1509.

Como fenómeno cultural que excede el hecho de ser un estado anímico, este concepto de la melancolía contribuyó a seguir formando el mito entre el genio y la locura, adaptándose al cristianismo y siendo auspiciado posteriormente por las ciencias médicas (Bartra, 2001: 183). De hecho, en 1509, Durero (1471-1528) se autorretrató como enfermo apuntando con su dedo directamente al bazo, en alusión a la relación existente entre el humor melancólico y el genio artístico [fig. 97]. En la inscripción del dibujo puede leerse: «Doctor, el círculo amarillo al que mi dedo apunta es el lugar donde me duele». Víctima de la melancolía, algunos autores han querido ver en este esbozo el reflejo de su conciencia artística (Bolaños, 2015: 104).

Por otro lado, el diagnóstico de la neurastenia enlaza con la concepción que entendía los círculos intelectuales y artísticos como uno de los principales focos de infección de la degeneración moral que envolvía a la sociedad. Definida como una especie de debilitamiento del sistema nervioso, la neurastenia se personificó en poetas e intelectuales y se asoció al dandismo y a la bohemia con una carga negativa, atribuyendo su presencia a distintos vicios (Vázquez y Cleminson, 2010: 185 y 196).

La neurastenia fue una categoría diagnóstica muy popular en el fin de siglo que remitía a un cansancio exagerado, producto de algún sobresfuerzo físico o mental (Ruiz Cuenca, 2020). Bajo esta nomenclatura, el neurólogo americano George Miller Beard teorizó sobre sus síntomas entre los años 1869 y 1884, generando posibilidades para el diagnóstico y adquiriendo en los años inmediatos una gran difusión (Carlson, 1985: 130; Gijswijt-Hofstra, 2001: 1-30). Para Beard, la neurastenia era una enfermedad consecuencia del agotamiento cerebral ante un excesivo trabajo, fundamentalmente de tipo intelectual, y en el contexto español esta fue la idea más extendida (López Piñero, 1985: 126-127). Así, se alza como una dolencia elitista que encajaba muy bien con el sentir de la época (Litvak, 1979: 159; Weber, 1989: 34). Precisamente porque el ámbito de pensamiento y la erudición se asoció durante el ochocientos a lo masculino, aunque también se diagnosticase en mujeres, la neurastenia se consideraba como una enfermedad típicamente masculina (Bernabeu-Mestre *et al.*, 2008: 92). No obstante, el hecho de presentar a los hombres como fácilmente impresionables o cercanos al cansancio ponía en riesgo su virilidad. De hecho, al igual que ocurrió con la histeria, los síntomas del neurasténico eran considerados tradicionalmente como femeninos y parecían remitir a esas damas idealizadas, delicadas, pasivas y débiles que poblaron el imaginario del siglo XIX.

El incremento del diagnóstico de la neurastenia fue muy prolífico en el fin de siglo y no solo en España, sino también en el resto de países. Según testimonios del momento: «En 1882 oía decir en Cuba á cada paso: "ese, padece neurastenia", "aquel esta agobiado por la neurastenia", "la neurastenia no deja hacer nada á fulano"; todos eran neurasténicos: anémicos é histericos, neuróticos y maniacos, aprensivos…» (Díaz de la Quintana, 1893: 9).

A finales de la centuria, la neurastenia era considerada el mal del siglo por excelencia, y en su diagnóstico se englobaban una serie de estados psicológicos mal definidos, considerados entonces como mórbidos, que compartían algunos de sus síntomas pero que eran diferentes entre sí (Grasset y Rauzier, 1894: 368). Sea como fuere, bajo esta denominación, la neurastenia fue considerada por algunos autores como una enfermedad de moda que afectaba a las funciones nerviosas de «los *indolentes*, los *irresolutos*, los *utopistas*, los *originales*, los *excéntricos*, los *aprehensivos*, los *raros*, los *chiflados*, los *decaídos*» (Mut, 1906: 216).

Así, en lugar de ensalzarse los esfuerzos intelectuales de los pensadores, la diagnosis de neurastenia cosificó la crisis del fin de siglo en valores como la pasividad o la falta de voluntad (Ruiz Cuenca, 2020: 76). En tal sentido, la presencia en la literatura española de las últimas décadas del siglo xix de tantos personajes neurasténicos reflejaría la preocupación por esa pérdida de hombría, que se asoció al auge de la cultura del consumo en las grandes ciudades (Labanyi, 2000: 133-135). Este mismo argumento explicaría que muchos de los textos médicos hablaran de esta neurosis en términos económicos:

> Dos grandes causas constan en los textos todos como productores de la neurastenia, á saber: las sobreexcitaciones de las funciones sexuales y el despilfarro nervioso en sus manifestaciones psiquica y fisiológica, esto es, el hecho de vivir á expensas del capital, en vez del juicio uso de la renta que el mismo produce (Díaz de la Quintana, 1893: 7).

La aparición y el desarrollo de la neurastenia como fenómeno social solo pueden entenderse vinculados a la idea de progreso y situándose su origen en las urbes modernas. Los higienistas activos en el fin de siglo entendían que la neurastenia «es la forma bajo la cual se presenta con más frecuencia la enfermedad nerviosa. Puede considerársela como una enfermedad moderna, fruto de nuestra civilización» (Hugo-Marcus, 1893: 127). Ello explicaría que el discurso higienista encontrase en la ciudad los principales peligros que amenazaban el orden y conducían a dolencias de carácter social (Pozo García, 2013: 206; Ruiz Cuenca, 2020: 95). Alfredo Opisso, en su libro *Medicina social*, apuntaba que la neurastenia era la máxima enfermedad colectiva de su tiempo y que debilitaba el espíritu individual y social (1900: 121-126). Para Max Nordau, la neurastenia sería un grado inferior de histeria, que se daba en los poetas y artistas contemporáneos afines a las nuevas tendencias finiseculares, desarrolladas a causa de la fatiga que envolvió a esas generaciones:

> Pero el médico, singularmente el que se ha dedicado al estudio especial de las enfermedades nerviosas y mentales, reconoce al primer golpe de vista en la disposición de espíritu «fin de siglo», en las tendencias de la poesía y del arte contemporáneos, en

la manera de ser de los creadores de obras místicas, simbólicas, «decadentes», y en la actitud de sus admiradores, en las inclinaciones é instintos estéticos del público á la moda, el síndroma [sic] de dos estados patológicos bien definidos que conoce perfectamente: la degeneración y la histeria, cuyos grados inferiores llevan el nombre de neurastenia (1992: 27-28).

A diferencia del ámbito literario, dicha categoría diagnóstica apenas aparece reflejada de forma visual. Sin embargo, en las representaciones de artistas enfermos de otras afecciones, puede leerse el poso cultural que engloba la comprensión del mal del siglo, unido a los significados metafóricos de los que ya gozaban algunas afecciones. En 1892, Rusiñol captó en dos ocasiones el paso previo de uno de los episodios que más le afectó, la muerte de su amigo el artista Ramón Canudas (1858-1892) a causa de la tuberculosis. En los dos lienzos resultantes, *Canudas malalt al llit* y *Ramon Canudas, enfermo y convaleciente* [figs. 98 y 99], la enfermedad se presenta como el tránsito a lo etéreo, como una realidad que se alza con desencanto a los ojos de estos artistas que profesaban el sentir decadente del momento.

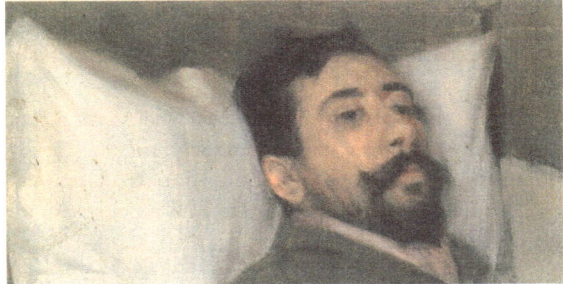

Fig. 98. Santiago Rusiñol, *Canudas malalt al llit*, 1892.

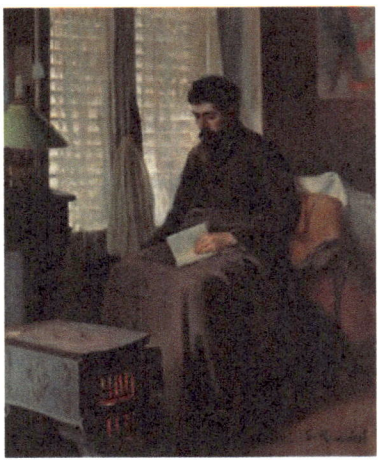

Fig. 99. Santiago Rusiñol, *Ramon Canudas, enfermo y convaleciente*, 1892.

Aun cuando en la crónica sobre Canudas Rusiñol habla de los estragos que la tuberculosis producía en el artista, en las representaciones visuales la alusión a la tisis pasa muy desapercibida: «Tosía, ¡el pobre!, tosía todo el día y la noche entera, y una tarde un vómito de sangre dejóle postrado en cama, de donde ya no debía levantarse» (1894: 161-162).

De esta forma, a diferencia de las imágenes sobre tísicas, cuyos significados oscilaban entre la santidad, la clase, la adoración y el estigma, se apunta a un estado patológico sobrevenido a causa de su condición de artista. Ramón Canudas fue tuberculoso y murió a causa de ello. Es más, según estudios basados en fuentes del momento, fundamentalmente en correspondencia, se creía que vivió obsesionado con esta enfermedad (Pla, 1970: 374). Sin embargo, la plasmación visual incide poco en los síntomas y quebranta el espectro simbólico de la tisis en favor de los males del siglo.

Desde finales del siglo XVIII, la tuberculosis tuvo un papel esencial en la creación de las identidades de género por estar articulada a partir de una retórica que tenía como fin manifestar una vulnerabilidad y una sensibilidad superior. Por lo que respecta a las imágenes sobre la mujer, tal infección se empleó de forma paradójica para simular unos síntomas que enlazaban con el ideal imperante, como síntoma cultural de superioridad moral con respecto al hombre, así como para inspirar compasión y obtener la salvación a través de los sufrimientos que llevaba aparejada. En el caso del sector masculino, el vínculo con esta patología sirvió para reforzar el aspecto melancólico como signo de refinamiento, de intelectualidad y de sensibilidad. Para Susan Sontag,

> el mito de la tuberculosis es el penúltimo episodio en la larga carrera del viejo concepto de melancolía —la enfermedad del artista, según la teoría de los cuatro humores. El temperamento melancólico —o tuberculoso— era un temperamento superior, de un ser sensible, creativo, de un ser aparte (1996: 37-38).

Este sentido de la infección, aunque no se trate de un artista, puede ser extrapolable al retrato que el vasco Alberto Arrúe (1878-1944) pintó de Tomás Meabe, político español que fundó las Juventudes Socialistas en España [fig. 100]. Muerto a causa de la tuberculosis, la actitud melancólica adoptada en el retrato, así como la pose que remite a las tipologías visuales sobre las feminidades enfermas por la lasitud, la postración y el descanso, figuran en el caleidoscopio de ideas generadas en torno a esta.

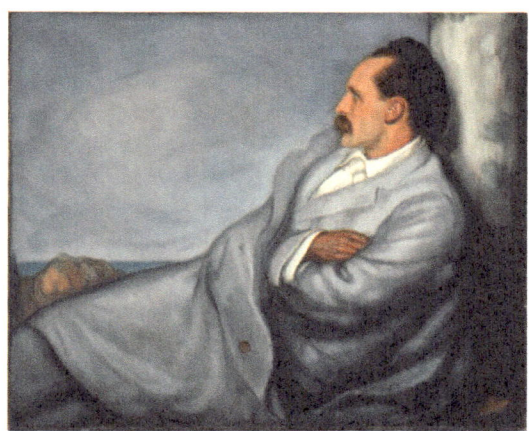

Fig. 100. Alberto Arrúe, *Retrato de Tomás Meabe*, c. 1919.

SÍNTESIS

Aquello que tienen en común las obras analizadas en este trabajo es la relación que se establece entre el género y lo patológico. La enfermedad fue un tema que, con anterioridad al siglo XIX, se había representado de forma convencionalizada bajo el abrigo de otras tradiciones culturales. Con la llegada de la modernidad, además de renovarse los lenguajes artísticos, se modificó su sentido, comprensión y representación a nivel artístico. Los parámetros de representación de la enfermedad empezaron a reflejar ciertos aspectos que la convirtieron en un tema relacionado con las condiciones de la vida moderna. El nuevo tratamiento remitía a espacios concretos como los hospitales, así como a roles asignados a cada género que anunciaban la comprensión de lo patológico en términos femeninos. Esta forma de abordar el tema fue bien recibida por la crítica, puesto que en certámenes nacionales e internacionales abundaron las representaciones con premios destacados.

Más allá de las obras que integraron el fenómeno de la modernidad artística, en el fin de siglo la comprensión de lo patológico en términos de moralidad generó distintas tipologías visuales en las que la enfermedad adquirió múltiples significados. A finales del siglo XIX, todos los tratamientos que la centuria había interpretado en torno a la enfermedad desembocaron en una serie de tipologías que focalizaron la atención en la construcción de lo femenino.

La mujer enferma se convirtió, entonces, en icono de la modernidad puesto que en las imágenes resultantes actúan aspectos trasversales a este proyecto cultural. La selección de obras revela la gran atención que la modernidad, como fenómeno que comprende un proyecto disciplinario, dedicó a la categoría *mujer*, asentada en una idea normativa. Ello demuestra la relación y la importancia que lo visual, la mirada, la apariencia y la percepción tuvieron en este periodo.

Las consideraciones culturales sobre la mujer enferma manifiestan cómo el género se construyó de forma simultánea al binomio salud/enfermedad. La construcción de la categoría *mujer* como algo estable e inamovible durante el siglo XIX, cuya naturaleza lindaba con la enfermedad, fomentó un discurso en torno a los cuerpos cargado de múltiples mitos y leyendas que se justificaron de forma científica, dotando de peso y responsabilidad a la vinculación entre el sexo y el género. En paralelo al desplazamiento discursivo de la inferioridad femenina hacia la diferenciación biológica, la visualidad finisecular alimentó la compresión de distintos estados comunes a las mujeres como patológicos.

Además de la simultaneidad del género y lo patológico, el ideal del eterno femenino contribuyó a resignificar el propio concepto de la enfermedad para alzarse como una nueva categoría estética, en línea con la aparición de la nueva sociedad de consumo. La continuidad romántica de infecciones como la tuberculosis generó multitud de representaciones en las que los cuerpos tísicos, frágiles y etéreos figuraron el ideal de belleza física y moral que la burguesía defendió a lo largo del siglo XIX. El desarrollo de la tísica sublime como tipología icónica inaugura un nuevo objeto de investigación en el que interfieren otros elementos del entramado cultural que remiten a tradiciones anteriores, como es el lenguaje de las flores, y deja abierto un abanico de posibilidades para seguir indagando en el aspecto de la estetización de lo patológico.

En las últimas décadas del siglo se inauguraron nuevos discursos visuales sobre lo patológico a partir de la feminización de la enfermedad. En ellos, los diagnósticos aluden a cuestiones sociales y culturales, ya que en el fin de siglo lo patológico tuvo también una consideración colectiva. Enfermedades consideradas sociales como la clorosis, la tisis, las infecciones venéreas y la abulia, así como los efectos que la vida moderna producía, materializaron en clave femenina las distintas preocupaciones sociales. Los discursos que actuaron como reguladores del orden social focalizaron la atención en la idea de la degeneración, y la tipificación visual de dichas dolencias dio lugar a un tipo de representaciones que incluyen una nueva acepción de lo patológico: como signo de malestar social, manifestado en una serie de actitudes vinculadas a lo femenino. La pasividad, el cansancio o el aburrimiento, tradicionalmente explotados en imágenes que incluían representaciones de mujeres, se incorporan en el fin de siglo a figuras masculinas, subvirtiendo la propia noción de género y reflejando el sentir general finisecular.

En conclusión, los distintos significados de la enfermedad desembocan a finales del siglo XIX en forma de distintas tipologías agrupadas en este trabajo, que oscilan entre el valor estético y las preocupaciones sociales y culturales del momento. Con el manejo de fuentes documentales y visuales se ha expuesto la dimensión histórica que la noción de género y lo patológico tuvieron en el fin de siglo a través de los discursos que lo conformaron. Este hecho demuestra la construcción de ambas ideas de forma conjunta, pues las nociones de salud y enfermedad dialogaron en las distintas manifestaciones artísticas dando lugar a obras paradigmáticas del momento histórico y que, aún a día de hoy, invitan a reflexionar en clave contemporánea.

FUENTES DOCUMENTALES

Alfonso, L. [1890]. «El arte al final de siglo», *La Ilustración Española y Americana*, XXXIV, 31, 103-107.

Arenal, C. [1884]. *La mujer del porvenir*, Madrid, Librería de Fernando Fé.

Blasco, E. [1889]. «Nuestros pintores en la Exposición», *Los Lunes de El Imparcial*, 22-07-1889, XXXIII, 7965, s/p.

Bouchut, E. y Després, A. [1881]. *Diccionario de medicina y de terapéutica médica y quirúrgica. Comprendiendo el resumen de toda la medicina y un formulario especial para cada enfermedad*, Madrid, Carlos Bailly-Baillière.

Cadenas, J. J. [1917]. «La vida del teatro», *Blanco y Negro*, XXVII, 1341, 26-28.

Calvo y Martín, J. [1843]. «El médico», en T. Rodríguez Rubí *et al.*, *Los españoles pintados por sí mismos*, Madrid, Boix, 367-372.

Cantó y Blasco, F. [1885]. *Consideraciones clínicas sobre el nerviosismo sifilítico secundario en la mujer*, Valencia, Imprenta de Ferrer de Orga.

Capuron, J. [1818]. *Tratado de las enfermedades de las mugeres desde la edad de la pubertad hasta la crítica inclusive*, Madrid, Imprenta de la Parte, vol. I.

Casellas, R. [1893]. «Bellas Artes. Exposición Rusiñol, Casas y Clarasó», *La Vanguardia*, 16-02-1893, XIII, 3512, 1-2.

Casellas, R. [1894]. «Bellas Artes. Undécima exposición extraordinaria del Salón Parés», *La Vanguardia*, 27-02-1894, XIV, 3887, 4.

Comas y Blanco, A. [1893]. *La Exposición Internacional de Bellas Artes, 1892. La Exposición del Círculo de Bellas Artes, 1893. Juicios críticos publicados en* El Correo, Madrid, Establecimiento Tipográfico de Fortanet.

Díaz de la Quintana, A. [1893]. *Contribuciones al estudio de la neurastenia*. Memoria reglamentaria para optar al título de doctor, Madrid, Universidad Central.

Domínguez, N. [1915]. «Flores y mujeres», *Cultura e Higiene*, 09-10-1915, IV, 180, 3.

Eslava, R. G. [1900]. *La prostitución en Madrid. Apuntes para un estudio sociológico*, Madrid, Vicente Rico.

Exposición Internacional de Bellas Artes de 1892 [1892]. *Catálogo de la Exposición Internacional de Bellas Artes, 1892*, Madrid, Establecimiento Tipográfico de R. Álvarez.

Exposition Universelle Internationale de 1889 [1889]. *Catalogue Général Officiel*, Lille, Imprimerie L. Danel, vol. I.

Fernández Bremón, J. [1889]. «Crónica general», *La Ilustración Española y Americana*, XXXIII, 18, 282.

García Ladevese, E. [1890]. «La vida extranjera. Notas parisienses», *El Liberal*, 02-03-1890, XII, 3912, 2.

Gestoso y Pérez, J. [1903]. «José Jiménez Aranda», *La Ilustración Artística*, XXII, 1118, 363-364.

Gómez Carrillo, E. [1902]. «La belleza del diablo», *La Vida Galante*, V, 192, 7.

Goold Woolson, A. [1873]. *Woman in American Society*, Boston, Robets Brothers.

Gouzien, A. [1889]. «Exposición Universal de París. Bellas Artes (España y América)», *La Ilustración Española y Americana*, XXXIII, 31, 103-106.

Grasset, J. y Rauzier, G. [1894]. *Traité pratique des maladies du système nerveux*, Montpellier / París, Camille Coulet / G. Masson, vol. II.

Hispania [1900]. «XVIIª Exposición Extraordinaria anual del Salon Parés», *Hispania. Revista Quincenal, Literaria y Artística*, 23, 18.

Hugo-Marcus, S. [1893]. *Higiene de los nervios*, Buenos Aires, Félix Lajouane.

Jazmín, F. [1894]. *El lenguaje de las flores y el de los colores adicionado con el de la sombrilla y el pañuelo. Emblemas de las flores y colore. El valor real que tienen los ojos negros y los azules*, Barcelona, Saurí i Sabater.

Junyent, S. [1904]. «A proposit d'exposar obras mevas en la Sala Parés», *Joventut*, V, 219, 255-257.

Kasabal [1893]. «Madrid», *La Ilustración Ibérica*, XI, 524, 18-19.

La Correspondencia de España [1917]. «Catalina Bárcena. La dama de las camelias», *La Correspondencia de España*, 20-01-1917, LXVIII, 21527, 4.

La Ilustración Artística [1881]. «La primera novela», *La Ilustración Artística*, I, 11, 83.

La Ilustración Artística [1891]. «Nuestros grabados», *La Ilustración Artística*, IV, 193, 826.

La Ilustración Artística [1898]. «Nuestros grabados», *La Ilustración Artística*, XVII, 870, 559-562.

La Ilustración Ibérica [1895]. «Nuestros grabados», *La Ilustración Ibérica*, XIII, 634, 118.

La Nación [1871]. «Exposición de Bellas Artes», *La Nación. Diario Progresista*, 05-11-1871, VIII, 1826, 2-3.

La Vanguardia [1882]. «Crónica», *La Vanguardia*, 28-04-1882, 2706-2708.

Lafenestre, G. [1889]. «La peinture étrangère á l'Exposition Universelle», *Revue des Deux Mondes*, 96, 1, 138-172.

Lafuente, E. [1889]. «Los pintores españoles en la Exposición de París», *El Imparcial*, 31-07-1889, XXIII, 7974, s/p.

Martínez de Velasco, E. [1889]. «Nuestros grabados», *La Ilustración Española y Americana*, XXXIII, 46, 354-355.

Miquel i Badia, F. [1890]. «El cuadro de Luis Jiménez», *Diario de Barcelona*, 29-04-1890, 119, 5353-5355.

Monlau, F. [1846]. *Elementos de higiene privada*, Barcelona, Imprenta de D. Pablo Riera.

Monlau, F. [1881]. *Higiene del matrimonio ó El libro de los casados: en el cual se dán las reglas é instrucciones necesarias para conservar la salud de los esposos, asegurar la paz conyugal y educar bien á la familia*, Madrid, Imprenta, Estereotipia y Galvanoplastia de Aribau y Compañía.

Mut, A. [1906]. «Los neurasténicos», *Revista Ibero-Americana de Ciencias Médicas*, XVI, 213-219.

Navarro Fernández, A. [1909]. *La prostitución en la Villa de Madrid. Estudio Médico-Social*, Madrid, Imprenta de Ricardo Rojas.

Nordau, M. [1902]. *Degeneración*, Madrid, Imprenta de A. Marzo, vol. I.

Oms, L. y Orriol Ferreras, J. [1840]. *Tratado elemental completo de las enfermedades de mujer*, Barcelona, Ramón M. Indar, vol. II.

Opisso, A. [1899]. «Exposición Junyent», *La Vanguardia*, 08-12-1899, 4.

Opisso, A. [1900]. *Medicina social. Estudio de las enfermedades colectivas. Sus causas, profilaxis y remedios*, Madrid / Barcelona, Calpe.

Ossorio y Bernard, M. [1883-1884]. *Galería biográfica de artistas españoles del siglo XIX*, Madrid, Imprenta de Moreno y Rojas.

Pardo Bazán, E. [1889]. *Al pie de la torre Eiffel. Crónicas de la Exposición*, Madrid, La España Editorial.

Pardo Bazán, E. [1891]. *La cuestión palpitante*, Madrid, Imprenta de A. Pérez Dubrull.

Pardo Bazán, E. [1892]. «Una opinión sobre la mujer (el discurso del Marqués del Busto en la Real Academia de Medicina)», *Nuevo Teatro Crítico*, II, 15, 71-84.

Paris, L. [1893]. «Vulgar», *La Gran Vía. Revista Semanal Ilustrada*, 10, 153-154.

Peláez Verde, F. [1877]. *La clorosis ¿es una discrasia o una neurosis?*, Madrid, Universidad Central.

Picard, E. [1899]. «Aux amis de Dario de Regoyos», *L'Art Moderne. Revue Critique des Arts et de la Littérature*, XIX, 28, 232-233.

Pomés Soler, R. [1902]. *La educación social y familiar. Cortesanía, higiene y sport*, Barcelona, Antonio J. Bastinos.

Prats y Bosch, A. [1861]. *La prostitución y la sífilis*, Barcelona, Luis Tasso.

Pulido Fernández, Á. [1874]. *Bosquejos médico-sociales para la mujer*, Madrid, Víctor Saiz.

Roselló y Olivé, R. [1883]. *La sífilis y la prostitución; sus relaciones; medios de prevenir sus perniciosos efectos. Discurso doctrinal*, Barcelona, Academia de Medicina y Cirugía de Barcelona.

Rusiñol, S. [1894]. *Desde el molino*, Barcelona, L'Avenç.

Sáez de Melgar, F. [1881]. *Manual de la joven adolescente o Un libro para mis hijas: educación cristiana y social de la mujer*, Barcelona, Librería de Juan y Antonio Bastinos.

Sereñana y Partagás, P. [1881]. *La prostitución en la ciudad de Barcelona. Estudiada como enfermedad social y considerada como origen de otras enfermedades dinámicas, orgánicas y morales de la población barcelonesa*, Barcelona, Imprenta de los Sucesores de Ramírez y Cia.

Serra i Boldú, V. [1889]. «Crónica. Música celestial-Exposicións artísticas», *Lo Teatro Regional*, 410, 614-615.

Serret, R. [1896]. «Prensa médica. La clorosis considerada como una auto-intoxicación menstrual», *El Siglo Médico*, 09-02-1896, XLIII, 2198, 90.

Sinués de Marco, M. P. [1881]. *El ángel del hogar*, Madrid, Librerías de A. de San Martín, vol. I.

Somerset Maugham, W. [1982]. *Servidumbre humana*, Barcelona, Plaza & Janés.

Soriano, R. [1897]. «Cuadros de la Exposición. *¡Desgraciada!*», *La* Época, XLIX, 16886, 1.

Trigo, F. [1907]. *El amor en la vida y en los libros. Mi ética y mi estética*, Madrid, Renacimiento.

Valle-Inclán, R. M. del [1989]. *Sonata de otoño; Sonata de invierno: Memorias del Marqués de Bradomín*, Madrid, Espasa-Calpe.

Vigarous, J. M. J. [1807]. *Curso elemental de las enfermedades de las mugeres, ó Ensayo sobre un nuevo método para clasificar y estudiar las enfermedades de este sexô*, Madrid, Imprenta de Juan de Brugada, vol. I.

Villaespesa, F. [1912]. *Los panales de oro. Poesías*, Madrid, Sucesores de Hernando.

Virey, J-J. [1881]. *La mujer bajo los puntos de vista fisiológico, moral y literario*, Barcelona / Madrid, Almacén de Libros / Simón y Osler.

Ximénez Crós, P. [1871]. «La nerviosa», en R. Robert (dir.), *Las españolas pintadas por los españoles. Colección de estudio acerca de los aspectos, estados, costumbres y cualidades generales de nuestras contemporáneas*, Madrid, J. E. Morete, vol. I, 13-20.

Zamacois, E. [1899]. «El ideal», *La Vida Galante*, II, 9, 99-101.

ESTUDIOS BIBLIOGRÁFICOS

Alcaide, J. L. [1998]. «Cecilio Pla. Crónica gráfica del fin de siglo», en Fundación Mapfre, *Cecilio Pla*, Madrid, Fundación Cultural Mapfre Vida, 69-85.

Alonso Almeida, F. [2004]. «Malditas seáis entre todas las mujeres. Estigmas de lo femenino en la cultura medieval y renacentista», en Á. Mateo del Pino y G. Rodríguez Herrera (eds.), *Metáforas de perversidad. Percepción y representación de lo femenino en el ámbito literario y artístico*, Las Palmas de Gran Canaria, Fundación Mapfre Guanarteme, 75-94.

Alpers, S. [1987]. *El arte de describir. El arte holandés en el siglo XVI*, Madrid, Blume.

Amorós, C. [1997]. *Tiempo de feminismo. Sobre feminismo, proyecto ilustrado y posmodernidad*, Madrid, Cátedra.

Andrews, J. y Digby, A. (eds.) [2004]. *Sex and Seclusion, Class and Custody: Perspectives on Gender and Class in the History of British and Irish Psychiatry*, Ámsterdam, Rodopi.

Aresti, N. [2001]. *Médicos, donjuanes y mujeres modernas. Los ideales de feminidad y masculinidad en el primer tercio del siglo XX*, Bilbao, Universidad del País Vasco.

Aresti, N. [2014]. «A la nación por la masculinidad. Una mirada de género a la crisis del 98», en M. Nash (ed.), *Feminidades y masculinidades. Arquetipos y prácticas de género*, Madrid, Alianza, 47-74.

Aresti, N. [2017]. «La hombría perdida en el tiempo. Masculinidad y nación española a finales del siglo XIX», en M. Zabalgoitia Herrera (ed.), *Hombres en peligro. Género, nación e imperio en la España de cambio de siglo (XIX-XX)*, Madrid / Frankfurt am Main, Iberoamericana / Vervuert, 19-38.

Arias Vegas, C. [2012]. *La bella muerta en el fin de siglo*, Madrid, Universidad Complutense de Madrid.

Ariès, P. [1983]. *El hombre ante la muerte*, Madrid, Taurus.

Ariès, P. [2007]. *Morir en Occidente desde la Edad Media hasta nuestros días*, Buenos Aires, Adriana Hidalgo.

Arís, A. [2002]. *Medicina en la pintura*, Barcelona / Madrid, Lunwerg.

Armiñán, L. y De Pantorba, B. [1969]. *El pintor Cecilio Pla. Ensayo biográfico y crítico*, València, Caja de Ahorros y Monte de Piedad de Valencia.

Aznar Almazán, S. [1993]. *El arte cotidiano. Modernismo y simbolismo en la ilustración gráfica madrileña, 1900-1925*, Madrid, Universidad Nacional de Educación a Distancia.

Babini, V.; Minuz, F. y Tagliavini, A. [1986]. *La donna nelle scienze dell'uomo. Immagini del femminile nella cultura scientifica italiana di fine secolo*, Milán, Franco Angeli.

Badinter, E. [1984]. *¿Existe el instinto maternal? Historia del amor maternal. Siglos XVII al XX*, Barcelona, Paidós.

Baixauli, R. [2021]. «La inferioridad del bello sexo. Relaciones entre imagen, género y enfermedad en el entresiglos XIX-XX», *Atrio. Revista de Historia del arte*, 27, 204-227.

Baixauli, R. [2022]. «La pureza resignificada. De la imagen del *ángel del hogar* a la *mujer finisecular*», en M. Á. Martí Bonafé (coord.), *Marías. Entre la adoración y el estigma*, València, Tirant, 65-82.

Barnes, D. S. [1995]. *The Making of a Social Disease. Tuberculosis in Nineteenth-Century France*, California, University of California Press.

Barnett, R. [2014]. *The sick rose or; disease and the art of medical illustration*, Londres, Thames & Hudson.

Barón, J. [1995]. «La recepción del naturalismo y el impresionismo en la Academia de Bellas Artes de San Fernando a través de los discursos de ingreso de sus miembros», en CSIC, *Historiografía del arte español en los siglos XIX y XX. VII Jornadas de Arte*, Madrid, Consejo Superior de Investigaciones Científicas, 283-298.

Barón, J. y Díez, J. L. [2007]. *El siglo XIX en el Prado*, Madrid, Museo Nacional del Prado.

Barona, J. L. [2016]. «Enfermedades venéreas: un problema sanitario internacional en 1900», *Medicina e Historia. Revista de Estudios Históricos de las Ciencias de la Salud*, 4, 4-20.

Bartra, R. [2001]. *Cultura y melancolía. Las enfermedades del alma en la España del Siglo de Oro*, Barcelona, Anagrama.

Baudrillard, J. [1980]. *El intercambio simbólico y la muerte*, Caracas, Monte Ávila Editores.

Bazán, P. (ed.) [2005]. *José Jiménez Aranda, 1837-1903*, Sevilla, Fundación El Monte.

Benet, R. [1926]. «Joan Llimona. Dades per a una biografia i assaig crític (Acabament)», *La Paraula Cristiana*, 21, 219-227.

Bernabeu-Mestre, J. *et al.* [2008]. «Categorías diagnósticas y género: los ejemplos de la clorosis y la neurastenia en la medicina española contemporánea (1877-1936)», *Asclepio. Revista de Historia de la Medicina y de la Ciencia*, LX, 1, 83-102.

Bolaños, M. [2015]. *Tiempos de melancolía. Creación y desengaño en la España del Siglo de Oro*, Madrid, Obra Social La Caixa.

Bollmann, S. [2006]. *Las mujeres, que leen, son peligrosas*, Madrid, Maeva.

Bolufer, M. [1999]. «Cos femení, cos social. Apunts d'historiografia sobre els sabers mèdics i la construcció cultural d'identitats sexuades (segles XVI-XIX)», *Afers. Fulls de recerca i pensament*, 14, 33-34, 531-550.

Bordo, S. [1993]. *Unbearable Weight. Feminism, Western Culture, and the Body*, California, The University of California Press.

Bornay, E. [1990]. *Las hijas de Lilith*, Madrid, Cátedra.

Bornay, E. [1992]. *Aproximación a Ramón Casas a través de la figura femenina*, Sabadell, Ausa.

Bornay, E. [1994]. *La cabellera femenina. Un diálogo entre poesía y pintura*, Madrid, Cátedra.

Botrel, J-F. [2008]. «Lectoras de óleo y papel (1860-1930)», en P. Fernández y M. Ortega (eds.), *La mujer de letras o la letraherida. Discursos y representaciones sobre la mujer escritora en el siglo XIX*, Madrid, Consejo Superior de Investigaciones Científicas, 101-114.

Bourdieu, P. [2000]. *La dominación masculina*, Barcelona, Anagrama.

Bronfen, E. [1992]. *Over her dead body. Death, femininity and the aesthetic*, Manchester, Manchester University Press.

Brownmiller, S. [1984]. *Femininity*, Londres, Hamish Hamilton.

Burguera, M. [2012]. *Las damas del liberalismo respetable. Los imaginarios sociales del feminismo liberal en España (1834-1850)*, Madrid, Cátedra.

Busfield, J. [1994]. «The Female Malady? Men, Women and Madness in Nineteenth Century Britain», *Sociology*, 28, 1, 259-277.

Călinescu, M. [1987]. *Five faces of Modernity. Modernism, Avant-Garde, Decadence, Kitsch, Postmodernism*, Durham, Duke University Press.

Campos Marín, R. [1998]. «La teoría de la degeneración y la medicina social en España en el cambio de siglo», *Llull. Revista de la Sociedad Española de Historia de las Ciencias y de las Técnicas*, 41, 333-356.

Caparrós Masegosa, L. [2014]. *Historia y crítica de las Exposiciones Nacionales de Bellas Artes (1901-1915)*, Granada, Universidad de Granada.

Capdevila-Argüelles, N. [2013]. *Artistas y Precursoras. Un siglo de autoras Roësset*, Madrid, Horas & Horas.

Capel Martínez, R. M. [1986]. «La prostitución en España: notas para un estudio socio-histórico», en R. M. Capel Martínez (coord.), *Mujer y sociedad en España 1700-1975*, Madrid, Ministerio de Cultura. Instituto de la Mujer, 265-298.

Capel Martínez, R. M. y Ortega, M. [1994]. «Textos para la historia de las mujeres en la Edad Moderna», en A. M. Aguado *et al.*, *Textos para la historia de las mujeres en España*, Madrid, Cátedra, 223-317.

Carlson, E. T. [1985]. «Medicine and Degeneration: Theory and Praxis», en J. E. Chamberlin y S. L. Gilman (eds.), *Degeneration. The dark side of progress*, Nueva York, Columbia University Press, 121-144.

Caron, J-C. [2001]. «Jeune fille, jeune corps: objet et catégorie (France, XIXe-XXe siècles)», en L. Bruit Zaidman *et al.*, *Le corps des jeunes filles de l'Antiquité à nos jours*, París, Perrin, 167-188.

Carrillo, J. L. [2007]. «Medicina *vs* mujer o la construcción social de una enfermedad imaginaria: el discurso médico sobre la clorosis», *Historia contemporánea*, 34, 259-281.

Carrillo, J. L., Bernal, E. y Carrillo-Linares, J. L. [2010]. *Medicina vs. mujeres. La literatura médica sobre la clorosis (siglos XVII-XX): ¿ciencia o propaganda?*, Málaga, Universidad de Málaga.

Casado Mejía, R. [2018]. «Atención profesional a la salud. Influencia del género en quienes la prestan», en R. Casado Mejía y M. Á. García-Carpintero Muñoz (coords.), *Género y salud. Apuntes para comprender las desigualdades y la violencia basadas en el género y sus repercusiones en la salud*, Madrid, Díaz de Santos, 145-156.

Casanova, E. y Larumbe, M.ª Á. [2005]. *La serpiente vencida. Sobre los orígenes de la misoginia en lo sobrenatural*, Zaragoza, Universidad de Zaragoza.

Castán Chocarro, A. [2017]. «Max Nordau: entre la *Degeneración* del arte y sus *Impresiones españolas*», en A. Castán y C. Lomba (eds.), *Eros y Thánatos. Reflexiones sobre el gusto III*, Zaragoza, Institución Fernando el Católico, 507-529.

Castejón Bolea, R. [2001]. *Moral sexual y enfermedad: La medicina española frente al peligro venéreo (1868-1936)*, Granada, Universidad de Granada.

Cerdà i Suroca, M. A. [1981]. *Els pre-rafaelites a Catalunya. Una literatura i uns símbols*, Barcelona, Curial.

Cerezo Galán, P. [2003]. *El mal del siglo. El conflicto entre Ilustración y Romanticismo en la crisis finisecular del siglo XIX*, Madrid, Biblioteca Nueva.

Charle, C. [1998]. *Paris fin de siècle. Culture et politique*, París, Seuil.

Charle, C. [2011]. *Discordance des temps. Une brève histoire de la modernité*, París, Armand Colin.

Charnon-Deutsch, L. [2000]. *Fictions of the Feminine in the Nineteenth-Century Spanish Press*, Pennsylvania, The Pennsylvania State University Press.

Clúa Ginés, I. [2005]. *Género e identidad en la obra narrativa de Gabriel Miró*, Barcelona, Universitat Autònoma de Barcelona.

Coar, L. [2012]. «Sugar and Spice and All Things Nice: The Victorian Woman's All-Consuming Predicament», *Victorian Network*, IV, 1, 48-72.

Comadira, N. [2005]. *La paraula figurada. La presència del llibre a les col·leccions del MNAC*, Barcelona, Museu Nacional d'Art de Catalunya.

Conlon, J. [2005]. «Men Reading Women Reading: Interpreting Images of Women Readers», *Frontiers. A Journal of Women Studies*, XXVI, 2, 37-58.

Cooper, J. C. [2000]. *Diccionario de símbolos*, Ciudad de México, Gustavo Gili.

Corbin, A. [1978]. *Les filles de noce. Misère sexuelle et prostitution aux 19ᵉ et 20ᵉ siècles*, París, Aubier Montaigne.

Corbin, A. [1991]. «Entre bastidores», en P. Ariès y G. Duby (dirs.), *Historia de la vida privada. Sociedad burguesa: aspectos concretos de la vida privada*, Madrid, Taurus, vol. VIII, 115-313.

Correa Ramón, A. [2006]. *Hacia la re-escritura del canon finisecular. Nuevos estudios sobre las direcciones del Modernismo*, Granada, Universidad de Granada.

Cortés, J. M. [1997]. *Orden y caos. Un estudio cultural sobre lo monstruoso en las artes*, Barcelona, Anagrama.

Crary, J. [2013]. *Suspensiones de la percepción. Atención, espectáculo y cultura moderna*, Madrid, Akal.

Cruz, J. [2011]. *The Rise of Middle-Class Culture in Nineteenth-Century Spain*, Baton Rouge, Louisiana State University Press.

Cuesta, C. de la [2002]. «Esposa virtuosa y mujer mantenida: dos visiones contrapuestas de la mujer a través del arte victoriano», en T. Sauret Guerrero (dir.), *Luchas de Género en la Historia a través de la imagen*, Málaga, Diputación Provincial de Málaga, vol. II, 55-72.

Didi-Huberman, G. [2005]. *Venus rajada*, Buenos Aires, Losada.

Didi-Huberman, G. [2007]. *La invención de la histeria. Charcot y la iconografía fotográfica de la Salpêtrière*, Madrid, Cátedra.

Diego, E. de [2009]. *La mujer y la pintura del XIX español. Cuatrocientas olvidadas y algunas más*, Madrid, Cátedra.

Díez, J. L. [2003]. *Ternura y melodrama. Pintura de escenas familiares en tiempos de Sorolla*, València, Generalitat Valenciana.

Dijkstra, B. [1994]. *Ídolos de perversidad. La imagen de la mujer en la cultura de fin de siglo*, Madrid, Debate.

Dio Bleichmar, E. [1991]. *El feminismo espontáneo de la histeria. Estudio de los trastornos narcisistas de la feminidad*, Madrid, Siglo XXI.

Dóniga Martínez, J. [2013]. *Enrique Paternina García-Cid (1866-1917). La luz recobrada de un pintor cosmopolita*, Logroño, Concejalía de Educación, Cultura y Turismo del Gobierno de La Rioja, 57-138.

Doñate, M. y Mendoza, C. [1997]. *Santiago Rusiñol [1861-1931]*, Madrid / Barcelona, Fundación Mapfre / Museu Nacional d'Art de Catalunya.

Douglas Wood, A. [1984]. «'Las enfermedades de moda'. Trastornos femeninos y su tratamiento en la América del siglo XIX», en M. Nash (ed.), *Presencia y protagonismo. Aspectos de la historia de la mujer*, Barcelona, Ediciones del Serbal, 373-405.

Ehrenreich, B. y English, D. [1988]. *Brujas, comadronas y enfermeras. Historia de las sanadoras. Dolencias y trastornos. Política sexual de la enfermedad*, Barcelona, La Sal.

Elkins, J. [1999]. *Pictures of the Body. Affect and Logic*, California, Stanford University Press.

Espí Valdés, A. [1970]. *Itinerario por la vida y la pintura de Fernando Cabrera y Cantó. Apuntes para una biografía del maestro*, Alicante, Instituto de Estudios Alicantinos.

Evans, R. J. [1980]. *Las feministas. Los movimientos de emancipación de la mujer en Europa, América y Australasia 1840-1920*, Madrid, Siglo XXI.

Felski, R. [1995]. *The Gender of Modernity*, Cambridge, Harvard University Press.

Feltkamp, R. [2003]. *Théo van Rysselberghe (1862-1926). Catalogue raisonné*, París, Les Éditions de l'Amateur.

Fernández, P. [2008]. *Mujer pública y vida privada. Del arte eunuco a la novela lupanaria*, Woodbridge, Tamesis.

Fernández de Alarcón, B. [2015]. *Vida cotidiana de la mujer en la burguesía en tiempos de Isabel II y finales del XIX*, Madrid, Universidad Rey Juan Carlos.

Fernández Pérez, E. [2002]. «Percepción de la mujer a través de los textos médicos decimonónicos», en T. Sauret Guerrero (dir.), *Luchas de Género en la Historia a través de la imagen*, Málaga, Diputación Provincial de Málaga, vol. II, 239-253.

Ferrer Álvarez, M. [2007]. *París y los pintores valencianos 1880-1914*, València, Universitat de València.

Ferrer Álvarez, M. [2009]. «The Dramatisation of Death in the Second Half of the 19th Century. The Paris Morgue and Anatomy Painting», en A. Petö y K. Schrijvers (eds.), *Faces of Death: Visualising History*, Pisa, Pisa University Press, 163-187.

Ferrer Álvarez, M. [2015]. «Teatralización y cultura visual en el París de la Belle Époque», *Ars Longa. Cuadernos de Arte*, 24, 185-196.

Ferrer Álvarez, M. [2016]. *Imatges de la dona en l'art modern valencià (1880-1936). Construint gèneres*, València, Ajuntament de València.

Foucault, M. [1998]. *Historia de la sexualidad*, Madrid, Siglo XXI, vol. I.

Foucault, M. [1999]. *El nacimiento de la clínica. Una arqueología de la mirada médica*, Madrid, Siglo XXI.

Foucault, M. [2001]. *La arqueología del saber*, Madrid, Siglo XXI.

Freixa, M. [1984]. «La imagen de la mujer en el modernismo catalán», en M. C. Peña (ed.), *La imagen de la mujer en el arte español*, Madrid, Universidad Autónoma de Madrid, 119-139.

Freixa, M. y Reyero, C. [1995]. *Pintura y escultura en España, 1800-1910*, Madrid, Cátedra.

Galán García, M. I. [1993]. *La medicina en la novela de escritores médicos españoles (1882-1913)*, Madrid, Universidad Autónoma de Madrid.

159

Galinsoga, L. de [1925]. «El fogoso realismo colorista en el arte de Cecilio Plá», *Blanco y Negro*, XXXV, 1791, 20-23.

Gaya Nuño, J. A. [1955]. «Objetividades sobre la pintura de historia», en J. A. Gaya Nuño *et al.*, *Un siglo de arte español (1856-1956). Primer centenario de las Exposiciones Nacionales de Bellas Artes*, Madrid, Dirección General de Bellas Artes, 13-20.

Gijswijt-Hofstra, M. [2001]. «Introduction. Cultures of Neurasthenia from Beard to the First World War», en M. Gijswijt-Hofstra y R. Porter (eds.), *Cultures of neurasthenia from Beard to the first World War*, Ámsterdam, Rodopi, 1-30.

Gilbert, S. M. y Gubar, S. [1998]. *La loca del desván. La escritora y la imaginación literaria del siglo XIX*, Madrid / València, Cátedra / Universitat de València.

Gilman, S. L. [1985]. *Difference and Pathology. Stereotypes of Sexuality, Race, and Madness*, Londres, Cornell University Press.

Gilman, S. L. [1987]. «AIDS and Syphilis: The Iconography of Disease», *October*, 143, 87-107.

Gilman, S. L. [1988]. *Disease and Representation. Images of Illness from Madness to AIDS*, Londres, Cornell University Press.

Giralt-Miracle, D. [2005]. *Ramon Casas i el cartell*, València, Museu Valencià de la Il·lustració i de la Modernitat.

Gómez-Ferrer Morant, G. [2011]. *Historia de las mujeres en España, siglos XIX-XX*, Madrid, Arco-Libros.

González Gea, E. [2021]. «Profanación de los cuerpos muertos femeninos. Consideraciones, usos y prácticas sobre el cuerpo muerto femenino en el arte y la cultura visual», *Eikon Imago*, 10, 61-73.

Gould, S. T. [1997]. *La falsa medida del hombre*, Barcelona, Crítica.

Gras Valero, I. [2009]. *El Decadentisme a Catalunya: Interrelacions entre art i literatura*, Barcelona, Universitat de Barcelona.

Gutiérrez Burón, J. [1987]. «Picasso y las exposiciones nacionales: tradición y ruptura», en F. Español Bertrán y J. Yarza Luaces, *Lo viejo y lo nuevo en el arte español contemporáneo. Influencias foráneas y manifestaciones autóctonas (1880-1890)*, Barcelona, Universitat de Barcelona, vol. II, 53-62.

Gutiérrez Burón, J. [2007]. «Los enviados especiales a las Exposiciones Universales del siglo XIX», en Comité Español de Historia del Arte (ed.), *Los caminos y el arte. Los viajes como fuente histórico-artística*, Santiago de Compostela, Universidade de Santiago de Compostela, 13-25.

Héran, E. [2002]. *Le Dernier Portrait*, París, Réunion des Musées Nationaux.

Hinterhäuser, H. [1980]. *Fin de siglo. Figuras y mitos*, Madrid, Taurus.

Huertas García-Alejo, R. [1987]. *Locura y degeneración. Psiquiatría y sociedad en el positivismo francés*, Madrid, Consejo Superior de Investigaciones Científicas.

Hunter, M. [2017]. *The face of medicine. Visualising medical masculinities in late nineteenth-century Paris*, Manchester, Manchester University Press.

Hustvedt, A. [2011]. *Medical Muses. Hysteria in Nineteenth-Century Paris*, Nueva York, W. W. Norton & Company.

Illouz, E. [2012]. *Por qué duele el amor. Una explicación sociológica*, Buenos Aires / Madrid, Katz / Clave Intelectual.

Jagoe, C. [1998*a*]. «La misión de la mujer», en C. Jagoe, A. Blanco y C. Enríquez de Salamanca, *La mujer en los discursos de género. Textos y contextos en el siglo XIX*, Barcelona, Icaria, 21-53.

Jagoe, C. [1998*b*]. «Sexo y género en la medicina del siglo XIX», en C. Jagoe, A. Blanco y C. Enríquez de Salamanca, *La mujer en los discursos de género. Textos y contextos en el siglo XIX*, Barcelona, Icaria, 305-367.

Jordanova, L. [1989]. *Sexual visions. Images of gender in science and medicine between the eighteenth and twentieth centuries*, Madison, University of Wisconsin Press.

Justo Fernández, M. I. [2009]. *La figura femenina reclinada en la pintura española del entresiglos XIX-XX. Herederas de Las Majas de Goya*, València, Universitat de València.

Kaplan, T. [2003]. *Ciudad roja, período azul. Los movimientos sociales en la Barcelona de Picasso*, Barcelona, Península.

King, H. [2004]. *The Disease of Virgins: Green Sickness, Chlorosis and the Problems of Puberty*, Londres, Psychology Press.

Kirkpatrick, S. [1995]. «Fantasy, Seduction, and the Woman Reader: Rosalía de Castro's Novels», en L. Charnon-Deutsch y J. Labanyi (eds.), *Culture and Gender in Nineteenth-Century Spain*, Oxford, Oxford University Press, 74-97.

Kirkpatrick, S. [2003]. *Mujer, modernismo y vanguardia en España (1898-1931)*, Madrid, Cátedra.

Kniebiehler, Y. y Fouquet, C. [1983]. *La femme et les médecins. Analyse historique*, [Francia], Hachette.

Labanyi, J. [2000]. *Gender and Modernization in the Spanish Realist Novel*, Oxford, Oxford University Press.

Lafuente Ferrari, E. [1955]. «Cecilio Pla, ilustrador de *Blanco y negro*», *ABC*, 06-11-1955, 5-9.

Laplana, J. [1995]. *Santiago Rusiñol. El pintor, l'home*, Barcelona, Abadia de Montserrat.

Laqueur, T. [1994]. *La construcción del sexo. Cuerpo y género desde los griegos hasta Freud*, Madrid / València, Cátedra / Universitat de València.

Lesmes, D. [2018]. *Aburrimiento y capitalismo. En la escena revolucionaria, París, 1830-1848*, València, Pre-Textos.

Lipovetsky, G. [1990]. *El imperio de lo efímero. La moda y su destino en las sociedades modernas*, Barcelona, Anagrama.

Litvak, L. [1979]. *Erotismo fin de siglo*, Barcelona, Antoni Bosch.

Litvak, L. [1990]. *España 1900. Modernismo, anarquismo y fin de siglo*, Barcelona, Anthropos.

Litvak, L. [2003]. «El reino interior. La mujer y el inconsciente en la pintura simbolista», en M. López Fernández y V. Bozal, *Mujeres pintadas. La imagen de la mujer en España 1890/1914*, Madrid, Fundación Cultural Mapfre Vida, 58-77.

Lomba Serrano, C. [2019]. *Bajo el eclipse. Pintoras en España, 1880-1939*, Madrid, Consejo Superior de Investigaciones Científicas.

López Fernández, M. [2002]. «La marginación de Venus: imagen de la prostituta en las artes plásticas españolas del fin de siglo», *Boletín del Museo e Instituto Camón Aznar*, 88, 103-136.

López Fernández, M. [2003]. «Mujeres pintadas: la imagen femenina en el arte español de fin de siglo [1890-1914]», en M. López Fernández y V. Bozal, *Mujeres pintadas. La imagen de la mujer en España 1890/1914*, Madrid, Fundación Cultural Mapfre Vida, 12-57.

López Fernández, M. [2006]. *La imagen de la mujer en la pintura española: 1890-1914*, Madrid, Antonio Machado.

López Fernández, M. [2008]. *Arte y Estética de fin de siglo (1890-1914)*, Madrid, Fundación Cultural Mapfre Vida.

López Piñero, J. M. [1985]. *Orígenes históricos del concepto de neurosis*, Madrid, Alianza.

Loudon, I. S. L. [1980]. «Chlorosis, anaemia, and anorexia nervosa», *British Medical Journal*, 28, 1669-1675.

Lozano Estivalis, M. [2007]. *La maternidad en escena. Mujeres, reproducción y representación cultural*, Zaragoza, Prensas Universitarias de Zaragoza.

Luengo López, J. [2006]. «Tazas calientes manchadas de carmín. Mujeres de cafés en la bipolaridad moral del espacio público (1890-1936)», *Asparkía*, 17, 81-105.

Luengo López, J. [2008a]. *Gozos y ocios de la mujer moderna. Transgresiones estéticas en la vida urbana del primer tercio del siglo XX*, Málaga, Universidad de Málaga.

Luengo López, J. [2008b]. «Rastros de perfume. Códigos identitarios en la *mouillette* de la seducción», *ELLF*, 18, 83-104.

Luengo López, J. [2009]. *La otra cara de la bohemia. Entre la subversión y la resignificación identitaria*, Castelló, Universitat Jaume I.

Lupton, D. [2003]. *Medicine as Culture. Illness, Disease and the Body in Western Societies*, Londres, Sage.

Malosetti Costa, L. [2001]. *Pintores modernos. Arte y sociedad en Buenos Aires a fines del siglo XIX*, Buenos Aires, Fondo de Cultura Económica.

Marañón, G. [1936]. *El problema de la clorosis (¿Ha desaparecido o no ha existido jamás?)*, Madrid, Ministerio de Instrucción Pública y Bellas Artes.

Martin, E. [2001]. *The Woman in the Body. A Cultural Analysis of Reproduction*, Boston, Beacon Press.

Martín, F. J. [2003]. «*Diario de un enfermo* de J. Martínez Ruiz», en F. V. Garín Llombart y F. Tomás Ferré (coors.), *La novela del artista*, València, Biblioteca Valenciana, 247-270.

Martínez López, C. [1994]. «Textos para la historia de las mujeres en la Antigüedad», en A. M. Aguado *et al.*, *Textos para la historia de las mujeres en España*, Madrid, Cátedra, 27-122.

Maynes, M. J. [2004]. «Culturas de clase e imágenes de la vida familiar correcta», en M. Barbagli y D. I. Kertzer (coords.), *Historia de la familia europea*, Barcelona, Paidós, vol. II, 297-337.

Medina, R. y Zecchi, B. [2002]. «Introducción», en R. Medina y B. Zecchi (eds.), *Sexualidad y escritura (1850-2000)*, Barcelona, Anthropos, 7-29.

Micale, M. S. [2004]. *The Mind of Modernism: Medicine, Psychology, and the Cultural Arts in Europe and America, 1880-1940*, California, Stanford University Press.

Michie, H. [1989]. *The Flesh Made Word. Female Figures and Women's Bodies*, Oxford, Oxford University Press.

Miguel, J. M. de [1980]. «Introducción», en M. Kenny y J. M. De Miguel (eds.), *La antropología médica en España*, Barcelona, Anagrama, 11-40.

Mínguez Blasco, R. [2018]. «Liberalismo y catolicismo ante el espejo. La construcción de las feminidades decimonónicas», en I. Blasco Herranz (ed.), *Mujeres, hombres y catolicismo en la España contemporánea. Nuevas visiones desde la historia*, València, Tirant, 27-45.

Molina Puertos, I. [2015]. *La ficción doméstica: Ángela Grassi, Pilar Sinués y Faustina Sáez. Una aproximación a las imágenes de género en la España burguesa*, València, Universitat de València.

Moreno Segarra, N. [2016]. *Ladronas victorianas. Cleptomanía y género en el origen de los grandes almacenes*, [España], Antipersona.

Morente Parra, M. I. [2016]. *Imagen y cultura de la enfermedad en la Europa de la Baja Edad Media*, Madrid, Universidad Complutense de Madrid.

Morris, D. [1984]. *Comportamiento íntimo*, Barcelona, Plaza & Janés.

Mosse, G. L. [1996]. *The Image of Man. The Creation of Modern Masculinity*, Oxford, Oxford University Press.

Nash, M. [1983]. *Mujer, familia y trabajo en España, 1875-1936*, Barcelona, Anthropos.

Nash, M. [1995]. «Identidades, representación cultural y discurso de género en la España Contemporánea», en P. Chalmeta *et al.*, *Cultura y culturas en la historia*, Salamanca, Universidad de Salamanca, 191-203.

Nelken, M. [2013]. *La condición social de la mujer en España*, Madrid, Horas y horas.

Nielfa Cristóbal, G. [1999]. «Mujeres, inmigración y trabajo en Madrid a lo largo del siglo», en A. M. Aguado (coord.), *Las mujeres entre la historia y la sociedad contemporánea*, València, Conselleria de Bienestar Social, 135-163.

Novella, E. J. [2010]. «La higiene del yo: ciencia médica y subjetividad burguesas en la España del siglo XIX», *Frenia*, 10, 49-74.

Núñez, D. [1987]. *La mentalidad positiva en España*, Madrid, Universidad Autónoma de Madrid.

Ortiz, T. [1999]. *Las mujeres y la actividad científica en los siglos XIX-XX*, Córdoba, Diputación de Córdoba.

Ortiz, T. y Moreno, R. M. [1995]. «La naturalización de lo social. Un análisis epistémico del concepto científico 'mujer'», en C. Sanz Rueda (coord.), *Invisibilidad y presencia*, Madrid, Universidad Complutense de Madrid, 105-118.

Panofsky, E. [1972]. *Estudios sobre iconología*, Madrid, Alianza.

Pantorba, B. de [1948]. *Historia y crítica de las Exposiciones Nacionales de Bellas Artes celebradas en España*, Madrid, Jesús Ramón García-Rama.

Pateman, C. [1995]. *El contrato sexual*, Barcelona, Anthropos.

Pattison, W. [1965]. *El naturalismo español. Historia externa de un movimiento literario*, Madrid, Gredos.

Pedraza, P. [2004]. *Espectra. Descenso a las criptas de la literatura y el cine*, Madrid, Valdemar.

Pena López, C. [1993]. *Centro y periferia en la modernización de la pintura española (1880-1918)*, Barcelona, Àmbit.

Pera, C. [2003]. *El cuerpo herido. Un diccionario filosófico de la cirugía*, Barcelona, Acantilado.

Pérez Rojas, F. J. y Alcaide, J. L. [2001]. *José Mongrell, 1870-1937*, València, Subsecretaria de Promoció Cultural.

Pérez Rojas, F. J. y Alcaide, J. L. [2015]. *Antonio Fillol (1870-1930). Naturalismo radical y Modernismo*, València, Ajuntament de València.

Perinat, A. y Marrades, M. I. [1980]. *Mujer, prensa y sociedad en España. 1800-1939*, Madrid, Centro de Investigaciones Sociológicas.

Perrot, M. [2011]. *Historia de las alcobas*, Madrid, Siruela.

Pitarch, P. [2006]. «Degeneración, decadencia y otras imágenes de la enfermedad. Tres ejemplos de la crítica del fin de siglo», en M. Torras (ed.), *Corporizar el pensamiento. Escrituras y lecturas del cuerpo en la cultura occidental*, Pontevedra, Mirabel, 53-67.

Pla, J. [1970]. *Tres artistes*, Barcelona, Destino.

Plinio [2002]. *Historia natural*, Madrid, Cátedra, XI.

Plum, W. [1977]. *Exposiciones mundiales en el siglo XIX. Espectáculos del cambio socio-cultural*, Bonn-Bad Godesberg, Friedrich-Ebert Stiftung.

Plumed Domingo, J. J. y Rey González, A. [2002]. «La introducción de las ideas degeneracionistas en la España del siglo XIX. Aspectos conceptuales», *Frenia*, II, 31-48.

Pollock, G. [2015]. *Visión y diferencia. Feminismo, feminidad e historias del arte*, Buenos Aires, Fiordo.

Pouchelle, M-C. [1983]. *Corps et chirurgie a l'apogée du Moyen Age*, París, Flammarion.

Pozo García, A. del [2013]. *Género y enfermedad en la literatura española del fin de siglo XIX-XX*, Barcelona, Universitat Autònoma de Barcelona.

Pozo García, A. del [2014]. «Ni flores ni enfermas: reelaboraciones literarias del género y la enfermedad en la literatura española finisecular», en M. I. Morales Sánchez, M. Cantos Casenave y G. Espigado Tocino (eds.), *Resistir o derribar los muros. Mujeres, discurso y poder en el siglo XIX*, Alicante, Biblioteca Virtual Miguel de Cervantes, 87-97.

Pozo García, A. del [2016]. «Divinos cadáveres. Género, discurso médico y colecciones anatómicas en la leyenda de Pedro González de Velasco», *Dynamis. Acta hispanica ad medicinae scientiarumque historiam illustrandam*, XXXVI, 1, 73-92.

Praz, M. [1970]. *The Romantic Agony*, Londres, Oxford Press.

Ramos, M. D. [2014]. «La construcción cultural de la feminidad en España. Desde el fin del siglo XIX a los locos y politizados años veinte y treinta», en M. Nash (ed.), *Feminidades y masculinidades. Arquetipos y prácticas de género*, Madrid, Alianza, 21-45.

Ramos, M. D. y Aguado, A. M. [1994]. «Textos para la historia de las mujeres en la Edad Contemporánea», en A. M. Aguado *et al., Textos para la historia de las mujeres en España*, Madrid, Cátedra, 321-328.

Ramos Domingo, J. [2012]. *La pintura religiosa del siglo XIX en España*, Salamanca, Universidad Pontificia de Salamanca.

Reyero, C. [1989]. *La pintura de historia en España. Esplendor de un género en el siglo XIX*, Madrid, Cátedra.

Reyero, C. [1993]. *París y la crisis de la pintura española, 1799-1889. Del Museo del Louvre a la torre Eiffel*, Madrid, Universidad Autónoma de Madrid.

Reyero, C. [1996]. *Apariencia e identidad masculina. De la Ilustración al Decadentismo*, Madrid, Cátedra.

Reyero, C. [1999]. «Aire de París. Los pintores españoles y el gusto en los salones, 1880-1900», en C. González López y M. Martí Ayxelà, *Pintors espanyols a París, 1880-1910*, Barcelona, Fundació La Caixa, 26-35.

Reyero, C. [2005]. *La belleza imperfecta. Discapacitados en la vigilia del arte moderno*, Madrid, Siruela.

Reyero, C. [2017]. «Malvada pasión. Moral, ciencia e higiene en la imagen de las enfermedades secretas», en A. Castán y C. Lomba (eds.), *Eros y Thánatos. Reflexiones sobre el gusto III*, Zaragoza, Institución Fernando el Católico, 277-302.

Rich, A. [1996]. *Nacemos de mujer. La maternidad como experiencia e institución.* Madrid / València, Cátedra / Universitat de València.

Ríos Lloret, R. E. [2005]. *La representación de la mujer en la pintura en la España del periodo de entre siglos (XIX-XX)*, València, Universitat de València.

Ríos Lloret, R. E. [2014]. «Hechiceramente inválidas. La representación de la fragilidad femenina como objeto de deseo en la pintura y literatura españolas del siglo XIX», en M. Bolufer, C. Blutrach y J. Gomis (eds.), *Educar los sentimientos y las costumbres. Una mirada desde la historia*, Madrid, Institución Fernando el Católico, 197-217.

Ripa, C. [1625]. *Della novissima Iconologia di Cesare Ripa*, Padua, Pietro Paolo Tozzi.

Ripa, C. [1709]. *Iconologia or Moral Emblems*, Londres, Benjamin Motte.

Roda Onofri, S. [2017]. *La pasividad femenina como canon feminicida representacional*, Bilbao, Universidad del País Vasco.

Rodríguez Ocaña, E. [1987]. *La constitución de la medicina social como disciplina en España (1882-1923)*, Madrid, Ministerio de Sanidad y Consumo.

Rodríguez Pastor, C. [2002]. «Enfermedad, lenguaje y el mito de la sensibilidad femenina en la época victoriana», en R. Vélez Núñez (coord.), *La imaginación mítica. Pervivencia y revisión de los mitos en la literatura en habla inglesa*, Cádiz, Universidad de Cádiz, 129-146.

Rodríguez Pastor, C. [2004]. «De carne y hueso. El cuerpo femenino y su representación en la cultura victoriana», en G. Espigado, M. R. García-Doncel y M. J. Pascua (eds.), *Mujer y deseo: representaciones y prácticas de vida*, Cádiz, Universidad de Cádiz, 315-325.

Rodríguez Pastor, C. [2006]. «Vivir del aire. Ausencia y presencia del cuerpo femenino en la cultura victoriana», en M. Arriaga Flórez (coord.), *Sin carne. Representaciones y simulacros del cuerpo femenino, tecnología, comunicación y poder*, Sevilla, Arcibel, 321-336.

166

Rojas, C. [1981]. *La Barcelona de Picasso*, Barcelona, Plaza & Janés.

Rousselle, A. [1989]. *Porneia. Del dominio del cuerpo a la privación sensorial. Del siglo II al siglo IV de la era cristiana*, Barcelona, Península.

Ruiz Cuenca, V. [2020]. *Medicine, modernity, and masculinity: A history of neurasthenia in Spain, c. 1890-1920*, Barcelona, Universitat Autònoma de Barcelona.

Ruiz Somavilla, M. J. y Jiménez Lucena, I. [1994]. «La construcción de la patología femenina en la España contemporánea», en D. Ramos Palomo (coord.), *Femenino plural. Palabra y memoria de mujeres*, Málaga, Universidad de Málaga, 235-250.

Sáiz, J. y De Tena, L. [1993]. «Cecilio Plá y Gallardo, ilustrador de la revista *Blanco y Negro*», en E. Requena Vitales, *Cecilio Pla*, València, Bancaixa, 64-75.

Sala, T-M. [1988]. *Junyent*, Barcelona, Nou Art Thor.

Sala, T-M. [2021]. «Women in Nineteenth-Century Paintings. An imaginary album of daily life», en E. Martí López (ed.), *The Routledge Hispanic Studies Companion to Nineteenth-Century Spain*, Londres, Routledge, 307-324.

San Nicolás, J. [2014]. *Darío de Regoyos. Catálogo razonado*, Oviedo, Museo de Bellas Artes de Asturias.

Sánchez, D. [2003]. *El discurso médico de finales del siglo XIX en España y la construcción del género. Análisis de la construcción discursiva de la categoría la mujer*, Granada, Universidad de Granada.

Sánchez, D. [2008]. «El discurso médico, piedra angular de la construcción de las relaciones de género en época contemporánea», *Asclepio. Revista de Historia de la Medicina y de la Ciencia*, LX, 1, 63-82.

Sánchez Ortiz, A.; Del Moral, N. y Ballestriero, R. [2013]. «Anatomía femenina en cera: ciencia, arte y espectáculo en el siglo XVIII», *Laboratorio de Arte*, II, 25, 603-622.

Sauret Guerrero, T. [2010]. *Enrique Simonet y Lombardo. (Valencia 1866-Madrid 1927). Formación y madurez*, Málaga, Ayuntamiento de Málaga.

Scanlon, G. H. [1986]. *La polémica feminista en la España contemporánea. 1876-1976*, Torrejón de Ardoz, Akal.

Schiebinger, L. [2004]. *¿Tiene sexo la mente? Las mujeres en los orígenes de la ciencia moderna*, Madrid, Cátedra.

Schwartz, V. R. [1999]. *Spectacular Realities. Early mass culture in fin-de-siècle Paris*, Berkeley, University of California Press.

Seznec, J. [1985]. *Los Dioses de la Antigüedad en la Edad Media y el Renacimiento*, Madrid, Taurus.

Showalter, E. [1987]. *The Female Malady. Women, Madness and English Culture, 1830-1980*, Londres, Virago.

Showalter, E. [1992]. *Sexual anarchy. Gender and Culture at the Fin de Siècle*, Londres, Virago.

Sigerist, H. E. [1946]. *Civilización y enfermedad*, Ciudad de México, Fondo de Cultura Económica.

Simón Palmer, M. C. [2003]. «La mujer lectora», en V. Infantes, F. López y J-F. Botrel , *Historia de la edición y de la lectura en España. 1472-1914*, Madrid, Fundación Germán Sánchez Ruipérez, 745-753.

Smith-Rosenberg, C. [1985]. *Disorderly conduct. Visions of Gender in Victorian America*, Oxford, Oxford University Press.

Sontag, S. [1996]. *La enfermedad y sus metáforas; y El sida y sus metáforas*, Madrid, Taurus.

Starobinski, J. [2016]. *La tinta de la melancolía*, Ciudad de México, Fondo de Cultura Económica.

Thomasset, C. [2000]. «La naturaleza de la mujer», en G. Duby y M. Perrot (dirs.), *Historia de las mujeres. La Edad Media*, Madrid, Santillana, vol. II, 72-104.

Tirado Serrano, F. y Doménech Argemí, M. [2007]. «Cuerpo y poder. La medicina virtual y la muerte de la clínica», en J. Arpal y J. Mendiola (eds.), *Estudios sobre cuerpo, tecnología y cultura*, Bilbao, Universidad del País Vasco, 93-106.

Trasforini, M. A. [2009]. *Bajo el siglo de las artistas. Mujeres, profesiones de arte y modernidad*, València, Universitat de València.

Tsuchiya, A. [2008]. «Deseo y desviación sexual en la nueva sociedad de consumo: la lectura femenina en *La Tribuna* de Emilia Pardo Bazán», en P. Fernández y M. Ortega (eds.), *La mujer de letras o la letraherida. Discursos y representaciones sobre la mujer escritora en el siglo XIX*, Madrid, Consejo Superior de Investigaciones Científicas, 137-150.

Tsuchiya, A. [2011]. *Marginal Subjects. Gender and Deviance in Fin-de-siècle Spain*, Toronto, University of Toronto Press.

Valis, N. [2010]. *La Cultura de la cursilería: mal gusto, clase y kitsch en la España moderna*, Madrid, Antonio Machado.

Vallvey, Á. [2019]. *Breve historia de las españolas. De las apicultoras prehistóricas al 8-M*, Madrid, Arzalia.

Vázquez, O. [2017]. *The End Again. Degeneration and Visual Culture in Modern Spain*, Pennsylvania, Pennsylvania University Press.

Vázquez García, F. y Cleminson, R. [2010]. *Los Invisibles. Una historia de la homosexualidad masculina en España, 1850-1939*, Granada, Comares.

Vélez, P. [1999]. «Artistas, tendencias y temáticas en la pintura española del fin de siglo», en M. Mosquera Cobián (coord.), *La mirada complacida y la mirada inquieta. La pintura finisecular entre la tradición y la modernidad*, A Coruña, Xunta de Galicia, 30-35.

Viera de Miguel, M. [2011]. «El imaginario visual español en la Exposición Universal de París de 1889: 'España de moda'», *Anales de Historia del Arte*, 1, 537-550.

Vigarello, G. [2020]. *Histoire de la fatigue. Du Moyen Âge à nos jours*, París, Seuil.

Villanueva Cobo del Prado, M. P. [2016]. *La moda femenina en las publicaciones periódicas: Blanco y Negro 1891-1910*, València, Universitat de València.

Walkowitz, J. R. [2000]. «Sexualidades peligrosas», en G. Duby y M. Perrot (dirs.), *Historia de las mujeres en Occidente*, Madrid, Taurus, vol. IV, 389-426.

Weber, E. [1989]. *Francia, fin de siglo*, Madrid, Debate.

Welter, B. [1985]. *Dimity Convictions. The American Woman in the Nineteenth Century*, Athens, Ohio Univrersity Press.

Williams, E. A. [2010]. «Gastronomy and the Diagnosis of Anorexia in Fin-de-Siècle France», en E. Accampo y C. E. Forth (eds.), *Confronting Modernity in Fin-de-Siècle France. Bodies, Minds and Gender*, Nueva York, Palgrave Macmillan, 90-111.

Wittkower, R. y Wittkower, M. [1995]. *Nacidos bajo el signo de Saturno. Genio y temperamento de los artistas desde la Antigüedad hasta la Revolución Francesa*, Madrid, Cátedra.

Woolf, V. y Stephen, J. [2019]. *Estar enfermo; Notas desde las habitaciones de los enfermos*, Barcelona, Alba.

Zubiaurre, M. T. de [2014]. *Culturas del erotismo en España, 1898-1939*, Madrid, Cátedra.